Thomas Franz Cerny
Talente nutzen – erfolgreich sein

W0180144

Thomas Franz Cerny

Talente nutzen – erfolgreich sein

Profitieren Sie von Ihrem Potenzial

Die Deutsche Bibliothek – CIP-Einheitsaufnahme

Ein Titeldatensatz für diese Publikation
ist bei Der Deutschen Bibliothek erhältlich.

© 2002 Carl Hanser Verlag München Wien
Internet: http://www.hanser.de
Lektorat: Martin Janik
Herstellung: Ursula Barche
Technisches Lektorat: Lisa Hoffmann-Bäuml
Umschlaggestaltung: Parzhuber & Partner GmbH, München,
unter Verwendung eines Bildes der Bavaria Bildagentur, Gauting bei München
Gesamtherstellung: Kösel, Kempten
Printed in Germany

ISBN 3-446-21964-1

Zum Geleit

Jetzt weiß ich, was ich will!

Sehr oft frage ich mich, ob denn so mancher unserer erfolgreichen Manager und so manche unserer Spitzen-Power-Managerinnen in ihrem Beruf so wirklich glücklich sind. So tatsächlich und mit ganzem Herzen dabei sind. So intensiv dabei sind, dass sie sich schon sonntagabends wieder freuen, am Montag arbeiten gehen zu dürfen. So eine echte Freude spüren, so vom tiefsten Inneren heraus. Ach, Sie spüren das nicht so richtig? Haben es vielleicht noch nie gespürt? Sie begrüßen nicht jeden Tag in der Früh freudig Ihren Schreibtisch, das Büro, Ihre Kollegen? Und Ihren Arbeitsbereich auch nicht? Und wie viele Jahre geht das denn schon so? Halten Sie es für die Erfüllung Ihres Lebens, ein Management by Freitag zu leben? Sie wissen schon, warten auf Freitag ... Und das bis zur Pensionierung?

Ach so, Sie wissen nicht, was Sie denn sonst machen wollen? Wo denn Ihre Begabungen liegen? Wo Sie Ihre größten Ressourcen entwickeln können? Ehrlich gesagt, Sie haben nicht gefunden, was Sie wirklich wollen.

Als mich vor rund einem Jahr Thomas Cerny zu seinem Seminar „Mission Statement" einlud, wusste ich eigentlich gar nicht so recht, was das soll. Unter „Mission Statement" konnte ich mir nicht viel vorstellen, und außerdem, der Thomas Cerny, 34, war für mich ein junger und, es lebe das Vorurteil, unreifer Trainer in seinen Anfängen. Dachte ich, wie gesagt, völlig vorurteilsfrei. Das Training begann Samstag früh, und als Thomas Cerny mit seinen Ausführungen begann, revidierte ich meine Vorurteile sehr schnell. Hier stand kein Trainer, der sein Ego-Spiel abzieht, um sich selbst zu beweisen, wie gut er das Leben und sich selbst managt, vor uns stand ein 34-jähriger, warmherziger, reifer Mann. Es waren nicht nur die von innen strahlenden Augen, das gewinnende Lachen, das den jungen Buben schon noch erkennen lässt, in seiner ganzen Art lagen auch so viel Liebe zu den Menschen, so viel Güte und Warmherzigkeit, wie ich das bei jungen Menschen selten bemerkt habe. Da ist keine aufgesetzte Herzlichkeit, seine Worte, seine Gesten kommen aus dem Herzen. Es muss eine hohe Spiritualität in Thomas Cerny vorhanden sein, um mit solchen Augen in die Welt zu sehen. Das Seminar war genauso: liebevoll, zu Herzen gehend und Klarheit bringend. Durch verschiedene Übungen und Tests, die Thomas Cerny in mühevoller Arbeit selbst entwickelt hatte, konnte jeder aus der Gruppe seine wahre Profession im Leben erkennen. Für einige Teilnehmer waren manche Übungen eine erste Begegnung mit sich selbst oder so, wie eine junge Teilnehmerin es ausdrückte: „So viel über mich selbst habe ich noch nie nachgedacht!" Das Schöne in diesem Seminar war, dass es keine Sekunde in irgendeiner Form peinlich oder kompromittierend war, dass keinem zu nahe getreten wurde, sondern dass jeder Einzelne von Thomas Cerny mit Achtung und Würde behandelt wurde. Und das bis zur letzten Minute des Seminars.

Lesen Sie dieses Buch bitte mit großer Aufmerksamkeit, nehmen Sie sich genug Zeit dazu, denn Sie werden dabei eine neue Welt in sich selbst entdecken. Sie werden in Ihrem eigenen Inneren in tiefe, zur Zeit noch unbekannte Räume vorstoßen und sich mehrmals, hoffentlich, über sich selbst wundern. Je kürzer Sie im Berufsleben stehen, umso besser, denn so haben Sie die wunderbare Chance, wirklich Ihre wahre Profession zu entdecken. Wenn Sie, auf die Erkenntnisse aufbauend, Ihren Traumberuf finden, dann können Sie Ihren großen Erfolg und das Glücklichsein gar nicht verhindern. Dann gibt es kein Management by Freitag, keine Gastritis und auch der Herzinfarkt hat keine Chance bei Ihnen. Wenn Sie Ihre wahre Mission im Leben gefunden haben, dann werden Sie eines Tages auch so strahlende Augen haben wie Thomas Cerny.

Lieber Thomas, ich finde dieses Buch einfach toll, ich sehe nur immer wieder eines: Du hast so vielen Menschen zu ihrem Glücklichsein verholfen und du hast dieses Glück auch voll und ganz für dich gefunden. Das sieht man dir einfach an. Du hast dein Mission Statement.

Ich bewundere und schätze dich sehr.

Wien, Februar 2002   *Christine Wirl,*
                                        Herausgeberin TRAINING,
                                        Österreichs Fachmedium für die
                                        berufliche Aus- und Weiterbildung

Vorwort

Irgendwann zwischen Kindheit und Pubertät begann ich, etwas bei Menschen festzustellen, das bis heute ein großes Phänomen für mich darstellt: das Glitzern in den Augen.

Sehr leicht und oft erkennt man es bei kleinen Kindern, schon etwas seltener bei Jugendlichen und ganz selten bei Erwachsenen – Managern, Sekretärinnen, Ehefrauen und -männern und Politikern. Schon als Jugendlicher erschreckte mich, dass bei den „Großen" dieses Glitzern anscheinend kaum mehr zu sehen ist. Geradezu begierig suche ich seitdem nach den Ursachen und den Funktionsweisen, wann dieses erkennbar wird, beziehungsweise wie es entsteht.

Auf der Suche nach dem „Glitzern in den Augen" entstand dieses Arbeitsbuch.

Besonders wichtig ist für mich der pragmatische Umgang mit diesem Anliegen. Kein Mythos, Kult und auch keine religiöse Weltanschauung werden meiner Meinung nach für die Annäherung an dieses Thema benötigt. Ich versuche deshalb, als „Beobachter" Zusammenhänge zu erkennen und zu erfassen. Die Systemtheorie war mir eine große Hilfe dabei. So führte mich die Beschäftigung damit zu Begriffen wie Identität, Mission, Vision, Talent, Entscheidungen und Erfolg, die immer in Beziehung zu anderem und anderen betrachtet werden. Die vielen Übungen in diesem Buch sind aus meiner Beratungstätigkeit bei der Till Eulenspiegel Beratergruppe und meinen Erfahrungen als Unternehmer entstanden.

Ich freue mich, Sie bei diesem Wagnis begleiten zu dürfen.

Alle Unzulänglichkeiten im Text möge man mir verzeihen, sie entstanden in bester Absicht.

Wien, Februar 2002   *Thomas Franz Cerny*

Inhalt

Übungsverzeichnis

Einleitung – Schritte zur Selbstbestimmung

„,Wer ist der Schönste im ganzen Land?', ist die Frage, die uns am meisten beschäftigt. Machtspiele gewinnen an Bedeutung, wenn wir glauben, dass es nur eine Form der Schönheit gibt. Im Sport, in der Politik und im Beruf finden ständig Kämpfe um den ersten Platz statt. Wer ihn erlangt, ist der Sieger, und der bekommt angeblich alles. Wenn jeder einzigartig und unvergleichbar ist, können alle Sieger sein!"

Um Ihnen die Entscheidung zu erleichtern, ob Sie dieses Buch lesen sollen oder nicht, will ich Ihnen zuerst mitteilen, für wen ich es geschrieben habe.

Ich habe es für alle Menschen geschrieben, die ihren eigenen Weg aufrecht gehen wollen – auch jene, die dadurch „aus der Reihe tanzen". Die Zielgruppe ist keine gesellschaftliche Elite, sondern jeder, der glaubt, dass es möglich ist, mit Glitzern in den Augen reifer zu werden und mit Würde auf sein Lebenswerk zurückzublicken. Ob es sich dabei um einen Handwerker, Manager oder einen Wissenschaftler handelt, ist nicht wichtig. Erfolg wird hier nie als „Siegen" oder Erreichen von gesellschaftlichem Image im klassischen Sinne verstanden.

Ebenso schrieb ich es für Menschen, die andere führen wollen, ohne sie zu „verführen", für Personalentwickler und Führungskräfte, die Verantwortung für das individuelle und kollektive Wohl ihrer Leute und Kunden empfinden. Das Buch verfolgt nicht den Zweck, die Ressource Mensch noch besser ausschöpfen zu können, sondern Kreativität durch Individualität und Verständnis von selbst entstehen zu lassen.

Weiter möchte ich einleitend eine gesellschaftliche Entwicklung skizzieren, die bereits ihren Lauf nimmt. Wenn Sie sich dadurch angesprochen fühlen, könnte dies ebenso ein Grund sein, das Buch zu lesen. Erich Fromm beschrieb diesen gesellschaftlichen Prozess wie folgt:

„Zur positiven Freiheit als der Verwirklichung des Selbst gehört die volle Bejahung der Einzigartigkeit des Individuums. ... Die Zukunft der Gesellschaft hängt von der Verwirklichung des Individualismus ab, ..."[1]

Sofern diese These Erich Fromms tatsächlich zutrifft, müssen wir mit einigen grundlegenden Veränderungen in unserem Alltag rechnen. Betrachten wir deshalb, wie eine fortgeschrittene Individualisierung in unserem berufli-

---

[1] Erich Fromm: Die Furcht vor der Freiheit, München 2001, Seite 190 ff.

chen Kontext aussehen könnte. Meiner Ansicht nach befinden wir uns derzeit mitten in den Wehen dieser Entwicklung: Wir erfahren bereits die schmerzhaften Auswirkungen der Geburt, sie ist aber noch nicht vollendet.

Individualisierung bedeutet, dass sich Personen selbst definieren, anstelle es einer Gruppe oder einem Kollektiv zu überlassen. Ein Mitarbeiter wird selbstständig im Sinne von ständig selbst sein. Er wählt seinen Beruf aufgrund von persönlichen Werten, wie Lust, Herausforderung, oder weil er sich darin verwirklichen kann. Damit überholt sich die Beschreibung der Menschen mittels ihrer Funktion („Ich bin Abteilungsleiter bei …"), Ausbildung („Ich bin Betriebswirt") oder der Gruppenzugehörigkeit. Eigenverantwortung und Selbstbestimmung werden selbstverständlich, und es wird umso notwendiger, dass Sie Ihre Stärken und Ihr Profil genau kennen. Jeder von uns sollte in der Lage sein, zu sagen: „Ich weiß, was ich will!"

In Zukunft werden Führungskräfte Aufgabenverteiler und Koordinatoren sein. Weisungen im klassischen Sinne eines Befehls, werden undenkbar. Unternehmen werden sich immer mehr als Netzwerkgeber verstehen, die materielle Ressourcen und Informationstechnologien bereitstellen.

Wenn dieses Zukunftsbild Realität wird, müssen Führungskräfte, Personalentwickler und Mitarbeiter einen entsprechenden Entwicklungssprung machen.

Führungskräfte werden in Zukunft gefordert sein, ein optimales Umfeld für die unterschiedlichsten Mitarbeiter zu gestalten. Denn nur wenn das Unternehmenssystem optimal zusammengesetzt ist, können freie und selbstbewusste Leute gewonnen und gehalten werden. Dazu ist es notwendig, dass sich die Führungsspitze im Klaren über die Identität des Unternehmens ist. Man kann das Unternehmen hier mit einem Wald vergleichen und das Umfeld mit dem nährenden Boden. Die Kernfrage wird sein, ob es sich um einen „mitteleuropäischen Mischwald" oder um eine „Kakteenlandschaft" handelt. Für jede Identität und die damit verbundenen Aufgaben sind passende „Pflanzen" erforderlich. Willkürliche Mischungen führen zu Instabilität.

Der Mitarbeiter kennt sein Potenzial – er weiß, ob er eine „Eiche" oder ein „Gänseblümchen" mit allen individuellen Besonderheiten ist. Er hört auf seine Intuition und wird dadurch selbstbestimmt. Sollte der Boden nicht mehr passen, weil dieser zum Beispiel zu trocken oder zu feucht für ihn ist, so sucht er sich einfach einen neuen.

Wir werden nicht mehr bereit sein, für ein Unternehmen zu leiden. Wir wollen unsere Berufung leben oder einfach Spaß haben. Für unser privates Umfeld wollen wir genügend Raum übrig haben.

Die Tätigkeit der Personalentwickler sollte deshalb zu einer echten Entwicklungs-Funktion werden. Es gibt dann keine ungeeigneten oder faulen Mitarbeiter, sondern nur missverstandene oder falsch eingesetzte. Indem man sich unterstützt und anerkennt, was ist, entsteht ein würdevolles Miteinander.

Nach wie vor, um den derzeitigen Stand aus meiner Sicht zu beschreiben, sind Unternehmen eher wie Monokulturen. Man wünscht sich konforme und brave Mitarbeiter und erwartet von ihnen gleichzeitig eigenverantwortliches Handeln. Die Auflösung dieses Widerspruchs (Double Bind[2]: „Sei selbstständig, aber tue, was ich erwarte.") wird das Ende der stärksten Wehe der Entwicklung bedeuten. Natürlich finden einige der dargestellten Veränderungen in Einzelfällen bereits statt. Das ändert aber nichts daran, dass in den meisten Bereichen noch konformistische Zustände vorherrschen und somit Handlungsbedarf besteht.

Das anfängliche Zitat von Erich Fromm entnahm ich dem Buch „Die Furcht vor der Freiheit". Der Titel trifft diese Entwicklung genau, denn die zunehmende Freiheit auf allen Ebenen löst auch Furcht aus. Freiheit bedeutet ja ein großes Maß an Handlungsmöglichkeiten und die Notwendigkeit, sich zu entscheiden. Kein Vater oder Chef nimmt uns dann diese Aufgabe mehr ab. Es kommt vorübergehend zu einem Verlust an Geborgenheit und Schutz mangels eines Vater- oder Muttersystems. Dieser Preis sollte uns bewusst sein. Man kann deshalb auch von einem pubertären Stadium sprechen: Wir sind noch nicht voll erwachsen in Bezug auf die Individualisierung, aber auch keine Kinder mehr. Diese Phase ist natürlich für alle spannend. Personalentwickler und Führungskräfte können diesen Prozess wesentlich begleiten und dazu beitragen, ihn für alle so schmerzfrei wie möglich zu gestalten. Voraussetzung dafür ist, dass sie selbst schon frei und mündig sind.

Wir sehen, dass es viel zu tun gibt, und hoffentlich auch, dass es schön ist, „erwachsen" zu werden. Die „Kinderkrankheiten" hören dann auf, und unser freier Wille kann sich entfalten.

Mit diesem Buch möchte ich speziell für Einzelpersonen einen Beitrag zu dieser Entwicklung leisten. Es beschreibt das Finden und Darstellen einer nützlichen Identität für unsere Persönlichkeit und die daraus folgenden Veränderungen und Maßnahmen, damit wir unser Potenzial bestmöglich nützen können. Dies ist nötig, da die Bilder beziehungsweise Wirklichkeiten über uns maßgeblich unsere Verhaltensweisen und Zufriedenheit prägen. Wir identifizieren uns ständig mit Be- und Zuschreibungen und konstruie-

---

[2] Ein „Double Bind" ist eine in sich widersprüchliche Doppelbotschaft oder -aufforderung.

ren so Bilder, die zu harten Realitäten werden. Es macht also Sinn, sich mit der Funktionalität dieser Konstruktionen auseinander zu setzen.[3]

Mit den hier vorgestellten Instrumenten sollen neue Sicht- und Ausdrucksweisen entstehen, damit wir uns in geeigneter Form gegenüber uns selbst und der Umwelt darstellen können. Ich werde Sie dazu Schritt für Schritt durch Übungen und ungewohnte Sichtweisen führen. Mein Hauptanliegen für diesen Prozess ist, dass er Ihnen Spaß macht, das Glitzern in Ihren Augen verstärkt und Ihnen Kraft gibt.

Seit vielen Jahren arbeiten wir, die Till Eulenspiegel Beratergruppe, an diesem Thema und machen gute Erfahrungen damit. Wir tun, was uns Freude bereitet – bei Klienten sinken Krankenstände, steigen Deckungsbeiträge, und vor allem übernehmen Mitarbeiter gerne Verantwortung.

Die sehr verkürzte Grundthese lautet:[4]

Jeder Mensch kann mit einer sinn- und freudvollen Tätigkeit erfolgreich werden!

Anders formuliert: Um erfolgreich zu sein, tue Sinn- und Freudvolles.

Um Erfolg zu vermeiden, tue etwas ohne Sinn und zwinge dich dazu.

Man könnte auch sagen: Wenn man verhindern wollte, Mitarbeiter zu selbstbestimmten Menschen heranwachsen zu lassen, müsste man ihnen nur sinnlose und frustrierende Aufgaben geben.

Dauerhaft erfolgreich sein kann man nur dann, wenn man sein Potenzial nutzt!

Diese These ist inzwischen weit verbreitet und wird vielerorts kommuniziert. So soll dieses Buch weniger ein weiteres Thesenwerk als ein Arbeitsbuch zu einer möglichen Umsetzung sein.

Die Beschreibung einer Identität unterstützt die oben genannte These, wenn folgende Bedingungen erfüllt werden:

• Die Beschreibung muss stimmig sein.[5] Stimmig meint die Verbindung zwischen inhaltlicher Bedeutung und Überzeugung. Dadurch wirkt eine Selbstbeschreibung motivierend.

---

[3] Als „Systemiker" frage ich nach Intention und Funktionalität.
[4] Für Hardliner klingt das wie ein Auszug aus einem Märchen.
[5] Damit meine ich stimmig zur Person. Ansonsten kommt es bei kollektivem Mission Statement zum Missbrauch durch Fremdbestimmung.

- Die damit verbundene Aufgabe sollte zu den Fähigkeiten – zu den individuellen Kernkompetenzen beziehungsweise Talenten – passen. Die nachhaltige effiziente Umsetzung wird damit ermöglicht. Man macht die Dinge gerne und deshalb gut.
- Die Darstellung sollte eine Orientierungshilfe und praktisch anwendbar sein! Damit ist der Nutzen für eine Zielgruppe und die Umsetzbarkeit in einer Profession, einer konkreten gesellschaftlichen Funktion (Beruf) gemeint.

Der Weg dorthin ist einfach, und dennoch sind einige Hürden zu meistern. Ich will deshalb nicht nur „schönfärben", sondern ebenso Realitätssinn vermitteln.

Die in diesem Buch angewandte Methode zur Identitätsbeschreibung erfüllt oben genannte Bedingungen. Die Form, welche hier zur Identitätsdarstellung verwendet wird, bezeichne ich als den Identitätsdiamanten, da sie zu Klarheit und Werten verhelfen soll.

Es folgt ein kurzer Überblick über den Aufbau des Buches:

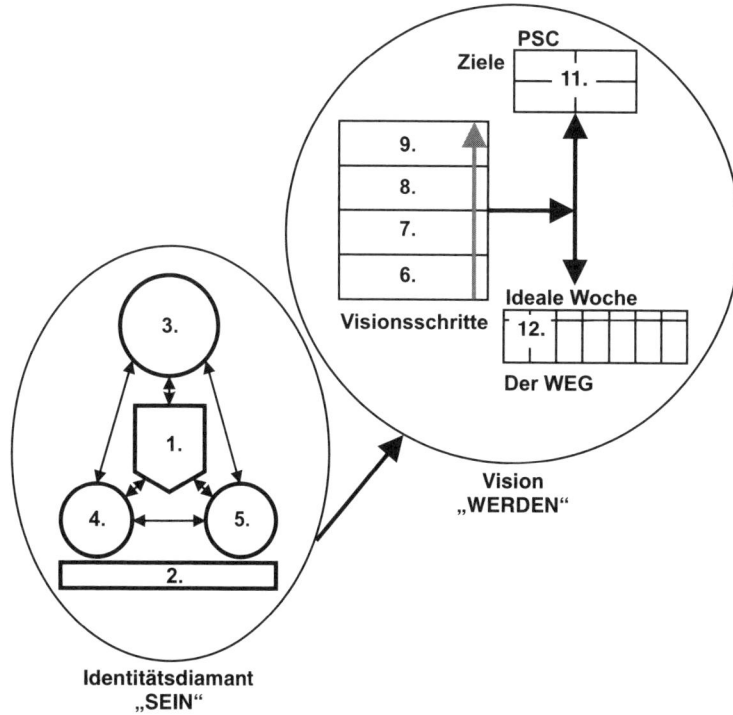

Bild 1: Gesamtdarstellung

Dieses Arbeitsbuch setzt sich, wie Sie aus der Grafik ersehen können, aus fünf Modulen zur Erarbeitung einer nützlichen Identität zusammen. Weitere sieben Module führen zur persönlichen Vision, zu Zielen und Maßnahmen.

Im Modul 1 definieren wir unsere Kernkompetenzen beziehungsweise Talente. Das macht uns stark und besonders.

Modul 2 befasst sich mit unserer Typologie beziehungsweise unserem Element. Dadurch lernen wir, uns und andere zu akzeptieren.

Im Modul 3 geht es um das persönliche Mission Statement. Es besteht aus dem Kernwert 1. Ordnung (auch Zielwert), den Verben (Handlungsbeschreibungen) und den Zielgruppen beziehungsweise Zielbereichen. Das Mission Statement repräsentiert unsere innere Aufgabe und bildet somit die Spitze unserer Identität. Dadurch bekommen unser Leben und unser Beruf einen sinnvollen Kontext und eine Richtung.

In Modul 4 erarbeiten wir unsere Kernwerte 2. Ordnung. Sie beschreiben den Charakter und unsere Handlungsrichtlinien. Das macht uns selbstbewusst.

Modul 5 zeigt die Möglichkeit, unsere Identität mittels des Identitätsdiamanten zusammenfassend darzustellen. Weiter beschäftigen wir uns mit unserer Profession, der beruflichen Form, in der unsere Aufgabe, unser Auftrag umgesetzt werden kann. Das bringt uns die nötige Klarheit.

Der zweite Teil des Buches besteht aus den Modulen 6 bis 12, der Erarbeitung unserer persönlichen Vision und dem Weg dorthin. Wir lernen unsere Bedürfnisse, Rollen, Sorgen und Konflikte lösungsorientiert zu betrachten und sie in einen Kontext zu bringen, der zu Maßnahmen anstößt. Unsere Wunschträume werden als realitätsnahe Ziele in Form einer Private Scorecard dargestellt. Die Umsetzung wird schließlich mit Hilfe der Vorstellung einer idealen Woche in unser Zeitmanagement integriert.

Es wird empfohlen, die Module in der hier dargestellten Reihenfolge zu durchlaufen. Dadurch ergibt sich ein sinnvolles Ganzes. Jedes Modul kann aber auch als einzelne abgeschlossene Übung betrachtet werden.

Um den Hintergrund dieser modulhaften Vorgangsweise zu erfassen, werden wir uns zu Beginn mit dem dahinter stehenden Denkmodell, dem i+ Modell auseinander setzen, welches ein Wirklichkeitsangebot darstellt.

Kern dieses Buchs sind die ersten fünf Module. „Ständig selbst" sein und zu wissen, was man will, ist das Ziel des Weges.

Im Buch wird öfters über vier Indikatoren geschrieben. Dabei verwende ich, je nach Zusammenhang, unterschiedliche Begriffe. Um einer Begriffsverwirrung vorzubeugen, stelle ich deshalb in der nachfolgenden Tabelle den Zusammenhang dar. Mehrere Begriffe werden einem Überbegriff zugeordnet. Den „zugeordneten Paarbegriff" kann man auch als treibende Kraft bezeichnen. Deshalb gibt es auch die Zuordnung, da diese einander bedingen. Die dahinter stehende „Logik" finden Sie jeweils in der äußeren rechten Spalte.

Überbegriff (Indikator):	Zugeordneter Paarbegriff (treibende Kraft):	Dahinter stehende Logik:
Liebe	Hingabe	Wer liebt, gibt sich hin. Auch: Liebe benötigt Hingabe.
Liebe	Mitgefühl	Wer liebt, hat automatisch Mitgefühl.
Liebe	Herz	Liebe spüren wir in der Herzgegend.
Freude	Zuversicht	Wenn wir an etwas Freude haben, entsteht Zuversicht. Auch: Um sich zu freuen, braucht man Zuversicht. Selbst schwere Krankheiten oder Krisen können mittels Freude am Prozess überwunden werden. Ein freudiger Mensch stimmt allen Lebensfacetten zu 100 Prozent zu, deshalb kann er in jeder Lebenslage zuversichtlich sein.
Freude	Bauch	Freude spüren wir in der Bauchgegend und im Zwerchfell.
Erotik an einer Sache	Herausforderung	Wir werden herausgefordert, wenn wir etwas erotisch anziehend finden.
Erotik an einer Sache	Mut	Wenn wir etwas oder jemanden erotisch finden, entwickeln wir, sofern wir es zulassen, automatisch Mut. Dieser Mut hilft, unsere Angst zu überwinden. Bei Liebe und Freude ist zwar auch Mut dabei, aber die treibende Kraft ist Mitgefühl beziehungsweise Zuversicht. Für Erotik brauchen wir Mut, für Liebe Mitgefühl, für Freude Zuversicht.
Erotik an einer Sache	Becken	Erotik spüren wir in der Beckengegend.
Begeisterung	Liebe, Freude, Erotik	Man ist begeistert, wenn Liebe, Freude und/oder Erotik da ist.
Begeisterung	Glitzernde Augen	Begeisterung spürt man am ganzen Körper, sie wird besonders durch die Augen ausgedrückt.

Teil 1

Persönliches Mission Statement

Das i+ Modell –
oder vom richtigen Plan im Kopf

Wir lesen unzählige Bücher und müssen feststellen, dass deren jeweiliger Inhalt auf ein bis zwei Seiten ebenso darstellbar wäre.

Wir hören Leuten beim Reden zu und verstehen nicht, worauf sie hinauswollen.

Wir arbeiten viel und wissen nicht, wofür.

Wir versuchen unsere Probleme zu lösen und finden den Schlüssel nicht.

Wir wollen erfolgreich und glücklich sein und wissen nicht, wie.

In unserem Leben geht es immer wieder darum, das Wesentliche beziehungsweise den „Kern einer Sache" zu finden. Gelingt uns dies, erspart es uns Mühe, Zeit und Ressourcen. Wir sind dann effizient. Vor allem dann, wenn wir lebenswichtige Entscheidungen treffen müssen, kommt es darauf an, Wesentliches von Belanglosem zu unterscheiden.

Der Ausdruck „das Wesentliche" wird sehr häufig im Management verwendet, weil dort „Wesentliches" angepackt, entschieden oder vorangetrieben werden sollte. Das Wort besteht aus zwei Komponenten: Wesen und Licht. Man könnte es auch so ausdrücken: „das Licht des Wesens".

Das klingt zwar etwas merkwürdig, hilft uns aber, auf den Punkt zu kommen. Wenn wir das „Licht des Wesens" sehen, erkennen wir das Wesentliche. Ich vermute, dass jede Sache, jeder Mensch eine Art „eigenes Licht" hat. Man könnte auch sagen, dass alles eine Eigenschwingung beziehungsweise Resonanz hat. Aus der Physik wissen wir, dass etwas nur in der Eigenfrequenz passiv oder aktiv schwingen kann. Gelingt es, diese Eigenschwingung zu entdecken, so mag uns das bei Entscheidungsfindungen helfen. Außerdem können wir dann uns oder andere zum „Schwingen" bringen! Wir strahlen etwas aus beziehungsweise „glitzern" andere an. Die Ausstrahlung einer Person entscheidet oft über deren Erfolg. Wir empfinden strahlende Menschen als anziehend und fühlen uns selbst sichtlich wohl, wenn wir zum Beispiel vor Freude strahlen.

„Wie kann ich mich motivieren?", so lautet eine häufig gestellte Frage in Coachinggesprächen. Motivieren bedeutet „bewegen", und so könnten wir auch die Frage stellen: „Was berührt mich?" Kennen wir unsere Resonanzpunkte, so wissen wir, wie wir in Bewegung kommen. Alles andere rührt uns nicht und ist deshalb nicht relevant für uns. Somit könnte es eine Entscheidungshilfe für uns sein, ob uns etwas anspricht oder nicht und wie wir damit umgehen. Denn wozu sollten wir uns für etwas entscheiden, was uns nicht rührt? Können wir etwas bewegen, wenn wir nicht bewegt sind? – Wahrscheinlich nicht! Entscheidungen sind nur dann notwendig, wenn etwas verändert und somit bewegt werden sollte.

Diese Ausführungen führen uns direkt zur Verbindung von Fühlen und Denken. Das rein logische Denken, getrennt von unserer Gefühlswelt, gibt es eigentlich nicht. Dies geschieht nur dem Anschein nach, wenn wir Handlungen im Nachhinein logisch begründen. Deshalb erscheint es mir sinnvoll, Denken und Fühlen in einem funktionalen Rahmen zu vereinen.

Wir sind besonders berührt von Dingen, die unsere Person betreffen. Das vorliegende Buch befasst sich mit der häufig gestellten Frage: „Wie gelingt es mir, den Beruf mit meiner Berufung zu verbinden?" Eine ausschließlich vernunftbezogene Berufswahl führt uns zur negativen Erfahrung von Zwang und Unlust. Die Wahl des „richtigen" Berufs zum rechten Zeitpunkt scheint für unsere Zufriedenheit relevant zu sein. Auch hier geht es um das Wesentliche. Wir wollen etwas tun, das uns Freude bereitet, für uns Sinn macht und gleichzeitig Erfolg bringt!

Der Schlüssel dazu steckt in der Auseinandersetzung mit „Resonanz", der Tatsache, dass wir mit der Umwelt „schwingen". „Es rührt mich etwas – ich werde motiviert – ich fühle mich begeistert – ich bewege."

Jeder von uns kennt Mahatma Gandhi, er hat viele und vieles bewegt. Wenn jemandem, der ihn nicht kennt, auf folgende Weise über Gandhi berichtet wird: „Mahatma Gandhi war Jurist, ein Glatzkopf und Brillenträger", dann ist dies wohl keine sehr treffende Beschreibung dieser historischen Persönlichkeit. Sie bezieht sich nur auf äußere Merkmale. Wie kann ich Gandhis „Wesen" treffend beschreiben?

Ein Vorschlag

„Gandhis Auftrag war es, Indien innerlich und äußerlich zu mehr Freiheit zu verhelfen. Er tat dies ausschließlich mit friedvollen und gewaltfreien Mitteln. Er war ein Volksführer der Inder."

Mit dieser Darstellung kann man Gandhi bewegender beschreiben als mittels optischer Merkmale oder durch seine Ausbildung. Sie enthält drei Dinge:

- den Auftrag der Person in Beziehung zur Umwelt (Freiheit für Indien),
- die Umsetzungsqualität (friedvoll anstelle von, zum Beispiel, militärischer Gewalt) und

- die Profession (Volksführer anstelle von Bäcker, Lehrer oder Unternehmensberater).

Mit Hilfe dieser drei Merkmale können wir „das Wesentliche" einer Person erfassen. Wir wissen dann, wofür sie steht, und können entscheiden, ob wir mit ihr etwas zu tun haben wollen oder nicht. Fehlt eine der Komponenten, ist die Beschreibung unvollständig. Da wir für Wesentliches in unserem Leben eine geeignete Beschreibung unserer Person benötigen, wollen wir uns mit Übungen dazu beschäftigen. Diese Übungen sollen uns zum konstruktiven „Schwingen" bringen.

Einer der Hauptindikatoren dafür, ob jemand im „Einklang" lebt und glücklich ist, ist das „Glitzern in den Augen". Wenn jemand über seine Berufung spricht, so ist es besonderes auffällig für andere erkennbar.

Mein Leben wurde durch das Erarbeiten meines Auftrages, meiner Handlungswerte und der Auseinandersetzung mit meiner Berufswahl neu gestaltet. Ohne diesen Prozess wäre ich nach wie vor der zwar angesehene Unternehmer und Betriebswirt, aber nicht der fröhliche Thomas, der ich bin. Mir wurde klar, was in meinem Leben wesentlich ist.

Die Stufen des i+ Modells

Um zum Wesentlichen zu gelangen, werde ich Ihnen zunächst das *i+ Modell* vorstellen. Es ist ein einfaches Denkmodell, das verbildlichen soll, wie Erfolgreichsein funktioniert, und dient als Basis für alle weiteren Ausführungen und Übungen. Ich werde es zunächst anhand eines Beispiels erläutern.

Angenommen, jemand möchte in Wien am Abend mit seiner Liebsten in die Oper gehen, um dort einen schönen Abend zu verbringen. Er befindet sich in der Schmidtgasse und hält irrtümlich einen Stadtplan von Graz in der Hand. Auch in Graz gibt es eine Schmidtgasse und eine Oper, wie in vielen Städten. Er möchte nun von der Schmidtgasse zur Oper gehen und wird vielleicht überrascht sein, da sich dort, wo er laut Plan abbiegen sollte, nur eine Sackgasse befindet. Nach wie vor glaubt er, den richtigen Plan in Händen zu halten, und wird mit der Zeit immer frustrierter. Nachdem er den Irrtum letztendlich bemerkt hat, trifft er viel zu spät in der Oper ein und kann den Abend nicht mehr genießen.

So verhält es sich oft im Leben. Wir haben einen falschen Plan im Kopf und wundern uns, warum wir in vielen Situationen blockiert sind.

Viele Menschen ziehen nun folgenden Schluss: Der Plan ist richtig, aber die Realität, das Leben ist falsch. Daraus bildet sich die Überzeugungen: „Wünsche nach schönen Erlebnissen können nur schwer erfüllt werden!" und „Das sind doch nur meine Spinnereien und Träumereien." Viele bleiben in der mentalen Sackgasse stecken und geben als Väter, Mütter, Lehrer oder Führungskräfte diese Erfahrung in guter Absicht als Lebensweisheit an ihre Schützlinge weiter. Das ist ein großes Unglück, denn die „Oper in Wien" gibt es tatsächlich und immer wieder finden Leute dorthin. Tatsächlich kann man dort einen schönen Abend mit seiner Liebe verbringen!

Nicht immer wundern sich Menschen darüber, wenn sie sich auf Irrwegen befinden. So leben viele mit dem falschen Plan im Kopf und leiden am Leben. Sie kommen tagaus, tagein frustriert von der Arbeit nach Hause, ohne zu hinterfragen, ob es auch anders sein könnte. Das i+ Modell ist ein Plan zum Erfolg und beschreibt, wie sich unsere Vorstellung von der Realität auf unser Leben auswirkt.

Ebenso eignet sich das i+ Modell zur Beschreibung eines Phänomens, das bis vor kurzem mit den Worten: „Man hat es, oder man hat es nicht", abgetan wurde. Es handelt davon, wie ein Mensch das „Glitzern" beziehungsweise „Leuchten in den Augen" wiederbekommen kann. In vielen Kulturen werden die Augen als „der" Indikator für das Licht, das jemand in sich trägt, gesehen. In den Augen ist einiges über den physischen und psychischen Gesamtzustand eines Menschen abzulesen.

■ Glitzernde Augen stehen für: Begeisterung, Kraft und Lebendigkeit.

Das i+ Modell als „Stadtplan" erklärt, wie es dazu kommt, dass jemand erfolgreich ist und „glitzernde Augen" hat. Es beschreibt fünf Entwicklungsstufen und die Auswirkungen auf unser Leben. Darauf möchte ich nun im Detail eingehen. Wir werden auch verstehen, was geschieht, wenn wir auf einer Stufe stehen bleiben oder sie überspringen möchten.

Bild 2: i+ Modell

Die fünf Stufen werden nun punktuell und getrennt voneinander betrachtet und anschließend im Ganzen dargestellt. Was das Symbol „i+" genau bedeutet, werde ich später in den „Basisthesen hinter dem i+ Modell" erklären. So viel sei jetzt bereits gesagt: „i+" steht für glitzernde Augen, Begeisterung, Kraft, Lebendigkeit, Kreativität et cetera. „i" kann auch als Abkürzung von Inspiration, Innovation, Individualität und Identität verstanden werden.

Das Modell ist sehr einfach: Leben wir unsere Sehnsüchte, so erfahren wir „i+": Von der Sehnsucht zu den Träumen, zu einem Wunsch, der in Zielen formuliert wird, hin zur Entscheidung – so sehen die Stufen aus, die man nacheinander durchschreitet.

Stufe 1: Sehnsüchte

■ These: Jeder Mensch trägt einzigartige Sehnsüchte in sich.

Wie der Name sagt, beschreibt eine Sehnsucht etwas, nach dem wir uns sehnen. Unsere Sehnsucht „sucht" sich immer ein Objekt. Heinrich Harrer, der Erstbesteiger der Eiger-Nordwand hatte Sehnsucht nach Abenteuer und fand einen Berg. Jeanne d'Arc hatte Sehnsucht nach einem freien Frankreich. Einer meiner Klienten hatte Sehnsucht danach, die Welt wohlklingender und ruhiger zu machen. Sehnsüchte sind anfänglich unkonkret – wir sehen, riechen und hören etwas mit Hilfe unserer Sinne und erleben ein Gefühl der Sehnsucht danach. Wir fühlen es!

Heinrich Harrer erlebte dies jedes Mal im Zusammenhang mit Bildern und Berichten zur Eiger-Nordwand und wollte mit der Besteigung des Berges seine Sehnsucht stillen. Matsushita, der größte Unternehmer des vorigen Jahrhunderts, der Unternehmen wie Panasonic begründete, verspürte wiederum Sehnsucht nach Wohlstand für alle. Er erreichte dies durch die billige Massenproduktion von Gebrauchsgütern wie Waschmaschinen, Bügeleisen und so weiter.

Unsere Sehnsüchte sind einfach da. Trennen wir uns von ihnen, passen wir uns damit vielleicht der gesellschaftlichen Gewohnheit an. Es führt dies aber zum Verlust an Individualität und der damit verbundenen Kraft. Denn: Jeder von uns hat ein Bündel an Sehnsüchten, das uns einzigartig auszeichnet. Wir unterscheiden dabei spezielle und allgemeine Sehnsüchte. Allgemein ist etwa die Sehnsucht nach einem Glas Wasser oder nach Geborgenheit, da sie grundlegenden Bedürfnissen entspricht. Die Sehnsucht nach Freiheit, wie sie zum Beispiel Mahatma Gandhi empfand, war speziell. Er wurde durch das Leben von Freiheit zu einer markanten Persönlichkeit, die dafür steht, dass sie wusste, was sie will.

Übung – Sehnsüchte

Überlegen Sie nun für sich: Welche Sehnsüchte begleiten mich von Kindheit an, was wollte ich schon immer machen? Wann oder wobei verspüre ich Begeisterung? Was tue ich, um das Glitzern in den Augen zu fördern?

Sie können diese Übung alleine oder – was ich sehr empfehlen kann – mit anderen gemeinsam machen. Wenn Sie die Übung in der Gruppe machen wollen, so setzen Sie sich mit den Personen Ihres Vertrauens im Kreis zusammen. Jeder wird dann dazu aufgerufen, fünf Minuten über die Fragestellung frei zu reden. Die Zuhörer beobachten während dieser Zeit schweigend vor allem die Augen des Redners. Sie reflektieren anschließend, bei welchen Themen, Sätzen oder Wörtern die Augen des Erzählers besonders „geglitzert" beziehungsweise geleuchtet haben. Diese sind für den weiteren Verlauf von Bedeutung und werden hier notiert:

_____

_____

_____

Stufe 2: Träume

■ These: Jeder kann träumen!

Träumen ist eine Art spielerisches Ausprobieren von Problemstellungen und Aufgaben. Wir strengen uns dabei nicht an, sondern lassen unseren Geist einfach los. Das hier gemeinte Träumen bezieht sich auf das Nachtträumen ebenso wie auf das Tagträumen. Der Vorgang dabei ist prinzipiell der gleiche, nur ist unser Geist in der Nacht freier. Beim Tagträumen bremst unser Verstand das „freie Spiel" des Geistes.

Jeder von uns kennt Phasen, in denen wir sehr viel träumen. Diese treten vor allem in Zeiten der Entspannung, wie zum Beispiel im Urlaub, vermehrt auf. Erwachsene träumen im Allgemeinen weniger häufig und intensiv als Kinder. Man könnte daraus schließen: „Wir werden älter und träumen weniger. Das ist ganz normal."

Der in meinen Augen richtige Schluss ist Es gibt Entwicklungen, durch die wir mit der Zeit das Träumen verlernen (und Methoden, durch die wir wieder träumen lernen können). Träumen wird durch Druck und Zwang verhindert. Es gibt immer mehr Erwachsene, die fast nicht mehr unbewusst träumen können. Selbst im Schlafzustand findet dieser Prozess bei ihnen so gut wie nicht mehr statt. Diese Menschen werden dann psychisch und auch physisch krank. Die steigende Anzahl an Schlaflabors und Patienten bestätigt diesen Trend.

Träumen hat sehr positive Auswirkungen. Wenn wir uns entspannen und die Bilder wie von selbst laufen lassen, regeneriert sich unser Körper. Die Zellen reinigen sich und der Blutdruck fällt auf ein gesundes Maß. Ganz nebenbei fallen uns vielleicht Lösungen zu aktuellen Aufgabenstellungen in unserem Leben ein und es macht sogar Spaß! Die gewünschte Kreativität (Visionsfähigkeit, Vorstellungskraft), die bei Managern wieder gefragt ist, entsteht wie von selbst und gerade deshalb!

Wenn das Tagträumen tatsächlich so produktiv ist, warum tun wir es als Erwachsene so selten. In meinen Seminaren frage ich oft: „Unter diesen positiven Gesichtspunkten – wann haben Sie sich das letzte Mal Zeit zum Tagträumen genommen?" Die Frage löst immer wieder Lachen unter den Teilnehmern aus. Der Begriff Tagträumen ist gesellschaftlich negativ besetzt, obwohl – oder vielleicht weil – dadurch neue Ideen und Erholung entstehen. Vorgesetzte sehen es in der Regel nicht gerne, wenn man träumt beziehungsweise entspannt im Büro sitzt. Wir unterlassen es dann lieber, weil wir nicht als „faul" gelten möchten.

Träumen sollte ein selbstverständlicher Bestandteil unserer Arbeitszeit sein. Ich verschreibe Führungskräften in meiner Funktion als Coach mindestens vier Stunden Tagträumen pro Arbeitswoche. Folgen sie meinem Rat, bemerken sie, dass ihre Kreativität zu fließen beginnt. Teure Kreativitätsseminare, die sie wieder zu dem bringen sollen, was ohnehin natürlich ist, sind dann hinfällig. Jedes Kind besitzt eine angeborene Kreativität, die es im Allgemeinen nutzt, weil es den Freiraum dafür hat. Die richtige Frage dazu lautet nicht: „Wie erlerne ich Kreativität?", sondern: „Was muss ich unterlassen, um meine Kreativität nicht zu bremsen?"

Träumen zu können ist sehr einfach. Man muss nur los- und zulassen, was ist. Wie von selbst suchen sich unsere Sehnsüchte dann passende Träume und Bilder. Aus den Sehnsüchten entstehen Träume und schließlich Wünsche!

Übung – Träumen

Schreiben Sie Ihre Träume auf, und nehmen Sie sich eine bestimmte Zeit (zirka 20 Minuten), um in ihnen zu verweilen. Beobachten Sie, welche Bilder dabei in Ihnen entstehen. Lassen Sie für die Dauer der Übung Ihren Realitätssinn und Bewertungen der aufkommenden Bilder und Gefühle außer Acht. Anschließend können Sie die Bilder in Richtung Alltag umdeuten.

Stufe 3: Wünsche

These: Menschen sind grundsätzlich willensstark. Erstaunlicherweise sind aber nur wenige Menschen in der Lage, Wünsche zu formulieren beziehungsweise sie zu erkennen.

Glücklich ein Mensch, der weiß, was er will. Wer seinen Willen klar formuliert, ist willensstark. Er wird im Allgemeinen als etwas Besonderes empfunden, da Willensstärke etwas Seltenes und Attraktives ist. Denken wir nur an die vielen Jungakademiker, die trotz elitärer Ausbildung unfähig sind, sich für einen Beruf oder Arbeitsplatz zu entscheiden. Eine lange Phase des fremdbestimmten Lernens kann Willensstärke vermindern oder gar zum Verschwinden bringen.

Mein erstes Unternehmen beschäftigte sich intensiv mit der Karriereberatung von Jungakademikern. An unseren Informationsabenden konnte ich feststellen, dass die meisten von ihnen (zirka 95 Prozent) kaum eine Vorstellung von ihren beruflichen Idealbedingungen haben. Der Traumjob wird mit Phrasen wie „kreativ", „teamorientiert" oder „gute Bezahlung" schwammig beschrieben. Da sich viele Menschen einen Arbeitsplatz mit solchen Eigenschaften wünschen, sind diese Merkmale zur Unterscheidung ungeeignet. Wer will schon einen unkreativen Job mit schlechter Bezahlung und ohne Teamarbeit? So bestand unsere Haupttätigkeit darin, Jungakademikern bei der Formulierung ihrer Wünsche zu helfen. Ausgangsbasis dafür waren ihre Sehnsüchte und Träume. Ähnliches taten wir in Unternehmen, in denen verlangt wird, dass: „… die Mitarbeiter und Führungskräfte innovativ und entscheidungsfreudig sind". Leider sind die meisten Unternehmenskulturen völlig ungeeignet, Entscheidungsfreudigkeit und Innovation zu fördern.

Wir wurden nach dem Prinzip erzogen, dass es besser ist, „sich nicht zu weit aus dem Fenster zu lehnen". Auch kennt fast jeder von uns Sprüche wie: „Nur nicht aus der Reihe tanzen!" und „Dann mach halt, was du willst!" Damit wurde uns aber indirekt gesagt: „Wenn du das tust, was du willst, bist du nicht mehr mein Freund, Mitarbeiter oder Partner." In einer Beratung protestierte eine der Führungskräfte laut: „Stellen Sie sich einmal vor, was passiert, wenn jeder Mitarbeiter macht, was er will!" So wird Mitarbeitern unterstellt, dass sie willkürlich vorgehen, wenn sie ihren freien Willen leben, und mit dem freien Willen etwas Gefährliches mitschwingt.

Führungskräfte unterstellen dabei indirekt, dass der Mitarbeiter nicht in der Lage ist, konstruktive Entscheidungen selbstständig zu treffen. Tatsächlich ist dies oft der Fall. Selbstbestimmtes und dennoch verantwortungsbewusstes Handeln muss reifen. Unsere öffentlichen Bildungssysteme fördern dies kaum. Wir werden meistens dann belohnt, wenn wir machen, was andere von uns wollen. Natürlich sind Mitarbeiter dann hilflos, wenn sie aufgefordert werden, selbstständig zu handeln. „Zuerst lernen wir sprechen und laufen, dann den Mund halten und ruhig sitzen!", so die treffende Beschreibung eines Therapeuten in einer Radiosendung.

Aber gibt es denn ein größeres Geschenk, als jemanden das tun zu lassen, was er gerne will? Das nennt man doch echte Liebe, oder? Ich spreche hier nicht von Willkür, sondern von der Freiheit des Willens.

Ich bin mir nicht ganz sicher, ob die Führungskräfte, die jetzt nach mehr Eigenverantwortung der Mitarbeiter rufen, damit auch Selbstbestimmung meinen. Eigenverantwortung und Selbstständigkeit ohne Selbstbestimmung am Arbeitsplatz – das funktioniert nicht.

Auch in Beziehungen findet man Willenlosigkeit: „Schatz, was willst du heute machen?" – darauf die Antwort: „Hm, ich weiß nicht, was willst denn du?", auch wenn es bestimmt nicht der Wahrheit entspricht, dass keiner Sehnsüchte hat, die kommuniziert werden wollen! Die Folge ist Langeweile und Enge. Wir sperren uns ein, denn wie können wir uns glücklich machen, wenn wir gegenseitig unsere tiefsten Wünsche nicht kennen und ausdrücken. Ob das nun aus Respekt oder aus Angst geschieht, ist letztendlich unwesentlich. Klar ist jedenfalls, dass das Ausdrücken unserer Sehnsüchte in Form von Wünschen wie: „Ich will heute mit dir zum Baden fahren" oder: „Ich will Schauspieler werden!", jedes Mal kraftvoll ist und Entscheidungen vereinfacht.

Ein Beispiel zum Zusammenhang von Sehnsüchten, Träumen und Wünschen: Der Abenteurer Heinrich Harrer hatte **Sehnsucht** nach der Eiger-Nordwand. Immer wieder sah er die Wand vor seinem inneren Auge. Jeder Bericht darüber faszinierte und begeisterte ihn zunehmend. So begann er zu **träumen**. Auf dem Heimweg von der Grazer Universität stellte er sich vor, wie er denn diese Wand erklimmen würde. Es verging etwas Zeit, bis er am Stammtisch laut sagte: „**Ich will** diese Wand besteigen." Ich nehme an, dass weder seine Mutter noch seine Kollegen besonders positiv auf seinen Wunsch reagierten. Dennoch stand er zu seinen Sehnsüchten!

Der Moment, in dem ein Wunsch konkret wird, trägt enorme Kraft in sich und ist essenziell für den persönlichen Reifeprozess. Ein starker Wunsch hat seine Wurzeln in einer oder mehreren Sehnsüchten und den daraus folgenden Träumen. Dies veranschaulicht auch oben gezeigtes Bild zu den Stufen des i+ Modells. Erst die bewusste Auseinandersetzung mit den Sehnsüchten und Träumen führt zur Willensbildung. Unser Denken ist untrennbar mit unserem Fühlen verbunden.

Übung – Willen ausdrücken

Drücken Sie in Zukunft bewusst Ihren Willen aus und beobachten Sie die Reaktionen! Sagen Sie nun öfters:

„Ich will …!" oder: „Ich wünsche mir …!" oder: „Ich brauche …!"

Fragen Sie auch andere nach ihrem Willen und achten Sie auf Stimmigkeit. Die Echtheit einer Willenserklärung können Sie an den Augen und der Stimmlage der Person leicht erkennen. Glitzernde Augen und eine Stimme, die aus dem Bauch kommt, zeigen zuverlässig an, ob ein geäußerter Wunsch tatsächlich das ist, was die Person auch will. So werden Sie willensstark und helfen anderen, sich auszudrücken.

Stufe 4: Ziele

■ These: Es gibt in unserem Leben geeignete Ziele zu unseren Wünschen!

Wenige Menschen haben klare Ziele zu ihren Wünschen: „Irgendwann will ich Unternehmer sein", „Irgendwann will ich diese Frau kennen lernen", „Irgendwann werde ich das und das schon tun." Der formale Unterschied zwischen Wunsch und Ziel sind der Zeitpunkt und die Messbarkeit – Ziele beziehen sich auf einen bestimmten Zeitpunkt und sind messbar. „Ich will die Eiger-Nordwand besteigen", ist ein Wunsch. Diesen Berg im Juli 1938 gemeinsam mit Fritz Kasparek zu erklimmen war ein feststellbares Ziel. Der Unterschied zu einem träumerischen Wunsch liegt in der Vorstellungskraft und/oder der Erfahrung. Um von einem Wunsch zu einem Ziel zu gelangen, benötigen wir einen Plan sowie eine Vorstellung von der Zukunft und von unserer Möglichkeit der Einflussnahme auf diese. Mangelnde Vorstellungskraft kann durch Erfahrung teilweise wettgemacht werden. Habe ich keine Erfahrungen, benötige ich umso mehr Vorstellungskraft.

Die wachsende Fähigkeit, sich realistische und herausfordernde Ziele setzen zu können, nennt man Erwachsenwerden[6]. Man spürt den Reifegrad eines Menschen, wenn er über seine Ziele und Wünsche spricht. Hat derjenige „Substanz" und Realitätssinn, nimmt man ihn ernst. Mit Realitätssinn

---

[6] Erwachsensein bedeutet hier erwachsen im Sinne von geistiger Entwicklung und hat nichts mit dem Alter zu tun.

meine ich hier nicht, sich möglichst kleine Ziele zu setzen, sondern die Fähigkeit, die Möglichkeiten der Umwelt zu erkennen und daraus Erfolg versprechende (effektive und effiziente) Handlungen abzuleiten. Menschen sind dazu fähig, wenn sie „im Kleinen" erlernt haben, ihren Willen auszudrücken und sich Ziele zu setzen.

Setze ich mir ein Ziel, ohne eine konkrete Vorstellung davon zu haben, ist das Scheitern nahezu vorprogrammiert. Diese wichtige Erkenntnis werden wir im zweiten Teil des Buches zum Thema Vision detailliert betrachten.

Übung – Veränderung durch Wünsche

Stellen Sie sich, nachdem Sie eine Willenserklärung abgegeben haben, die Frage, wie und wann das Eintreten des Wunsches von anderen und Ihnen beobachtbar wäre. Was würde sich äußerlich verändern?

_____

_____

_____

Stufe 5: Entscheidungen

These: Es gehört zum Leben dazu, Entscheidungen zu treffen!

Unsere Sehnsüchte, und in letzter Konsequenz wir selbst, bekommen erst Kraft, wenn wir handeln.

Entscheiden heißt: „Das Schwert aus der Scheide ziehen", und kommt aus dem Mittelalter. Es bezieht sich auf das Verhalten der Ritter beim Turnierkampf. Man kann sich das so vorstellen: Ritter trafen sich bei einem Turnier und maßen dort ihre Kräfte und Fähigkeiten aneinander. Dies war ein sehr sinnvolles Ritual dieser Zeit, da die Ritter für die allgegenwärtigen Kriege frisch und kräftig blieben. Nun hatten die Ritter die Wahl, sich der Herausforderung zu stellen, das Schwert aus der Scheide zu ziehen (das Schwert zu „entscheiden") oder zu fliehen. Tatsächlich gab es bei ihrer Entscheidung keine echte Alternative. Wählten sie die Alternative „Flucht", verloren sie ihren Beruf und wurden ab sofort zu Vogelfreien, die jeder töten durfte. Heute funktioniert das etwas anders. Es ist gesellschaftlich ganz üblich, sich Herausforderungen nicht zu stellen. Was wir aber heute verlieren, wenn wir es nicht tun, ist mindestens genauso tragisch: unseren Selbstwert. Entscheiden bedeutet im heutigen Kontext, die Wahl anzunehmen und sich einer anstehenden Herausforderung, die durch unsere Sehnsüchte, Träume, Wünsche und Ziele entsteht, zu stellen.

An dieser Stelle möchte ich noch ein Beispiel bringen, das durch seine Einfachheit viel erklärt: Ich habe einen Bruder, der 13 Jahre jünger ist als ich. Mit ihm erlebe ich sehr viel Spaß und Freude. Er ist 22 Jahre alt, und eine seiner – dem Alter gemäßen – Hauptsehnsüchte ist die Sehnsucht nach dem anderen Geschlecht. Diese **Sehnsucht** ist natürlich eine allgemeine. Es gelten jedoch die gleichen Regeln wie für spezifische Sehnsüchte, die uns im weiteren Verlauf besonders interessieren.

Wenn ich mit ihm in ein Lokal gehe, setzt er automatisch den „Scanblick" auf. Er geht alle potenziellen Trägerinnen seiner Sehnsüchte durch. Bei bestimmten Mädchen bekommt er ein Glitzern in seinen Augen, die Hornhaut benetzt sich und die Pupillen erweitern sich. Das Phänomen „Glitzern in den Augen" entsteht also, sobald ein Objekt der Begierde auftaucht. Dann spiele ich „Geburtshelfer" und sage zu ihm: „Die eine da gefällt dir, nicht wahr?" Daraufhin macht sich kicherndes Lachen breit.[7] Nun sage ich zu ihm: „Stell dir vor, du verbringst mit ihr einen schönen Abend, sprichst mit ihr oder was auch immer." Er kommt in den Zustand des **Träumens**, die Spannung steigt. Daniel sagt darauf: „Ich möchte dieses Mädchen kennen lernen!" Der **Wunsch** wurde geboren. Ich unterstütze ihn nun dabei, ein **Ziel** zu formulieren. „Stell dir vor, du sprichst sie in fünf Minuten an." Er lacht und hält mich für komisch, ist aber gespannt, was nun weiter folgen wird. Er hat nun die Wahl, tut er es oder tut er es nicht. Folgende **Entscheidung** muss gefällt werden: zum Mädchen hinzugehen und einen schönen Abend mit ihr zu verbringen oder sich zurückzuziehen und nachher zu sagen: „Das Lokal war langweilig, lass uns weiterziehen oder nach Hause gehen." Was ist, wenn er auf das „Objekt" zugeht und abgelehnt wird? Eine Abweisung würdevoll hinzunehmen, kann eine sinnvolle Erfahrung sein und ebenso Spaß machen. Wenn er nicht hingeht, wird er wohl nie erfahren, ob sie seine Traumfrau sein könnte.

Die Angst vor dem Scheitern sollte uns nie davon abhalten, eine Erfahrung zu machen. Denn mit Würde zu verlieren ist eine gute Lernchance. Der Bergsteiger Reinhold Messner wurde nach einem seiner abenteuerlichen Projekte, das nicht das erwünschte Ergebnis brachte, von einem Reporter folgendermaßen angesprochen: „Gratulation zu Ihrem Versuch." Messner erwiderte, in seiner spontanen direkten Art, mit strengem Ton: „Ich habe nichts versucht, ich habe mein Bestes gegeben und bin gescheitert!"

---

[7] Er erfährt dabei i+ – siehe dazu Abschnitt: Die Basisthesen hinter dem i+ Modell.

Wann immer wir etwas tun und unser Bestes geben, können wir nichts verlieren. Wir gewinnen allemal wertvolle Erfahrungen, die uns stärken. Problematisch ist, dass das Nichtgelingen gesellschaftlich stigmatisiert wird. Es trägt die mögliche Konsequenz des Ausschlusses aus der Gesellschaft mit sich. Die Einstellung, keinen Fehlschlag machen zu dürfen, blockiert jedoch die Motivation zum Handeln. Wenn jemand in Österreich in Konkurs geht, bedeutet das für die Person häufig einen enormen gesellschaftlichen Abstieg. Es gibt aber Kulturen, wie zum Beispiel in Amerika, die das Scheitern als etwas zum Erfolg Gehöriges sehen und es als Zeichen für eine Lernerfahrung werten. Als Europäer fällt es uns leider meist schwer, das zu verstehen. Viele kompetente Menschen wechseln sogar das Land, um in einer mutigeren Kultur ihr Unternehmen zu gründen.

Was ist der Hauptgrund dafür, dass viele Menschen ihre Träume und Sehnsüchte nicht leben? Das i+ Modell behauptet vereinfacht:

> Wenn wir unsere Sehnsüchte leben, werden wir erfolgreich und glücklich.

Wenn das tatsächlich so ist, warum tun wir das nicht einfach? Die Begründung dafür ist Angst.

Angst als Ursache für Misserfolg

Meiner Erfahrung nach gibt es zwei Arten der Angst: die Angst vor dem Scheitern und die Angst vor dem Ausgeschlossenwerden.

Die Angst vor dem Scheitern

Von klein auf sind wir Experten im Hinnehmen von Rückschlägen. Ein Kind gibt beim Gehenlernen nicht auf, nur weil es mehrmals umgefallen ist. Es will gehen lernen. Diese Form von Angst ist durch Training zu bewältigen. Wir gründen ein Unternehmen und scheitern vielleicht. Die rein materiellen Folgen stellen in unserer westlichen Welt kaum eine existenzielle Bedrohung dar. Im Gegenteil hilft uns die daraus gewonnene Erfahrung dabei, es beim nächsten Mal besser zu machen.

Die Angst vor dem Ausgeschlossenwerden

Diese Angst ist der Grund dafür, dass viele Menschen ihre Sehnsüchte nicht leben. Wir scheitern und dürfen nicht mehr dabei sein. Kinder kann man mit allen möglichen Strafen belasten, etwa mit Fernsehverbot oder Taschengeldkürzung. Wenn man ihnen aber die Liebe und damit die Zugehörigkeit

zum Verband versagt, wird dies von ihnen als das Bedrohlichste empfunden.
So erzieht man sie zu Duckmäusern.

Ich denke, dass wir alle Angst davor haben, aus der Gesellschaft ausge-
schlossen zu werden. Auch deshalb fürchten wir uns davor, unseren eigenen
Weg zu gehen, der vielleicht nicht in allen Belangen mit gesellschaftlichen
Interessen konform ist. Hinter dieser Angst steht die allgemeine Sehnsucht
des „Verbunden-Seins" und sie kann nur durch die Veränderung des Be-
zugsrahmens überwunden werden. Wenn eine einzelne Firma oder ein Staat
unseren Verband darstellt, dann werden wir unser Bestes – sogar unser Leben – geben, um zugehörig sein zu können und zu bleiben. Zugehörig sein
bedeutet, den jeweiligen Systemregeln zu entsprechen. Anhand des Massen-
phänomens „Deutsches Reich" kann man erkennen, wie leicht Menschen
bereit sind, ihre Selbstbestimmung zugunsten eines Kollektivs aufzugeben.
Dahinter steht die Sehnsucht, dabei und verbunden zu sein.

Ich leistete in Österreich Zivildienst, anstelle zum Militär zu gehen. Damals
musste man sich im Rahmen dieser Entscheidung einer Gewissensprüfung
vor einer staatlichen Kommission unterziehen. Ich legte meine Gründe so
dar: „Ich bin nicht bereit, ein vorübergehendes staatliches Konstrukt mittels
Gewalt zu verteidigen. Sie können mich deshalb auch einsperren, aber es erscheint mir sinnvoller, meine Dienstbereitschaft für zivile Zwecke zu verwenden. Durch meine Einstellung fühle ich mich einem größeren Verband
als Österreich verbunden."

Dieses größere Konstrukt kann zum Beispiel die gesamte Menschheit sein
oder, um noch einen Schritt weiterzugehen, alle fühlenden Wesen. Der Preis,
etwas künstlich und zeitlich Begrenztes wie einen Staat durch Einsatz seines
Leben zu verteidigen, ist sehr hoch. Schon öfters hat sich der Einsatz von
stolzen Kämpfern im Nachhinein als nutzlos und nicht ehrenhaft erwiesen –
denken wir zum Beispiel an den Vietnamkrieg oder den deutschen Blitz-
krieg. Durch Handel von Gütern und Dienstleistungen wurden die Grenzen
in Europa gewaltfrei überwunden.

Eine weite Wahrnehmung der Verbundenheit mit anderen macht somit
furchtlos vor den engen Regeln eines kleinen und vorübergehenden Systems.
Ein Meister sagte: „Meine Heimat ist dort, wo mein Hinterteil ist."

Was können wir aus dem i+ Modell lernen?

Jeder Mensch hat Sehnsüchte, die es wert sind, gelebt zu werden. Leben
heißt, diese in konkrete Handlungen umzusetzen. Hören wir nicht auf unsere Sehnsüchte, verlieren wir an Kraft, die Kraft wendet sich sogar gegen

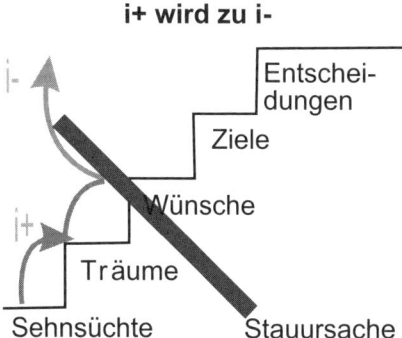

i+ wird zu i-

Bild 3: Die Auswirkungen des Nichtlebens seiner Sehnsüchte – i–

uns. Natürlich wurde die Unterdrückung unserer originären Sehnsüchte durch gesellschaftliche Rahmenbedingungen gefördert, aber wir können uns jetzt, in diesem Moment, anders entscheiden.

Ich möchte das so erklären: Sehnsüchte sind wie ein Strom aus Wasser. Was geschieht, wenn wir einem Wasserstrom eine Schranke setzen? Zuerst staut er sich auf, sofern kein alternativer Abfluss vorhanden ist, dann entsteht Druck, und schließlich tritt das Wasser an anderen Stellen aus. So verhalten sich Sehnsüchte, die nicht gelebt werden. Man kann sie nicht einfach abstellen. Im Leben fließen dann die originären, ursprünglichen Sehnsüchte in andere Richtungen, deren Auswirkungen uns vielleicht nicht gefallen.

Mögliche Auswirkungen der Unterdrückung seiner Sehnsüchte (i–)

Stagnation des Reifeprozesses

Erwachsene befinden sich oft auf dem Niveau von Kindern, wenn es um Entscheidungskraft und Mut geht. Wenn wir unsere Sehnsüchte verdrängen, finden wir kaum geeignete Herausforderungen. Alles wird langweilig, ein Symptom, das durchaus typisch ist für unsere Zeit. Durch Herausforderungen können wir wachsen – wenn wir uns ihnen nicht stellen, so bleiben wir in unserer Entwicklung stehen.

Unlust und Müdigkeit

In der Arbeit und im Alltag wird alles zur qualvollen Pflicht, weil wir Dinge tun, die nicht Spaß machen, die uns nicht herausfordern oder weil wir keinen Sinn darin finden können. Müdigkeit und Unlust sind ebenso wie die

Stagnation der persönlichen Entwicklung eine Folge der Verdrängung von Sehnsüchten.

D-Stress

Dieser Stress entsteht dann, wenn wir Herausforderungen annehmen, ohne es zu wollen. D-Stress (disharmonischer Stress) steht im Gegensatz zum Eu-Stress (euphorischer Stress), der dann erzeugt wird, wenn wir etwas mit Begeisterung und Freude machen. In beiden Fällen wirkt das gleiche Hormon als Auslöser für erhöhten Blutdruck und gesteigerten Adrenalinspiegel, um den Herausforderungen auch körperlich gewachsen zu sein. Der Unterschied liegt in der langfristigen Wirkung. Beim D-Stress steigt das Risiko, dass unsere Blutgefäße durch den erhöhten Blutdruck verletzt werden, und somit das Risiko eines Herzinfarkts. Beim Eu-Stress bleiben, welch Wunder, die Gefäße intakt. Warum? Ich denke deshalb, weil wir etwas aus Freude und Sehnsucht heraus tun. Eine alte Unternehmerweisheit sagt dazu: „Es ist ebenso anstrengend erfolgreich zu sein wie misserfolgreich. Man benötigt die gleiche Menge an Energie dafür." Die gleiche Kraft steht dahinter, nur wirkt sie im einen Fall konstruktiv, im anderen Fall destruktiv. Es liegt somit in unserer Hand, wofür wir uns entscheiden.

Emotionen wie Wut oder Aggressionen

Wenn man ein bewegungsfreudiges Kind den ganzen Tag an einen Stuhl fesselt, wie es heute noch häufig der Fall ist (stundenlanges Sitzen in der Schule, Spielverbot in Parks und so weiter), wird das dahinter stehende Potenzial oft in Form von Aggressionen kanalisiert. Wenn wir die Sehnsucht nach Bewegung und Handlung nachhaltig verdrängen, so können dadurch Emotionen wie Wut oder Aggression die Folge sein.

Konsumlust und Habgier

Verdrängte Sehnsüchte werden ebenso in Form von übersteigerter Konsumsucht als Ersatz für das Wesentliche, das eigene Licht, umgesetzt. Die Sehnsucht wird zur Fernsehsucht, zur Fernreisesucht, zur Alltagsdrogensucht und so weiter.

Die Konsumgüterindustrie setzt ihr Marketing auf verdrängte Sehnsüchte. Produkte werden mit nicht gelebten Sehnsüchten besetzt. In der Werbung wird zum Beispiel ein beliebtes alkoholisches Getränk mit den Eigenschaften „schöne, glückliche Leute, die in harmonischer Gemeinschaft auf einer paradiesischen Insel leben" versehen. Dieses Bild berührt viele – wir wollen mit fröhlichen Menschen eine schöne Zeit verbringen. Da wir es nicht (immer) tun, sprechen wir auf die Werbung an und glauben, durch den Konsum des Getränkes unsere Sehnsüchte befriedigen zu können. Nur wird kein Mensch auf längere Zeit durch Alkoholkonsum schöner oder paradiesischer.

Um besser klettern zu können, trainiere ich regelmäßig in einem Fitnessstudio. Beim Trainieren des Bizeps sah ich neben mir ein Plakat eines Mannes mit einem tollen Bizeps. Später ging ich an die Bar und bestellte mir eine Cola. Normalerweise trinke ich nie Cola und wunderte mich, bis mir schließlich rechts unten auf dem Plakat das Cola-Logo auffiel. Unsere Sehnsüchte suchen sich ständig Bilder, die Wege zur Befriedigung aufzeigen. Und Bilder, die Sehnsüchte repräsentieren, werden in der Werbung erfolgreich eingesetzt! Wenn wir uns nicht bewusst damit beschäftigen, dann erledigt unser Unterbewusstes diesen „Job" mit Hilfe der Bilder, die von anderen für Marketingzwecke gestaltet wurden. Diese Produkte wünschen wir uns dann: Anerkennung durch Autos, Liebe durch Bücher, Abenteuer durch Actionfilme. Das wirkliche Leben ist viel spannender, wenn man den Mut findet, seine Sehnsüchte in die Tat umzusetzen.

Manipulation und Diktatur

Menschen, die zum Duckmäuser kultiviert wurden, neigen zur Entmündigung von anderen, wenn sie sich in der Rolle des gesellschaftlich Stärkeren befinden. Dies bekommen viele Mitarbeiter in ihrem Arbeitsalltag deutlich zu spüren. Viele Führungskräfte haben mächtige Positionen inne, die ihnen nicht gemäß sind. Gemäß bedeutet, dass keine originären Sehnsüchte sie zu dieser Tätigkeit geführt haben, sondern vielleicht vorwiegend Vernunftdenken oder familiäre Erwartungen – der Mensch liebt seine Arbeit nicht, da sie nicht Teil seines Wesens ist. Ein Beispiel dazu: Der geschäftsführende Gesellschafter eines Pharmakonzerns und Familienbetriebes tyrannisierte seine Mitarbeiter immerzu. So ließ er sich zum Beispiel alle Faxe in der Konzernzentrale vorlegen, bevor sie an die eigentlichen Adressaten gingen. Im Zuge der Beratung stellte sich heraus, dass er eigentlich Violinspieler werden wollte und nicht der Verwalter des Familienbetriebes. So wurde er zum Diktator, der andere manipulierte und quälte, weil er nicht den Job auslebte, der ihn erfüllt hätte. Warum, so die dahinter stehende Logik, sollten andere Freude empfinden dürfen, wenn man sie selbst nicht empfindet.

Mögliche Auswirkungen des Lebens seiner Sehnsüchte (i+)

Ebenso können wir angenehme Folgen aus diesen Prozessmodell erkennen.

Wie in Bild 2 veranschaulicht, erfährt man, wenn man dem Modell gemäß eine Zustandsstufe nach der anderen erreicht, i+. So wusste ein junger Techniker nicht, bei welcher Firma er sich bewerben sollte. Ich fragte ihn, was denn seine Traumfirma sei. „Die eine in Silicon Valley, aber …" Als ich ihm sagte: „Dort schreiben wir hin!", stellte ich bei ihm i+ fest. Ein kicherndes Lachen untermalte sein „Wie bitte, ich soll mich dort bewerben? Wow!" und seine Augen glitzerten. So arbeiteten wir eine ihm gemäße und damit besondere Bewerbungsunterlage aus. Was passierte: Er ist mittlerweile in der besagten Firma in Silicon Valley sehr erfolgreich und glücklich.

Seine Augen glitzerten beim Schritt von der unbewussten Sehnsucht zur Formulierung eines Wunsches. Wäre an dieser Stelle kein Coach dabei gewesen, hätte er sich vielleicht bei einer lokalen Firma beworben und ewig von Silicon Valley geträumt.

Ähnlich verhält es sich, wenn jemand ein eigenes Unternehmen gründen möchte *und ein geeignetes Ziel darin erblickt*. Dann wird viel Kraft frei, denn er beginnt zu planen und tut etwas. Ein ehemaliger Mitarbeiter von mir war in der Führung von Menschen nicht besonders erfolgreich. Er war ein sehr disziplinierter junger Mann, der meinte, das Führen von Mitarbeitern sei ein für ihn notwendiger Lernschritt. Bei einem Spaziergang fragte ich ihn, was denn seine beruflichen Sehnsüchte seien und mit wem er am liebsten zusammenarbeiten möchte. Mittels der sokratischen Gesprächsmethode[8] kamen wir auf seinen Traum, einen Montessorikindergarten aufbauen zu wollen. Er glaubte jedoch, diese Sehnsucht nicht ganz ernst nehmen zu können. Ich sagte: „Wieso nicht, deine Träume sind dir für einen besonderen Zweck geschenkt worden. Was immer du dir erträumst, gehe es an. Denn Kühnheit trägt Genialität und Zauberei in sich (frei nach Goethe)." Nach anfänglichem Zweifeln ließ er die Idee los, eine Führungskraft sein zu müssen. Er verließ mein Unternehmen und widmete sich voller Begeisterung seiner Sehnsucht.

> I+ steht für die frei werdende Energie, die sich bei der Überschreitung einer der Prozessstufen ergibt. Von der Sehnsucht zum Traum, vom Traum zum Wunsch, vom Wunsch zum Ziel und der Entscheidung. So macht das Leben Freude.

Mein Beruf besteht daraus, aus dem Glitzern meiner Klienten die entsprechenden Schritte abzuleiten. So wird man zum „Sehnsuchtserfüllungsgehilfen". Meiner Erfahrung nach bringt jeder Schritt Folgendes:

---

[8] Fragetechnik, die zum Ziel hat, das Wesentliche zu ergründen.

Freude am Leben, an der Arbeit und den Menschen

Sobald wir Dinge tun, die uns Freude bereiten, steigt die Wahrscheinlichkeit, dass wir darin gut werden. Unsere Umwelt wird unsere Fähigkeiten durch vermehrte Nachfrage nach dieser Sache beziehungsweise diesem Handeln verstärken, und so führt dieser Zugang zu einer positiven Rückkopplung. Unsere innere Freude bewegt sich nach außen und wir werden immer wieder bestärkt. Wir benötigen zu dieser Erkenntnis keinen Mythos. Alle inneren Haltungen, egal ob positiv oder negativ, werden verstärkt und bestätigen sich im Sinne einer selbsterfüllenden Prophezeiung.

Mut und steigendes Selbstbewusstsein

Selbstbewusstsein entsteht, indem man Schritte setzt, deren Ausgang ungewiss ist. Wenn einmal ein Sehnsuchtsprozess durchlebt wurde, sind die darauf folgenden viel müheloser. Tatsächlich hat meine erste Firmengründung mehr Mut abverlangt als die zweite. Diese war dann fast schon Routine. Will man seine Träume in die Realität umsetzen, ist das Durchschreiten von Gefühlen der Angst eine Notwendigkeit. In anderen Fällen kann Angst ein wichtiger Schutzfaktor vor Gefahren sein.

Angst im Zusammenhang mit unseren Sehnsüchten ist ein Indikator dafür, ob man etwas wagen sollte oder nicht. Wenn man die Enge (Angst von lateinisch angustiae = Enge) überwindet, bringt dies eine neue Weite, ähnlich der Geburt. Das Kind erlebt Angst beim Verlassen der schützenden Wärme und des gewohnt wohligen Umfelds der Gebärmutter. Angst zeigt somit einen Routinebruch und die Notwendigkeit weiterzugehen an.

Begeisterungsfähigkeit

Das Glitzern in den Augen tritt immer dann auf, wenn ein Schritt gemäß dem i+ Modell getan ist. Das Glitzern zeigt unsere „Resonanz" für eine Sache. Sobald wir „schwingen" und auf Leute treffen, bei denen die gleiche Eigenfrequenz vorhanden ist, kommen diese ebenso in Schwingung. Von außen betrachtet glaubt man, dass es einen Verursacher der Begeisterung gibt. Tatsächlich ist das Potenzial an Begeisterung für etwas oder jemanden bereits vorhanden. Es muss nur einer beginnen, dann verstärkt sich dieser Prozess. Charisma ist immer von einer Beziehung abhängig. Wenn wir unsere Begeisterung entdecken und diese nach außen tragen, findet die Begeisterung ihren Widerhall.

Rücksichtsvolles Handeln

Ich konnte immer wieder feststellen, dass Personen, die ihren eigenen Weg gehen, andere ebenso respektieren. Ein guter Verkäufer, der selbst die oft harten Schritte zum Erfolg erfahren hat, zeigt Verständnis, wenn ihm ein junger engagierter Verkäufer etwas verkaufen will. Ähnliche Erfahrungen konnte ich bei Unternehmensgründern und bei Menschen mit durchlittener Krankheit machen. Mutlosigkeit führt zu Neid. Wer aber Einsichten aufgrund von Erfahrungen gewinnt, wird mitfühlend und respektvoll.

Persönliche Reife

In Österreich wird das Abitur als Matura (Reifeprüfung) bezeichnet. Pädagogen prüfen, ob man „reif" ist oder nicht. Diese Bezeichnung kommt noch aus dem alten Erziehungssystem, in welchem ein systemtreuer Lehrer bestimmt, was für alle gut ist. Reife können wir aber nur erlangen, wenn wir selbstbestimmt und eigenverantwortlich handeln. Wir hören auf unsere innere Stimme und gehorchen uns damit selbst. So erfahren wir auch, dass wir aufrecht durchs Leben gehen können, wenn wir aus der „Reihe tanzen", sobald es unser Selbst erfordert. Heinrich Heine drückt treffend das Gegenteil davon aus: „*Viele Menschen gehen nur deshalb aufrecht durchs Leben, weil sie meinen, dass sie den Stock, der sie schlägt, auch verschlucken müssen.*"

Die Qualität der Entscheidung

Leben wir unsere Sehnsüchte, so erfahren wir i+: Der Weg beginnt bei der Sehnsucht, geht über die Träume, führt zu einem Wunsch, der in Zielen formuliert wird, und mündet bei der Entscheidung. Leben wir unsere Sehnsüchte nicht, so erleben wir möglicherweise i–.

In diesem Zusammenhang gibt es nun viele Fragen, auf die wir im Detail noch eingehen werden. Bevor wir im Thema weitergehen, sollten Sie sich fragen, ob Ihre innere Stimme zum Leben Ihrer Sehnsüchte „Ja" sagen kann. Unser Kopf neigt eher zum „Nein". Unsere bestehenden Weltbilder prägen unsere Wirklichkeit und die damit verbundenen Meinungen. Da erscheint uns dies als kindliche Träumerei. In diesem Prozess geht es darum, neue Erfahrungen zu machen, die uns stärker und fröhlicher werden lassen! Ist es denn nicht ein schöner Gedanke: „Ich lebe meine Sehnsüchte und bin glücklich und respektvoll." Wenn Sie das innerlich bejahen können, sind Sie auf dem „richtigen" Weg – auf dem Weg zu Ihrer schönsten Identität.

Es gibt Fälle, in denen nicht gelebte Sehnsüchte kein i– bewirken – wenn jemand einen tieferen Sinn dahinter sieht. Als Viktor Frankl im Konzentrationslager[9] gefangen war, konnte er seine Sehnsüchte aufgrund der vorherrschenden Bedingungen sicherlich nicht ausleben, und dennoch sagte er „Ja" zum Leben. Er sah einen tieferen Sinn hinter dem Aufenthalt im Konzentrationslager und überlebte mit seinem Glauben an die Menschlichkeit. Viele KZ-Häftlinge, die an dieser Situation keinen Sinn mehr sahen, starben unter den katastrophalen Bedingungen.

Eltern, die ihre Sehnsüchte „bewusst" zurückstellen, um sich der Verantwortung des Pflegens und Umsorgens ihres Kindes zu stellen, werden durch den Sinn der Tätigkeit stärker. Es geschieht aus echter Überzeugung und hat nur positive Auswirkungen. Erleben sie die Verantwortung als Bürde, wirkt i–. Verantwortung wird in diesem Fall nicht mit Freude angenommen. Kinder spüren dies in Form von lebenslangen Vorwürfen („Was habe ich für DICH nicht alles aufgegeben!!"). Letztlich liegt der Unterschied in der Qualität der Entscheidung. Wir müssen nicht alles, was wir ersehnen, leben, wenn die Überzeugung dahinter echt ist. *Man sagt „Ja" und meint das auch.* Das ist der Unterschied!

Die Basisthesen hinter dem i+ Modell

Nun möchte ich Ihnen zusammenfassend die drei Basisthesen hinter dem i+ Modell näher bringen. Sollte eine dieser Thesen falsch sein, fällt das ganze Modell. Stimmen Sie einer der Thesen nicht zu, so hat das Gesagte keine Bedeutung für Sie.

Ein Modell ist nur dann gut, wenn es Nutzen bringt. Um ein Modell für sich beurteilen zu können, muss man den Nutzen erkennen. Der Hauptnutzen, über den wir hier sprechen, ist *Erfolg*. Die hier angeführten Gedanken sollen erfolgreicher machen, tun sie es nicht, so sind sie nicht nutzbringend.

Aber was ist Erfolg? Wenn ich diese Frage auf einem Seminar stelle, fallen meist Begriffe wie: seine Ziele erreichen, Geld und Gesundheit haben, eine schönes Haus mit Familie und Hund besitzen. In letzter Zeit fällt immer öfter auch der Begriff „Zufriedenheit".

Um eine allgemein gültige Definition finden zu können, müssen wir etwas finden, das nicht relativ ist. Nur dann können wir sagen, ob wir im übergeordneten Sinne erfolgreich sind. Eine bestimmte Geldmenge ist als Messlatte ungeeignet, da wir nicht sagen können, ab welcher Menge wir Erfolg haben. Sind 100 000 Euro im Monat oder 1 500 000 Euro Erfolg? Bei einer rela-

---

[9] Vgl. Viktor E. Frankl: Trotzdem Ja zum Leben sagen, München 1998.

tiven Beschreibung von Erfolg ist eine allgemeine Definition unmöglich. Ebenso ist zu bemerken, dass jemand, der viel Geld verdient, zwar vielleicht gesellschaftlich anerkannt ist, aber deshalb nicht glücklich sein muss. Erfolg und Geld können in einigen Fällen gemeinsam auftreten. Es besteht aber kein notwendiger Zusammenhang.

Ebenso oft wird unter Erfolg verstanden, ein bestimmtes Ziel zu erreichen. Das Wort Erfolg trägt ja die Bedeutung „Folge" in sich. Ein Ergebnis ist die Folge von vielen Handlungen, die wir, unter dem Einfluss unserer Umwelt, ausgeführt haben. Bei den meisten Zielen handelt es sich jedoch um einmalige Ereignisse, die bereits nach dem Erreichen schnell an Bedeutung verlieren. Man denke hier zum Beispiel an Prüfungen. Man hat sie geschafft, und was nun? Die nächste Prüfung, das nächste Ziel wartet bereits wieder. Die Wirkung von erlangten Zielen ist nur von kurzer Dauer. Ebenso können wir Ziele erreichen, ohne dadurch glücklicher zu werden – ist jemand erfolgreich, der unglücklich ist? Die Erreichung eines Zieles bedeutet meiner Ansicht nach noch lange nicht, dass jemand Erfolg hat. Wir können jemanden oder uns selbst nur dann als erfolgreich bezeichnen, wenn wir eine subjektive Zustandsverbesserung empfinden. Ziele an und für sich sind nur Wegbeschreibungsgehilfen, die situationsabhängig sind und sich ständig ändern können.

Ich denke, dass wir dann erfolgreich sind, wenn wir glücklich und frei sind. Das sind die beiden Zustände und die einzigen Merkmale, die wir jederzeit und absolut beurteilen können. Fühlen wir uns jetzt glücklich und frei? „Glücklich sein" bedeutet auch zufrieden zu sein. „Frei sein" bezieht sich auf die Anzahl an Optionen, die wir haben.

Ein Beratungsprojekt ist für mich dann erfolgreich, wenn die Beteiligten glücklicher und freier geworden sind. Oder, um mich an das Paretooptimum zu halten, wenn zumindest eine Partei glücklicher und freier geworden ist, *ohne* dass eine andere dadurch unglücklicher und unfreier geworden ist. Würde diese Standarddefinition für Effizienz aus der traditionellen Volkswirtschaftslehre konsequent im Alltag verwendet werden, so würden Führungskräfte viel umsichtiger handeln. Manager würden erkennen, dass das einseitige Bewahren der Interessen von Shareholdern zwar kurzfristig die Rendite steigert und die eigene Machtposition festigt, jedoch langfristig die Loyalität der Mitarbeiter bricht und damit die zukünftige Rendite gefährdet. Dies, weil Erfolg gleichgesetzt wird mit dem kurzfristigen Geldzuwachs, und damit einer langfristigen Sichtweise im Wege steht.

Letztlich geschieht alles aus dem Versuch, glücklich und frei zu werden. Jede Handlung, die wir ausführen, zielt darauf ab. Jeder Mensch strebt nach dem „Zustand des Glücklichseins". Allerdings gibt es Handlungen, Ziele und

Denkmodelle („Stadtpläne"), die dahin führen, und solche, die uns nur in eine Sackgasse führen. Das i+ Modell soll zu einem Denken verhelfen, das aus Sackgassen herausführt.

Glücklich und frei zu sein sind allgemein gültige Qualitäten, die individuell zu werten sind. Ziele sind nicht nur Selbstzweck, sondern dienen als Richtungszeiger für Erfolg im Sinne einer Zustandsverbesserung. Die Zweischneidigkeit von Ziel und Erfolg wird im Kapitel „Vision" näher erläutert. Die Vision stellt das Spannungsfeld zwischen „Sein" und „Werden" dar. Wir sind im Jetzt zufrieden und dennoch handeln wir. Darin liegt der Schlüssel zu nachhaltigem Erfolg. Die folgenden drei Thesen sind die Eckpfeiler meines Wirklichkeitsangebotes, die Landkarte zum Erfolg.

Erste These: Jeder Mensch, jede Organisation hat eine spezifische Mission, die es Wert ist, gelebt zu werden

Das Bündel an spezifischen Sehnsüchten, die ein Mensch oder auch eine Gruppe von Menschen innehat, sind sein/ihr persönlicher/kollektiver Auftrag, seine/ihre Mission, Bestimmung oder innere Aufgabe.

Argumentationskette:

1. Ein glückliches Leben kann als Messlatte für Erfolg angesehen werden.
2. Ein glückliches Leben ist nur durch das Leben der eigenen Sehnsüchte möglich.
3. Da Sehnsüchte individuell sind und von uns nicht bewusst konstruiert werden, kann man diese als Auftrag (Mission) bezeichnen. Dieser Auftrag kann als Abstraktion und Bündelung unserer zentralen Sehnsüchte definiert werden.

Sehnsüchte geben uns Sinn. Sie wirken positiv auf uns, weil sie die glücksfördernde Triebfeder unserer Handlungen sind.

Diese Sichtweise ist bedeutungsvoll. Wir können erkennen, dass die Ursache von Glück nicht in äußeren Bedingungen und Zufällen steckt, sondern in unserer freien Wahl, unserer inneren Stimme zu folgen. Wenn wir glauben, Glück durch das Einhalten der Normen unserer Gesellschaft erreichen zu können, führt das nur zu einem hektischen Ringen nach Geld, Ansehen und Schönheit, je nachdem, was gerade „in" oder „hip" ist. Da wir in Beziehung zu anderen stehen, ist es für uns auch wichtig, unsere innere Aufgabe in einen gesellschaftlichen Kontext zu stellen.

Zweite These: Jeder Mensch hat die Fähigkeit, die innere Aufgabe durch seine Talente umzusetzen

„Zu jedem Traum, der dir gegeben ist, hast du auch die Kraft bekommen, diesen zu verwirklichen. Es mag allerdings sein, dass du dich dafür anstrengen musst. "

Dieses japanische Sprichwort drückt in wunderschöner Weise aus, dass wir bestens ausgestattet worden sind, unseren Auftrag beziehungsweise unsere Traumbilder in die Realität umzusetzen. Wir haben somit keine Ausrede mehr, schwach oder unfähig zu sein.

Stellen Sie sich vor, alle Führungskräfte und Personalentwickler wären Experten im Suchen der verborgenen Träume ihrer Mitarbeiter und unterstützen diese in der Entwicklung von Talenten. Für mich ist das kein naives Bild mehr, denn in unseren Beratungen sehen wir, dass es möglich ist.

Ebenso verfügen Gruppen über alle Fähigkeiten, die für die Verwirklichung ihres kollektiven Auftrags (Bündelsehnsüchte) notwendig sind. Demnach gibt es keine unfähigen, arbeitsscheuen Teams oder Personen, es gibt nur ungeeignete Ziele und Aufgaben zu den vorhandenen Potenzialen.

Dritte These: Es gibt Spielregeln beziehungsweise Prinzipien

Bei der Umsetzung unseres Auftrages gibt es Spielregeln, an die wir uns halten sollten, um nachhaltig erfolgreich zu sein. Das „Soll" hat hier nichts mit moralischem Zwang einer Gruppe zu tun, sondern bezieht sich auf sinnvolle Spielregeln, deren Einhaltung reale Konsequenzen mit sich bringt. Diese Spielregeln kommen aus dem Bereich der Philosophie, Ethik und Systemtheorie:

- **Regel 1:** Jedem Erwachsenen sollte und kann man die Verantwortung für seine Handlungen zumuten.
- **Regel 2:** Handle stets so, dass du die Anzahl deiner Möglichkeiten vergrößerst.[10]
- **Regel 3:** Behandle andere so, wie du selbst behandelt werden möchtest.

Regel 1 über unsere Fähigkeit, Verantwortung für unser Handeln übernehmen zu können, beschreibt die Tatsache, dass jede Handlung von uns eine Wirkung hat. Ich halte diesen Aspekt für besonders nennenswert, da Eigen-

---

[10] Vgl. von Schlippe: Lehrbuch der systemischen Therapie und Beratung, München 1991, S. 116.

verantwortung ein zentraler Aspekt in unserer Entwicklung ist. Wer die Verantwortung für sein Handeln an andere weitergibt, bleibt immer ein Kind. Dieses Phänomen findet man sehr häufig in unserer Kultur, die noch immer von Fremdbestimmung und Kontrolle geprägt ist. Aus Machtüberlegungen heraus spricht man jemandem seine Verantwortung ab, um eine Legitimation zur Überwachung und Steuerung seines Handelns zu haben.

Manchmal ist es verlockend, Verantwortung abzugeben. Ein „Führer" erledigt dann die unangenehmen Dinge für uns und wir fügen uns ein. Wir dürfen jammern und hoffen. Dieses Weltbild hat somit durchaus angenehme Effekte für den Herrscher und den Untertan. Es funktioniert auch so lange, wie Mächtiger und Untergebener eine Art Loyalität teilen. Der Herrscher schützt die Seinen und diese wiederum erkennen seine Funktion an. Diese Ordnung findet sich in mittelständischen Betrieben, deren Chef der Eigentümer ist und eine Art Vaterrolle für eine Gruppe übernimmt. Es existiert „Herz" im Unternehmen.

Allerdings fand in den letzten Jahrzehnten ein Bruch dieser Ordnung statt. Manager sind in ihrer Rolle als moderne Herrscher nunmehr loyal gegenüber den Shareholdern und verspüren nur selten Verantwortung für das Weiterkommen ihrer Mitarbeiter. Bei Bedarf werden Arbeitsplätze zugunsten der Rendite für Shareholder einfach abgebaut, ohne die Würde der Betroffenen zu wahren. Viele überflüssige Arbeitsplätze werden so abgebaut und jene Menschen, welche mit ihrem Herzen an einem Unternehmen hängen, werden sehr enttäuscht. Sie werden plötzlich mit dem Gefühl konfrontiert, „denen da oben" völlig egal zu sein.

Die Kinder der gekündigten Arbeitnehmer sehen die Frustration ihrer Väter und entscheiden sich unbewusst, Ähnliches mit sich nicht machen zu lassen. In den letzten Jahren drückte sich dies bei der Jugend als Leistungsverweigerung aus und verwandelt sich nun in ein gesteigertes Selbstbewusstsein, dem Wunsch nach Selbstbestimmung. Junge Arbeitnehmer trauen der Scheinloyalität und Geborgenheit von großen Betrieben nicht mehr. Dies kann ich täglich in meiner Tätigkeit als Berater sehen.

Derzeit befinden wir uns in einem Zwischenstadium: Die Mitarbeiter wissen noch nicht, wie sie eigenverantwortlich sein können, ohne mit anderen in Konflikt zu kommen. Es mangelt noch an Erfahrungen, wie man selbstbestimmt leben kann, ohne dabei existenzielle Ängste zu haben. Die Führungskräfte haben verstanden, dass eigenverantwortliche Mitarbeiter nützlich für das Unternehmen sein können. In Wahrheit hegen sie aber nach wie vor ein tiefes Misstrauen gegen eigenständige Handlungen. Dieses Buch soll für beide Seiten ein Anstoß zu neuen Erfahrungen des vertrauensvollen Miteinanders führen.

Zu den alten feudalistischen Beziehungsmustern können wir nicht mehr zu-rück. Es entstehen nun neue Gestaltungsmuster der Beziehung zwischen Führungskräften und Mitarbeitern, und zwar unter folgenden Bedingungen für den einzelnen Mitarbeiter:

- Ich setze meine Fähigkeiten für eine sinnvolle oder lustvolle Tätigkeit ein.
- Ich verschreibe meine „Seele" keinem unloyalen, herzlosen Unternehmen, wo ich nur eine Ressource bin.
- Ich bin bereit, meinen Arbeitsplatz eigenständig zu gestalten und ihn zu wechseln, wenn es meine Würde verlangt.
- Ich übernehme und verlange Verantwortung für Verlust und Gewinn, so-fern meine Aktivitäten dazu beigetragen haben.

Diese Aspekte einer möglichen Zukunft finde ich sehr ermutigend. Die Re-gel, welche besagt, dass wir Verantwortung für unser Handeln vollständig übernehmen können und sollen, fördert diese Entwicklung zusätzlich. Es mag nun die Frage auftauchen: „Kann man überhaupt zu 100 Prozent Ver-antwortung für sein Handeln übernehmen?"

Ich denke ja! Es wird allerdings Zeit brauchen, bis diese 100 Prozent in un-serer Gesellschaft Realität werden. Natürlich wird die eine oder andere Ein-schränkung bei der Verantwortungsübernahme des Einzelnen immer sinn-voll sein. Man denke zum Beispiel an die Folgen eines durch Unachtsamkeit entstandenen Verkehrsunfalls. Da kleine Ursachen für Einzelne untragbare Auswirkungen haben können und man selten mutwillige Absicht unterstel-len kann, macht es Sinn, Versicherungen und andere Schutzinstitutionen beizubehalten. Wichtig erscheint mir aber in diesem Zusammenhang, dass dadurch keine Entmündigung der handelnden Personen stattfindet.

Die **zweite Regel**, „Handle stets so, dass du die Anzahl deiner Möglichkei-ten vergrößerst", ist ein ethischer Imperativ. Was auch immer die Zahl unse-rer Möglichkeiten einschränkt (Tabus, Denkverbote, Dogmen, Richtig-/ Falsch-Bewertungen), steht der Regel entgegen. Dieses Prinzip ist ebenso eine Ergänzung der ersten Regel. Durch Tabus, Dogmen und dem scheinbar Anständigen wird den Menschen ihre Fähigkeit zur Selbstbestimmung abge-sprochen. Dann gibt es eine Instanz, sei sie göttlicher, staatlicher oder priva-ter Natur, die fundamentalistisch Kontrolle durch starre Gesetze und Regeln ausübt.

Ständig bauen wir Meinungen, Wertungen und Haltungen gegenüber unse-rer Umwelt auf. Nun gibt es viele Haltungen, die uns enger, steifer machen und damit letztlich uns selbst und anderen das Leben erschweren. Deshalb ist eine Haltung der Toleranz und Offenheit, nichts anderes drückt diese Re-gel aus, für unser Zusammenleben äußerst sinnvoll. Der Satz aus der Bergpredigt: „Richte nicht, auf dass du nicht gerichtet wirst", beschreibt dies besonders gut. Solange wir Wertungen und Haltungen verwenden, um für uns die Umwelt zu vereinfachen, ist es in Ordnung. Wenn wir aber beginnen, unsere Wertmaßstäbe anderen aufzuzwingen, entstehen Entzweiung, Krieg und Dummheiten.

Halten wir also im Bewusstsein, dass es mehrere Wirklichkeiten und Sichtweisen gibt, und verzichten wir auf den absoluten Wahrheitsanspruch. Der Verzicht des Rechthabens ist allerdings schmerzhaft. In den Tag für Tag stattfindenden Konflikten zwischen arabischer und westlicher Welt, Mann und Frau oder zwischen Führungskraft und Mitarbeitern, können wir die Auswirkungen unserer „Rechthaberei" immer wieder erleben. „Das tut man nicht" und „Die sind verrückt", sind stellvertretende Aussagen einer Verletzung der zweiten Regel. Im Kapitel „Die vier Elemente" bringe ich konkrete Beispiele, die zu diesem Thema Anregungen bieten.

Unser friedvolles Miteinander ist wie ein zarter Faden, der durch Intoleranz anderer Wirklichkeiten gegenüber jederzeit reißen kann. Mögen wir uns um diese Regel besonders bemühen. Es ist noch nicht lange her, dass Europäer untereinander Krieg führten. Es gibt eben neben „richtig und falsch" auch ein „Entweder-oder", ein „Sowohl-als-auch" und auch „etwas ganz Neues", das alles transzendiert. Kreativität und Offenheit überbrücken Ansichten, die sich im Nachhinein oft als ungeeignet erwiesen haben.

Unsere eigenen Kinder zeigen uns später die Unzulänglichkeiten und Doppelbödigkeiten unserer Ansichten auf. Sie widersetzen sich und gehen neue Wege, die für uns verborgen waren. Ich bin der Überzeugung, dass die Menschheit sich zunehmend durch Lernen zu mehr Offenheit entwickelt.

Die **dritte Regel**, „Behandle andere so, wie du selbst behandelt werden möchtest", fordert ein neues Verständnis des Miteinanders. Sie macht nur dann Sinn, wenn wir verstehen, dass alle miteinander verbunden sind. Man könnte auch von einer globalen Verbundenheit sprechen. Wenn es einer Gruppe oder jemandem gut oder schlecht geht, hat das Auswirkungen auf jeden Einzelnen von uns. In wirtschaftlichen Belangen klingt das auf Anhieb sehr schlüssig: Wenn es unserem Nachbarland schlecht geht, so hat das auch negative Auswirkungen auf uns. Wir können dann keinen Handel treiben, da sich unsere Nachbarn unsere Güter nicht leisten können.

Japan verfolgte lange eine Politik des Neomerkantilismus.[11] So förderten die Japaner eine Wirtschaftspolitik des Exportüberschusses. Hohe Importzölle

---

[11] Neomerkantilismus: moderne Form der Kameralistik. Ein Kämmerer verwaltete die königliche Schatzkammer. Beutezüge und Zölle waren verbreitete Methoden zum Auffüllen dieser.

und sogar Importverbote von fremden Waren und Dienstleistungen waren einige von vielen Maßnahmen. Dadurch wurde Japan immer reicher und deren Handelspartner im Vergleich ärmer. Japan schlitterte deshalb selbst in die größte Krise. Der Preis des Yen stieg so stark an, dass japanische Waren im Vergleich teurer wurden. Alle geldwirtschaftspolitischen Maßnahmen konnten dies nicht mehr ausgleichen, und es kam zu einer nachhaltigen Strukturkrise ihrer Volkswirtschaft.

Andere so zu behandeln, wie man selbst nicht behandelt werden will, schadet uns selbst und anderen. Dieses Vorgehen ist kurzsichtig und dumm, denn sogar im Alltag können wir die Wirkung dieser Regel beobachten. Die ersten 33 Jahre meines Lebens verbrachte ich in der kleinen Stadt Graz in Österreich. Dort kennt jeder jeden über irgendeine Ecke. Ich stellte fest, dass Leute, die sich mit mir zugleich selbstständig machten und dazu neigten, andere über den „Tisch zu ziehen", es nach einigen Jahren schwer hatten, noch Kunden zu finden. Sie mussten als Konsequenz die Branche oder die Stadt wechseln und konnten nichts mit Nachhaltigkeit aufbauen. Gerade das zeichnet aber einen erfolgreichen Unternehmer aus. Man baut viele gute Beziehungen und Kontakte auf, damit man mittel- bis langfristig ein ertragreiches Leben hat. Die Kunden vertrauen und empfehlen das Unternehmen selbständig weiter. Empfehlungen fördern Gewinne, da man sich regelmäßig hohe Akquisitionskosten erspart.

Diese goldene Regel finden wir in allen Weltreligionen und Philosophien. Wieder möchte ich betonen, dass es nicht um einen moralischen Zwang geht, sich ehrlich oder fair zu verhalten, sondern um die nützliche Haltung, nachhaltige Ergebnisse auf allen Ebenen erreichen zu können.

Ein praktisches Beispiel zur Anwendung der drei Regeln im Kleinen:

Des Öfteren kommen Menschen sehr betrübt und verzweifelt zum Coaching mit der Aussage: „Es versteht mich keiner und niemand entdeckt meine Fähigkeiten." Jeder kennt derartige Gefühle, nur geht jeder unterschiedlich damit um, je nachdem, welche Sichtweise er hat. Mit Hilfe der drei Spielregeln können wir die Änderung unserer Sichtweise unterstützen.

Die Anwendung der ersten Regel hilft uns dabei, zu erkennen, dass jemand, der eine Aussage wie die obige trifft, Probleme mit seiner Eigenverantwortung hat. Die Person glaubt, dass andere verantwortlich für ihr Empfinden sind. Damit gibt sie die Macht über sich selbst und ihre Fähigkeit zur Lebensgestaltung in andere Hände. Diese Einstellung schwächt uns sehr und führt zum Gefühl der Ohnmacht.

Natürlich ist das sehr schade, denn tatsächlich sind wir an unserem Empfinden wesentlich beteiligt. Das einzig wirksame Mittel dagegen ist, das Jammern zu stoppen und die Möglichkeit zur Lebensgestaltung wieder in die Hand zu nehmen. Noch mehr Energie in das Jammern zu stecken, führt zu einer Verschlimmerung des Zustandes. Wie stoppt man das Jammern: Man tut es einfach nicht mehr, sondern handelt!

Regel 2 unterstützt Regel 1, da derjenige, der Probleme mit seiner Eigenverantwortung hat, sich der vielen Möglichkeiten zur Lebensgestaltung nicht bewusst ist. Man steckt in einer Sackgasse und wartet auf die Erlösung durch einen Retter, der einen liebt und anerkennt. Dies deutet unter Umständen auf die Sehnsucht nach einem Vater oder einer Mutter hin. Da wir nun erwachsen sind und größere Möglichkeiten haben als ein Kind, sollte man von der Vorstellung der Anerkennung durch die vielleicht schon verstorbenen Eltern endlich loslassen. Wir selbst können Vater oder Mutter im weiteren Sinne sein.

Menschen, die auf die Erlösung warten, wirken wie gelähmt in Bezug auf ihre Umwelt. Alle anderen wissen keinen Rat mehr, um ihnen helfen zu können. Das Bewusstwerden, dass es mehr Möglichkeiten gibt, als „durch den Prinzen wachgeküsst zu werden", befreit von der Lähmung. Schließlich sollte man erkennen (Regel 1), „dass man die Kakteen selbst gesät hat, in denen man nun sitzt".[12] Wenn man sich die ganze Zeit beklagt, werden auch die engsten Freunde irgendwann „das Handtuch werfen", weil einem nicht zu helfen ist.

Regel 3 gibt uns letztlich noch einen wertvollen Hinweis für unser zukünftiges Handeln. „Behandle andere so, wie du selbst behandelt werden möchtest!" bedeutet in diesem Zusammenhang: Wenn du willst, dass dich andere verstehen und deine Talente entdecken, so versuche, andere zu verstehen und entdecke ihre Talente. Diese paradoxe Intervention hilft besonders. Sie führt uns aus dem „Jammertal" heraus und arbeitet mit dem tiefsten Kern unserer Schwäche, indem die Schwäche in Stärke und Fähigkeit verwandelt wird. Dadurch wird die Bremse zum Motor, die Ohnmacht zur Handlungsstärke. Der Patient, der geduldig auf Linderung seiner Leiden hofft, verwandelt sich zum Arzt.

Mit Hilfe der drei Regeln eingeengte Weltsichten zu erweitern, hat sich in unserer Beraterpraxis sehr bewährt. Klienten können so in scheinbar ausweglosen Situationen Chancen entdecken.

Fragen zu den Regeln bei einer eingeengten Weltsicht:

• Wo habe ich Verantwortung abgegeben und hoffe auf passive Erlösung?

---

[12] Zitat von Ole Nydahl, 2001.

- Welche Weltsichten gibt es noch zu meinem Thema, außer der von mir immer wiederholten? Klingen diese plausibler als meine Sicht?
- Wie kann ich anderen das tun, was ich mir von ihnen wünsche?

Übung – Aussagen zu den drei Spielregeln

Ehrlich währt am längsten!

Lügen haben kurze Beine!

Der Klügere gibt nach, der Esel fällt in den Bach.

Liebe deinen Nächsten wie dich selbst.

Notieren Sie weitere Aussagen zu den Spielregeln:

_____

_____

_____

Erst die Verbindung der drei Thesen über den persönlichen Auftrag, die Talente und Spielregeln ergibt das vollständige Bild einer nützlichen Sichtweise. Fehlt eine dieser Thesen, so fällt das ganze Modell.

Ein System mit einem klaren Auftrag, aber ohne der nötigen Ethik, führt zum Zusammenbruch desselben. Kurzfristig kann es scheinbare Erfolge geben. Nachhaltig kann ein System ohne Einhaltung dieser Spielregeln nicht überleben.

Stellen Sie sich einen talentierten Menschen vor, der keine Aufgabe hat. Die Potenziale bleiben ohne Nutzen „auf der Straße" liegen. So geht es sehr vielen Menschen: Es sind Talente vorhanden, nur liegen sie brach. Anstelle dessen verschwenden sie ihre Zeit, indem sie ihre Unfähigkeiten trainieren und dabei zwar „pflichtbewusst", aber lustlos sind. Einer meiner besten Freunde verfügt über die überragende Gabe des Schreibens. Anstelle dieses Talent einzusetzen, um der Welt schöne Literatur zu vergönnen, verschwendet er seine Zeit mit dem Versuch, ein Megaunternehmen aufzubauen. Dies tut er, weil er glaubt, es allen zeigen zu müssen. Schade.

Schließlich: Wer glaubt, eine Aufgabe zu haben, nicht aber die geeigneten Fähigkeiten, ist arm. Es ist nur sein subjektiver Glaube, der nichts mit der Realität zu tun hat.

Die Verbindung und Anwendung aller drei Thesen hilft dabei, eine geeignetere Sicht der Realität zu bekommen, die uns und andere glücklicher und freier werden lässt. Die Realität ist natürlich wesentlich komplexer als die drei Thesen. Wir können die Thesen aber wie eine Landkarte benützen. Die Landkarte ist auch nicht das Land. Sie kann uns aber dabei helfen, uns im Land zu orientieren.

Brauche ich denn überhaupt eine Landkarte? Eigentlich nein, wir könnten auch ganz ohne Vorstellungen und Erwartungen an alle Dinge im Leben freudig und frisch herangehen. Da wir aber alle dazu neigen, uns ständig Landkarten zu basteln, sollten wir uns zumindest eine brauchbare über die Realität anfertigen.

An dieser Stelle darf ich Sie nun fragen, ob Sie diesen drei Thesen zustimmen können. Unterscheiden Sie dabei Skepsis (aufgrund Ihrer bisherigen Erfahrungen) von Ihrer spontanen inneren „Stimme". Letztere möchte vielleicht „zustimmen", aber wir trauen ihr nicht.

Drücken Sie jetzt aus, wie Ihnen diese Sichtweise gefällt:

◯ Ich stimme zu
◯ Ich stimme nicht zu

Wenn Sie zustimmen, wird der Rest des Buches für Sie sinnvoll sein. Im anderen Fall werden Sie wahrscheinlich immer wieder denken: „Was soll das denn?"

Ich musste immer feststellen, das wir vielleicht gerne so wie oben empfohlen denken würden, wir jedoch sehr oft alte, hartnäckige Denkgewohnheiten haben. So glauben wir weiterhin, dass wir recht haben. Wir glauben an die Unfähigkeit anderer und wünschen uns jemanden, der mal durchgreift. Dies ist ganz natürlich, da man Altes nicht vollständig vergessen kann. Man kann lediglich Neues so oft wiederholen, dass die Wahrscheinlichkeit steigt, es beim nächsten oder übernächsten Mal so zu tun. Übung macht den Meister. Wiederholung schafft neue Gewohnheiten.

Deshalb lassen Sie uns nun zu den Übungen vorwärts schreiten, die uns dabei helfen, neue Gewohnheiten aufzubauen.

▓ Modul 1: Die Talente

Nun können wir uns der praktischen Anwendung zuwenden. Wir beginnen mit der Erarbeitung unserer Kernkompetenzen beziehungsweise Talente.

> Definition Talent:[13]
>
> Ein Talent ist das, was man gerne tut und gut kann.
>
> Ein Talent ist das, was man gerne tun würde oder an anderen bewundert. Wir sprechen hier von einem verdeckten Talent.
>
> Das, was man gut kann, aber nicht gerne tut, ist kein Talent, sondern lediglich antrainiert.

Die Fähigkeit zur Selbsterkenntnis ist eine der größten, die ein Mensch entwickeln kann. Es ist die Fähigkeit, den Abstand zwischen seinem Handeln und seinem Sein zu erkennen und sich selbst in einer Beobachterrolle wahrzunehmen. Man nennt es auch „bewusst sein" = Bewusstsein. Wenn wir unsere Talente entdecken, schauen wir in eine Art Spiegel.

Ich frage gerne Menschen danach, was sie gut können. Unabhängig vom Alter und Status der Person bekomme ich darauf meist keine klare Antwort. Selbst 50-jährigen Vorstandsdirektoren fällt dies sehr schwer. Bei Kindern bin ich immer wieder positiv überrascht, wie leicht es ihnen fällt, über das, was sie gut und gerne können, auch zu sprechen. „Hey Pauli, sagst du mir, was du gut kannst?", war meine Frage an das fünfjährige Nachbarskind. Paul schaute in die Luft und auf den Boden, grinste mich an und sagte: „Ich kann gut malen, und ich kann auch gut spielen …"

Was ist nun das Besondere daran? Wenn wir uns im Klaren darüber sind, was wir gut und gerne können, so sind wir uns eines wesentlichen Teils unseres Selbst bewusst. Es ist ein beträchtlicher Schritt zu unserem Selbstbewusstsein und Spiegelbild. Wir sind dann in der Lage, passende Entscheidungen zu treffen.

Warum uns das Nennen unserer Talente schwer fällt, ist leicht erklärt. Es hat uns kaum jemand dazu aufgefordert! Wir sind in einem Schulsystem aufgezogen worden, das vorwiegend Interesse am Hervorbringen von Konformisten hat. Die Wurzeln dieses Systems liegen bei Kaiserin Maria There-

---

[13] „Talent" ist die Bezeichnung der Währung der alten Ägypter. Ein Talent steht für ein Goldstück und ist auch die Sprachwurzel für Taler und Dollar.

sia, die als Vorbild die militärische Kadettenschule hatte. Und kleinkarierte Duckmäuser, die das tun, was ihnen aufgetragen wird, sind in einem hierarchischen System nun mal beliebter als ein Narr, der seine Individualität lebt. Aussagen wie: „Was du denkst und glaubst, interessiert niemanden!" oder: „Bleib ruhig sitzen und mache deine Aufgaben!", lassen nicht viel Platz für das Entwickeln eines Bewusstseins unserer ganz persönlichen Stärken. So sind wir alle „gleich", wie es seit der Französischen Revolution zwar schön gemeint, aber falsch verstanden wurde. Folglich treffen wir uns mit unseren Fähigkeiten im Mittelmaß.

In Unternehmen stellen sich Mitarbeiter vor, indem sie ihre Ausbildung oder ihren Berufsstand zitieren: „Ich bin Betriebswirt" oder: „Ich bin Tischler." Bei einem derartigen Selbstbildnis ist die Entwicklung eines individuellen Bewusstseins nicht möglich.

Leider treten immer dann, wenn Menschen nicht ihrem inneren Auftrag folgen, destruktive Machtspiele an dessen Stelle. Dies zeigt, wie sehr wir noch im mittelalterlichen Zunftdenken verankert sind. Man ist zum Beispiel Tischler, aber nicht jemand, der gut zeichnen kann. Dieses Denken hat natürlich zur Folge, dass Führungskräfte ihre Mitarbeiter ähnlich konformistisch nach Zünften und nicht nach individuellen Fähigkeiten führen. Es werden also zum guten Teil Unfähigkeiten trainiert, die in einer mittelmäßigen, weil lustlosen Ausführung der Arbeit enden. Führungskräfte, welche die „wesentlichen" Fähigkeiten ihrer Mitarbeiter kennen, können ihr Team zu freudiger Spitzenleistung bei Wahrung von Respekt und Würde bringen. Was gibt es Schöneres für eine Führungskraft?

Was passiert, wenn ein Chef seine eigenen Sehnsüchte nicht verwirklicht? Er wird leicht zum Ver-Führer, der andere unbewusst misshandelt. Eine der stärksten Formen der Misshandlung ist, jemanden nicht „gemäß" leben zu lassen. „Gemäß" bedeutet, so zu leben, wie es uns eigen und damit recht ist.

Glücklicherweise kann man sich relativ leicht vom Duckmäusertum lösen. Man muss dazu lediglich vom Denken der Gleichheit in Bezug auf Fähigkeiten ablassen und beginnen, sich mit seinen Stärken zu beschäftigen. Wir werden im Folgenden daran arbeiten, unsere angeborenen, das heißt die uns innewohnenden Gaben und Talente zu entwickeln.

Unsere Talente sind die Fähigkeiten, die wir ins Leben mitbekommen haben. Diese unterscheiden sich von denen unserer Mitmenschen. Unser Talentbündel ist außerdem dazu da, um unsere Sehnsüchte in einer Aufgabe beziehungsweise einer Mission verwirklichen zu können. „Heißt das nun, man braucht seine Schwächen nicht zu trainieren?", ist eine häufige Frage nach diesen Ausführungen. Ich denke, wenn wir unsere Stärken ausbauen, dann trainieren wir das, was uns Spaß macht und sind damit am erfolgreichsten, weil wir dies auch gut können. Wir werden Meister in unserem Fach.

Stellen Sie sich vor, ein Gänseblümchen trainiert, um Holz produzieren zu können. Dies wird eine schwierige Aufgabe sein. Oder stellen Sie sich vor, eine Eiche versucht, sich in Lieblichkeit zu trainieren und damit in Konkurrenz mit dem Gänseblümchen zu treten. Das wirkt einfach lächerlich. Es reicht, wenn wir unsere Fähigkeiten, die unser ganz persönliches Wesen ausmachen, trainieren und darin gut werden. Unsere Schätze zu entdecken und zu vermehren ist eine unserer wichtigsten Verpflichtungen.

Übung – Talente entdecken

Setzen Sie sich hin und schreiben Sie 20 Ihrer Talente nieder!

Ja, „nur" 20 Talente, es ist ganz einfach! Hören Sie bitte nicht mit der Übung auf, bevor Sie 20 Ihrer Fähigkeiten aufgeschrieben haben und verwenden Sie dazu die unten stehende Tabelle „Talentsammlung". Zwei Hinweise dazu:

Erster Hinweis: Talente werden durch Verben ausgedrückt. Denn mit einem Talent kann man etwas machen. So ist zum Beispiel „offen sein" kein richtiges Talent. Erst dann, wenn man damit etwas für jemand anderen tun kann, wird es zum Talent. So könnte die Eigenschaft „offen sein" auf das Talent „ich kann gut zuhören" deuten. Talente werden somit nur durch Verben dargestellt – Adjektive sind meist nur Indikatoren für ein nicht gelebtes Talent. Das ist mitunter ein schwieriger Teil der Übung. Sollten Sie mit dieser Umformulierung Probleme haben, so schreiben Sie zuerst die Eigenschaftswörter auf. In einem weiteren Schritt stellen Sie sich dann die Frage, wie Sie Ihre Wortsammlung als Verben darstellen können.

Beispiele für die Umformulierung von Adjektiven zu Verben:

„Ich bin kreativ" wird zu: „Ich kann gut Neues entdecken oder erschaffen."

„Ich bin freundlich" wird zu: „Ich kann gut Freundschaften schließen."

„Ich bin ordentlich" wird zu: „Ich kann gut ordnen."

„Ich bin pünktlich" wird zu: „Ich kann gut Abmachungen einhalten."

„Ich bin gelassen" wird zu: „Ich kann gut genießen."

„Ich bin ausdauernd" wird zu: „Ich kann gut dranbleiben."

In ein paar Fällen klingt es jedoch einfach besser, ein Adjektiv zu verwenden, zum Beispiel: „Ich bin kreativ."

Wenn wir Firmen beim Personalrecruiting unterstützen, so achten wir bei den Bewerbern darauf, wie viele Adjektive und Verben sie zur Beschreibung ihrer Person verwenden. Verwendet jemand überwiegend Adjektive (zum Beispiel: kreativ, teamorientiert, dynamisch), so schließen wir daraus, dass der Bewerber sich die Eigenschaften vielleicht wünscht, sie aber noch nicht lebt. Im Bewerbungsgespräch hinterfragen wir dies dann gezielt.

Zweiter Hinweis: Wenn Ihnen die Talente vor dem 20. ausgehen, dann lesen Sie nochmals die Definition am Anfang dieses Kapitels durch: Talente sind auch die Fähigkeiten, die Sie an anderen bewundern und die Sie gerne beherrschen würden. Mit Bewundern ist aber nicht bloße Anerkennung gemeint. Es sollte echte Bewunderung sein, wie: „Wow, toll!"

Wenn ich Vorträge halte, kommen nachher öfters Leute zu mir, um mir zu gratulieren. Diejenigen, bei denen ich Bewunderung für mein Talent – das Reden – erspüre, mache ich gerne darauf aufmerksam, dass sie meinen Stil nur deshalb bewundern, weil sie die Fähigkeit zum Reden selbst haben. Egal wie verklemmt diese Personen scheinen, man kann mit ihnen in Trainings die schnellsten Erfolge erzielen. Denn sie haben diese Fähigkeit, sie ist lediglich verdeckt. Die Bewunderung für eine Gabe ist so eine Art „Schatzsuchinstrument". Sie ist das zuverlässigste Instrument beim Entdecken unserer Talente. Es fällt uns zwar schwer, dies zu glauben – Sie können aber darauf vertrauen!

Wenn Sie nun mit der Übung beginnen, denken Sie also auch an die Fähigkeiten, die Sie bewundern oder gerne beherrschen würden. Es sind ebenso Talente. Der Unterschied liegt lediglich darin, dass diese Schätze noch nicht geborgen sind. Ein Schatz macht aber nur Sinn, wenn man ihn an die Oberfläche bringt. Nur dann kann man etwas daraus machen.

Tabelle 1: Talentsammlung

Tabelle 2: Beispiel für eine Talentsammlung aus einem Coaching

Zeichnen	Zuhören	Schreiben	Sport treiben
Malen	Verarbeiten	Designen	Schneidern
Kochen	Schauspielern	Musizieren	Tanzen
Nachforschen	Reisen	Reden	Vortragen
Riecher haben	Spontan reagieren	Merken	Umgehen

Im nächsten Schritt filtern wir aus den 20 Verben die vier wichtigsten Talente heraus und abstrahieren diese zu vier Überbegriffen. So können Sie Ihre 20 zu vier Talenten zusammenfassen, die alle anderen beinhalten.

Wir tun das, um zum Wesentlichen zu gelangen. Kein Mensch kann sich 20 Talente merken. Es macht deshalb Sinn, diese zusammenzufassen. Wir verwenden dazu die unten folgende Tabelle „Sortierung der Talente".

Erster Schritt: Zuerst ordnen Sie Ihre 20 Talente sinngemäß den vier Spalten zu, sodass vier „Talentbündel" entstehen. Dabei gehen Sie folgendermaßen vor: Ordnen Sie das erste Talent aus der vorigen Tabelle der ersten Spalte zu. Dann nehmen Sie das nächste und überlegen sich, ob das erste und das zweite Talent irgendwie zusammengehören. Wenn ja, tragen Sie es in der ersten Spalte unter dem ersten Talent ein. Wenn nicht, ordnen Sie das zweite Talent der zweiten Spalte zu. Mit den weiteren Wörtern aus der Talentsammlung verfahren Sie ebenso, indem Sie überprüfen, ob es zu einem der bereits eingetragenen Talente passt.

Achtung: Sie sollten Ihre 20 Talente in vier Spalten unterbringen, denn die Übung unterstellt, dass jeder Mensch vier Haupttalente besitzt. Sobald daher vier Talente in den Spalten nebeneinander stehen, werden die übrigen diesen vier Talenten zugeordnet. Es kann daher notwendig werden, dass Sie Ihre Auswahl nochmals überdenken müssen, um die Talente neu zu ordnen beziehungsweise umzugruppieren. Die Anzahl der in den Spalten befindlichen Wörter kann natürlich variieren und lässt manchmal darauf schließen, dass ein Talent bereits in vielen Formen gelebt wird. Eine fast leere Spalte kann dagegen mangelnde bisherige Bedeutung des Talents für unser Leben ausdrücken.

Zweiter Schritt: Geben Sie den Spalten einen Überbegriff in Form eines Verbs. Dieses Wort soll alle darunter stehenden Wörter dem Sinn nach repräsentieren. Aus den Überbegriffen Ihrer Sammlung ergeben sich Ihre persönlichen Talente.

Beispiele für die Definition einer Spalte: Befinden sich folgende Verben in einer Spalte: „reden, überzeugen, motivieren" – dann könnte der Überbegriff „reden" oder „überzeugen" oder „motivieren" sein. Die Wahl hängt von der individuellen Tendenz ab. Manchmal muss auch ein neuer Begriff gefunden werden, der sich nicht in der Talentsammlung befindet. „Ausdauernd, zuverlässig sein, laufen" kann so zu dem Überbegriff „ich kann gut dranbleiben" führen. Wichtig ist, dass dieser Überbegriff SIE anspricht, stolz macht und gut klingt.

Tabelle 3: Sortierung der Talente

Überbegriff 1:	Überbegriff 2:	Überbegriff 3:	Überbegriff 4:

Tabelle 4: Sortierung der Talente aus obigem Beispiel

Überbegriff 1: vielseitig ausdrücken	Überbegriff 2: auf-/erfassen	Überbegriff 3: bewegen	Überbegriff 4: umsetzen
Zeichnen	Zuhören	Sport treiben	Verarbeiten
Schreiben	Nachforschen	Reisen	Schneidern
Malen	Riecher haben (riechen)	Spontan reagieren	Kochen
Designen	Merken	Umgehen	
Musizieren	Träumen		
Tanzen	Spontan reagieren		
Reden/vortragen			

Meine persönlichen Talente sind zum Beispiel: „Ich kann gut zeichnen, reden, träumen und riechen."

Tatsächlich verwende ich jede meiner Fähigkeiten in meinen Professionen als Unternehmensberater, Redner und Autor. Genau damit verdiene ich gut und leicht, da ich mich in dieser Form von anderen unterscheide. Das gibt mir einen Wettbewerbsvorteil. Meine zeichnerischen Fähigkeiten kann ich insgesamt auf viele Bereiche des Visualisierens anwenden. Allerdings brauchte ich einige Zeit, um sie als besonders und zu mir gehörend zu identifizieren, obwohl meine Umwelt mir schon lange Zeit widerspiegelte, wie sehr sie meine Comics und damit diese Gabe schätzt.

Meine Gabe zu reden setze ich inzwischen vielfach für bezahlte Vorträge oder in Coachings bei meinen Klienten ein, um diese zu begeistern, zu ermutigen und anzustoßen. Meine Fähigkeit zu träumen steht für meine kreative Gefühlswelt, in der ich völlig neue Dinge erspüre und erahne und damit Trends gut erkennen kann. Das Talent „riechen" setze ich wiederum ein, um Verdecktes erriechen zu können. Bei Unternehmensberatungen nehme ich sehr schnell Stimmungen und „Faules" wahr.

Diese einfache Talentübung erweist sich teilweise als schwierig, eben weil wir ziemlich selten nach unseren Stärken gefragt werden. Einige Teilnehmer meiner Seminare haben oft Angst, überheblich zu wirken, wenn sie sagen: „Ich kann gut ..." Nein, überheblich ist dies absolut nicht! Wir sind so weit entfernt von Überheblichkeit und so nahe daran, uns selbst als wertlos zu erachten, dass es Balsam für unsere Seele ist, wenn wir solche Formulierungen verwenden. Nutzen Sie ab sofort jederzeit die Gelegenheit, sich selbst und anderen zu sagen:

Ich bin _____ (Vor- und Nachname).

Ich kann gut _____ .

Ich kann gut _____ .

Ich kann gut _____ .

Ich kann gut _____ .

Es gibt uns Kraft, wenn wir unseren Namen mit „Ich bin" aussprechen. Wenn wir sagen: „Ich heiße XY", oder noch schlimmer: „Man nennt mich XY", distanzieren wir uns von uns selbst und rauben uns damit unsere Identität. Achten Sie deshalb darauf, genau diese „Ich bin"-Formulierung zu verwenden. Sie enthält die meiste Kraft. Vor kurzem hielt ich einen Vortrag an meiner Stammuniversität und war sehr nervös, im Heimrevier zu sprechen. Als ich wieder startete mit: „Ich bin Thomas Cerny ...", zog ich viel Aufmerksamkeit auf mich, was als Redner sehr wichtig ist – und in diesem Moment verspürte ich viel Kraft. Immer wenn wir zu uns selbst stehen, egal in welcher Situation, holen wir uns Energie. Nützen Sie diese Möglichkeit und ermuntern Sie auch andere, es so zu tun. Jemand, der sich selbst schätzt, ist auf niemanden eifersüchtig. Wozu auch? Stehen Sie gerade und aufrichtig vor Ihrem Gegenüber, wenn Sie sich präsentieren! Halten Sie dabei Ihren Kopf gerade auf Ihren Schultern. Dazu können Sie sich vorstellen, dass ein Faden Ihren Kopf an der höchsten Stelle leicht nach oben zieht. Probieren Sie es gleich einmal bei der nächsten Gelegenheit.

Betrachten Sie nun Ihre Talente: Sind Sie stolz darauf? Repräsentieren die Wörter Sie gut? Es ist eine einfache Übung, die Gold wert ist!

Empfehlungen

Werden Sie in jedem Talent ein Meister durch Weiterbildung und Training!

Konzentrieren Sie sich auf Tätigkeiten, die Ihren Talenten entsprechen. Überlassen Sie anderen die Tätigkeiten, die nicht zu Ihren Talenten zählen! Es gibt Menschen, die dafür das passende Talent haben.

Widmen Sie jedem Talent zirka 25 Prozent Ihrer Zeit!

Es ist nie zu spät, mit dem Leben seiner Talente zu beginnen!

Führungskräften empfehle ich, diese Übung mit ihrem Team durchzuführen. Am Ende der dreistündigen Einheit gibt jeder seine Talente in der oben genannten Form mit Stolz wieder. Es ist ein wunderschönes Erlebnis für die ganze Gruppe und fördert die Persönlichkeitsentwicklung enorm. So erspart man sich „tonnenweise" Motivationsgespräche. Die Führungskraft sollte ihre Talente jedoch bereits vorher ausgearbeitet haben, sodass sie als Vorbild dienen kann. Die Angst des Entblößens wird dadurch überschritten. Es ist erstaunlich, wie viel diese kleine Übung bewirken und verändern kann. Nun, eigentlich bewirkt die hinterher veränderte Einstellung der Teilnehmer so vieles. Die Führungskraft beschäftigt sich vielleicht zum ersten Mal „wesentlich" mit den Mitarbeitern. Sie hört zu und fördert das Selbstbewusstsein dieser. Sie sagt nicht, was zu tun ist, sondern ist Prozessmoderator zur Entfaltung von dem, was bereits vorhanden ist. Die Führungskraft wird vom Anschaffer zum Förderer. Die damit erlebten Erfahrungen machen diese einfache Übung zu einem mächtigen Führungsinstrument und würdigen alle Beteiligten.

Mitarbeiter erkennen dadurch, dass sie nicht nur austauschbare Produktionsfaktoren sind, sondern Individuen, die ihre ganz persönlichen Schätze haben – die ihnen Selbstwert geben. Es gibt ihnen eine Sicherheit, die im Inneren liegt und nicht aus dem bloßen Vorhandensein eines Arbeitsverhältnisses besteht, das meist noch immer feudalen Strukturen ähnelt. Ein selbstbewusster Arbeitnehmer wird flexibler und kreativer.

In einigen der von uns beratenen Firmen werden sogar Talent-Türschilder angefertigt. Stolz gehen die Führungskräfte durch die Büros, um Besuchern zu zeigen, was ihre Mitarbeiter alles können.

Im nächsten Kapitel gehen wir einen Schritt weiter in der Persönlichkeitsentwicklung, nämlich zur Typologie der Elemente. Wenn man die Talente mit der Typologie, dem Element der Mitarbeiter, kombiniert, ergibt sich in der Praxis ein Instrument, das gegenseitige Wertschätzung, Offenheit und Motivation wie von selbst entstehen lässt. Bereits in zweitägigen Trainings zu diesem Thema erreicht man dies nachhaltig. Man muss nur damit beginnen.

Modul 2: Die Typologien – die Elemente

Ein weiterer Baustein zur individuellen Entwicklung ist das Erkennen und Beschreiben unserer Typologie. Deshalb möchte ich Ihnen im darauf folgenden Abschnitt eine Typologie vorstellen, mit der wir in unserer Beratungspraxis immer wieder sehr gute Erfolge erzielen, die Typologie der vier Elemente.

Seit Urzeiten tauchen in uns immer wieder unbewusste kollektive Bilder auf, die so genannten Archetypen. C. G. Jung war einer, der diese auf einer wissenschaftlich anerkannten Basis präsentierte. Da waren sie jedoch schon immer! Seit vielen Jahrtausenden werden zum Beispiel die Archetypen der Astrologie verwendet. Die Menschen betrachten die Gestirne und sehen darin in Form der Tierkreiszeichen ihr Unbewusstes gespiegelt.

Viele Modelle entwickelten sich fast automatisch zu Zwölfer-Typologien (zum Beispiel die Psychologie des astrologischen Modells). In der Unternehmensberatung verwenden wir ebenfalls ein Zwölfermodell. In der Praxis, im direkten Umgang mit unseren Klienten sowie auch nachfolgend in diesem Buch arbeiten wir jedoch mit einem einfachen Vierermodell. Der Grund dafür ist leicht verständlich: Die Anwendung eines Vierermodells ist für den nicht jahrelang Geübten die einzig praktikable Variante. Denn das menschliche Gehirn ist bei mehr als vier Variablen, bei denen mehr als zwei Personen zu berücksichtigen sind, restlos überfordert. Außerdem konnten wir beobachten, dass die Vierer-Typologie in den meisten Fällen die nötige Erkenntnis bringt, die wir erzielen wollen.

Das Modell, mit dem wir arbeiten wollen, nennt sich das Modell der Grundelemente. So sprechen wir von Erd-, Wasser-, Feuer- und Lufttypen. Dieses aus der Natur bezogene Modell eignet sich besonders gut durch seine bildliche Wirkung und die sprachliche Erfahrung jedes Einzelnen mit diesen Elementen. Wir verwenden oder hören tagtäglich Aussagen wie: „Das ist ein erdiger Typ", „Der hat aber Feuer", „Der verliert den Boden unter den Füßen", „Sie ist dabei ganz in ihrem Element" und so weiter. Und auch wenn die eine oder andere Aussage nicht Bestandteil unseres Wortschatzes sein sollte, wissen wir dennoch, was damit gemeint ist. Die sprachlichen Bilder deuten auf ein breites unterbewusstes Wissen hin, das bereits jahrtausendelang in uns gespeichert ist. Wir können dieses System schnell und spielerisch erlernen und anwenden, weil wir es bereits „im Blut" haben.

In der Vergangenheit verwendete man oft wissenschaftliche Bezeichnungen für Typologien, zum Beispiel „Hirndominanztypen" Dies klingt zwar klug, ist aber ein pädagogischer Umweg. Wissenschaftliche Begriffe werden kol-

lektiv erst seit zirka 200 Jahren verwendet. Wir haben deshalb einen nicht
so spielerischen Umgang damit, wie mit einem System aus begrifflichen Bildern, das seit Urzeiten in uns vorhanden ist.

Wie kann man nun erkennen, mit welchem Grundelement man sich am
ehesten identifizieren kann? Die Festlegung der Typen kann auf zwei Wegen
erfolgen. Einer besteht aus der Durchführung eines Multiple-Choice-Tests –
diesen können Sie weiter unten finden. Der Test ist zwar einfach, hat aber
den Nachteil, dass er den Kopf als Analyseinstrument einsetzt und somit
eher verwirrt. Wir neigen nämlich leicht dazu, das anzukreuzen, was wir
glauben, sein zu müssen. Hier ist aber Intuition und Gespür beziehungsweise Gefühl gefragt. Deshalb werden wir alternativ in einem ersten Schritt
unser Befinden befragen. In welchem Zustand fühlen Sie sich in „in Ihrem
Element"?

Ich stelle Ihnen nun die vier Typen in einer prägnanten Form vor. Achten Sie
darauf, ob Sie Übereinstimmungen mit Ihrer Persönlichkeit finden können.

Die vier Elemente

Die griechische Mythologie der Entstehungsgeschichte des Kosmos liefert
ein schönes Bild zur Entstehung der vier Elemente. Demnach entstand der
Kosmos mit Hilfe des großen Zerteilers. Am Anfang war alles eins. Dann
trennte der Zerteiler das Ganze in Himmel und Erde. Anschließend teilte er
die Erde in Erde und Wasser, den Himmel in Wind und Feuer. Dieser Prozess
setzte sich immer weiter fort, bis alles da war. Jeder ist Teil des Ganzen, seiner Natur nach ist er jedoch ein spezieller Teil eines der vier Elemente.

Ein Erdtyp sagt:

> *„Ich bin Erde – der Boden, der den lebenden Dingen Halt und Nahrung
> gibt. Ich bin das Fundament, auf dem stehen kann, wer um mich ist."*

Erde braucht und gibt Sicherheit, Strukturen, Beständigkeit und Zuverlässigkeit. Erdtypen fühlen sich in einer ständig wechselnden Umgebung nicht
besonders wohl. Ihre Stärke ist die Nachhaltigkeit. Andere haben große
Ideen, der Erdtyp aber bleibt dran und setzt dies mit Nachhaltigkeit um.
Diese Menschen sind sehr anerkannt, da es ihnen gut gelingt, Reichtümer zu
sammeln und zu verwalten.

Bild 4: Erde

Stärken   *Struktur, Organisation, Kontinuität*

Merkmale *Liegt unbewegt:* Schwere, Ruhe, Trägheit, Starre, Prinzipien-
treue, Unbeweglichkeit

              Hat feste Form: Struktur, Organisator, Präzision, Klarheit,
Sicherheit, Realismus, Materialismus, Härte

              Grenzt sich ab: Isolation, Distanzierung, Normierung, Sach-
lichkeit, Unpersönlichkeit

              Ist dauerhaft: Kontinuität, Beständigkeit, Verlässlichkeit,
traditionell, konventionell, Geduld, Dogmatik

Zitate zum Erde-Prinzip

*„Das wichtigste Anliegen eines Menschen besteht darin, etwas von Wert
zu schaffen und dies zu erhalten."*

*„Die Angewohnheit zu analysieren hat die Tendenz, die Gefühle zu ver-
wischen."*

„Erfüllte Pflicht empfindet sich immer noch als Schuld, weil man sie nie ganz getan hat." (Johann Wolfgang von Goethe)

Ein Lufttyp sagt:

„Ich bin Wind – die Kraft, die alte Ängste fortbläst und wie der Frühling neue Gedanken bringt."

Bild 5: Wind

Ein Lufttyp braucht und gibt Bewegung, Abwechslung und Veränderung. Er liebt die Begeisterung, ist spontan, geistreich und willkürlich. Er ist weniger ein Verfechter von Nachhaltigkeit und Ausdauer. Der Wind – bewegte Luft – bläst, wann er will und wo er will. Mal ist er da, mal nicht. Dieser Typus hat Charisma, aber oft nicht die Lust dazu, Dinge auch umzusetzen. Das sollen andere machen. In einem von uns betreuten Unternehmen mit mehreren Geschäftsführern, ist einer ein klassischer Lufttyp. Er ist nie da, sein Büro fast immer leer, aber er ist voller Energie, wenn es um neue Ideen geht. Ständig versuchten die anderen Geschäftsführer, ihn in eine Struktur einzubinden („er sollte auch Mitarbeiter aufbauen und führen"). Das ist bei reinen Lufttypen jedoch unmöglich. Er wird gute und wichtige Ideen einbringen, aber sicher niemals, so wie ein Erdtyp, etwas aufbauen, denn es ist wider seine Natur. Respekt ist nur möglich, wenn man seine Fähigkeiten anerkennt und akzeptiert, dass manches seiner Natur widerspricht. Falsche Erwartungen seitens der anderen Geschäftsführer führten in diesem Fall zu vielen kleinen Enttäuschungen, die dann in Zorn übergingen. Lufttypen haben in konservativen Umgebungen, wo ihre Eigenheiten nicht wertgeschätzt werden, ein schweres Los. Wertschätzung von dem, „was ist", ist der Schlüssel zu einem effektiven Team.

Stärken   *Vision, Innovation, Kommunikation*

Merkmale *Ist nicht greifbar:*   Beweglichkeit, Flexibilität, Wendigkeit,
                                       Kreativität, Innovation, Vielfalt, Gedanken-
                                       spieler

            Ist zwischen   Vermittlung, Vielseitigkeit, Interesse, Neu-
            allem: gier, Kontakt, Wissensdrang, Instabilität

            Bietet keinen   Neutralität, harmonisierend, unentschlos-
            Widerstand: sen, relativierend, unverbindlich, diploma-
                                     tisch

            Entweicht überall: Flüchtigkeit, Unruhe

Zitate zum Luft-Prinzip

„Wissen ist Macht." *(Francis Bacon)*

„Gleichgewicht ist die Grundlage des großen Werkes."

„Das Gleiche lässt uns in Ruhe, aber der Widerspruch ist es, der uns pro-
duktiv macht." *(Johann Wolfgang von Goethe)*

Ein Feuertyp sagt:

„Ich bin Feuer – ich entzünde die Kraft und Leidenschaft in anderen –
konfliktfreudig, offensiv und leidenschaftlich. Ich gebe Wärme in kalten
Winternächten und bahne den Weg für den Neubeginn."

Feuertypen sind kraftvolle Menschen, sie lieben die Herausforderung und
sind Pioniere. Sie besprechen Konflikte dann, wenn sie auftreten. Das Feuer
will reinigen, und dort wo es etwas zu verbrennen gibt, dort tut es das auch.
Dieser Typus ist nicht immer der Beliebteste, da er nicht besonders diplo-
matisch ist. „Ran an die Sache, und das gleich!", so das Motto. Wenn sich
Feuertypen in einem Umfeld befinden, in dem sie keine Herausforderungen
haben, verkümmern sie und werden dabei schlecht gelaunt. Sie können am
besten mit Druck umgehen, denn er schadet ihnen nicht.

Bild 6: Feuer

Stärken   *Herausfordern, Durchsetzen, Motivieren*

Merkmale *Brennt nach oben:* Herausforderung, Motivation, Aufwärts-Orientierung, Streben nach Führung, Karriere, Autorität, Machtstreben, Dominanz, Zielorientierung

Verbrennt das Umfeld: Durchsetzung, Tatkraft, Rücksichtslosigkeit, Begeisterung, Aggression, benutzt andere, verändert

Breitet sich aus: Expansion, Dynamik, Übergriff, Schnelligkeit, stellt Anforderungen, unbeständig, Extraversion

Strahlt Hitze aus: Energie, Lebendigkeit, Ausstrahlung, Macht, energetisch, motivierend, Hektik, Chaos

Zitate zum Feuer-Prinzip

„Anfangen ist leicht, doch beharren ist eine Kunst."

„Leben heißt kämpfen."

„Wir gehen Risiken ein, ohne vorher etwas zu erproben. Wir sind spontan."

„Man lernt, wie ein Krieger zu handeln, indem man handelt – nicht indem man redet."

„Entweder bin ich das Leitpferd des Gespanns oder keines."

Ein Wassertyp sagt:

„Ich bin Wasser – unwiderstehlich, flexibel, geduldig und gefühlvoll. Kein Hindernis hält mich. Ich fließe über, unter, um und durch. Ich verwandle Formen in Dampf oder Eis oder Regen.

Ich bringe Leben, wo immer ich hinkomme. Ich berühre jeden, dem ich begegne."

Bild 7: Wasser

Wassertypen sind sehr wandelbare und anpassungsfähige Typen. Sie lieben es, Dinge fließen zu lassen. Sie wollen Ziele nicht starr einhalten. Die Dinge kommen von selbst. Konflikten gehen sie aus dem Weg – ganz anders als der Feuertyp, der sie geradezu sucht und dabei aufblüht. Der Wassertyp berührt Menschen durch seine Gefühle, tut es aber auch gerne körperlich. Seine Umgebung nimmt ihn als angenehmen Zeitgenossen wahr, der rücksichtvoll ist.

Stärken	*Einfühlen, Kooperieren, Coachen*	
Merkmale	*Fließt nach unten:*	Tiefen-Orientierung, Suche nach Tiefe, introvertiert, hinterfragend, einfühlend, durchschauend
	Umgeht Hindernisse:	Ausweichen, Beruhigung, Beschwichtigung, Ausgleich, Kompromiss, Ruhebedürfnis
	Fügt sich Formen:	Anpassung, Unterordnung, Hingabe, Passivität, Demut, aufstauend, Gelassenheit, Angleichung
	Nimmt Stoffe auf:	Aufnahme, Empfänglichkeit, Empfindsamkeit, Gefühl, Hingabe, beeindruckbar, anhänglich

Zitate zum Wasser-Prinzip

„Was auch behauptet die Philosophie, trau dem Gefühl! Es täuscht dich nie."

„Ich glaube, dass wir uns im persönlichen Leben durch die tiefen, inneren Bedürfnisse unseres Wesens leiten lassen sollten." (Sigmund Freud)

„Die Welt wird sich weniger durch die Entscheidungen des Mannes ändern als durch die Ahnungen der Frau."

Es gibt zu diesem Thema Autoren, die betonen, dass man alle vier Elemente in sich voll entwickeln müsse. Ich bin da ganz anderer Meinung. Denn in einer Umwelt, in der einer vermeintlich alles kann, ist auf partnerschaftlicher Ebene kein Platz für andere. Einer ist dann der Beste im Machtspiel und stellt sich über alle anderen.

Meiner Ansicht nach soll Wasser Wasser bleiben und Feuer eben Feuer und so weiter. Man verzichtet auf eine Möglichkeit, um sie jemand anderem zu lassen. Echte Führer beziehungsweise Führungskräfte erkennen und fördern die Individualität und damit die Unterschiedlichkeit ihrer Leute. Durch das Respektieren der speziellen Fähigkeiten und der damit verbundenen Grenzen entsteht erst die Notwendigkeit des Kooperierens, der Teamarbeit.

> Das Akzeptieren seiner individuellen Begrenzung fördert das Miteinander – Gleichmacherei und Konformismus fördern herrschaftliche Strukturen.

Jeder von uns vereint zwar alle Elemente ungleich verteilt in sich. Unsere Erfahrung hat aber gezeigt, dass es eine Art Grundelement oder Heimatelement gibt. Wenn wir uns die Bedingungen schaffen, in denen wir unserem Element gemäß leben können, fühlen wir uns wohl und zu Hause.

So, wie die verschiedenen Äste vom Hauptstamm eines Baumes ausgehen, kann jemand zum Beispiel Element Wasser im Stammelement sein und durchaus die Fähigkeiten des Feuers oder eines anderen Elements auf kurze Zeit simulieren (unterschiedliche Äste). Sie sind aber nicht seine Natur. Ich bin zum Beispiel Wasser im Grundelement. Da ich es trainiert habe, kann ich zwar kurzfristig – in Verhandlungen etwa – offensiv und konfliktfreudig sein, was eigentlich dem Feuertyp entspricht. Nachhaltig brauche ich jedoch Gelassenheit, Fluss und etwas Passivität. Es ist mir lieber, wenn es harmonisch läuft.

Nun ist es wichtig zu unterscheiden: Welches Element glauben wir sein zu „sollen" und welches sind wir wirklich. Ein Beispiel: Einer unserer Klienten ist seinem Auftreten nach ein offensichtlicher Feuertyp – mutig, aggressiv und herrscherisch. Seine Krankheitssymptome waren aber hoher Blutdruck und ein Herzinfarkt mit nur 38 Jahren. Neben diesen Symptomen verrieten seine Augen aber seine wahre Natur: Wasser! Wenn sich nun Wasser längerfristig wie Feuer verhält, kocht es sich selbst auf, was innerlichen Druck erzeugt. Ein echter Feuertyp kommt durch feuriges Verhalten nicht unter Druck, dann ist er ja in seinem Element.

Selbstverständlich muss man nicht unbedingt ein Feuertyp sein, um zum Beispiel den „feurigen" Beruf des Verkäufers auszuüben. Man kann ihn auch als Erd-, Wasser- oder Lufttyp ausleben. Das Grundprinzip des Verkaufens entspricht jedoch dem Feuer.

Außerdem ist nicht jeder Erdtyp gleich Erdtyp. Es gibt vier Arten von jedem Element. Zum Beispiel: Erde mit Feuerqualitäten (Vulkan), Erde mit Luftqualitäten (Wüste), Erde mit Erdqualitäten (Fels) oder Erde mit Wasserqualitäten (Moor). Der Grundtyp bleibt Erde.

Im Fall Luft: Luft mit Feuerqualitäten (Sturm), Luft mit Erdqualitäten (Passat), Luft mit Luftqualitäten (Windböe), Luft mit Wasserqualitäten (Abendwind).

Im Fall Wasser: Wasser mit Feuerqualitäten (Stromschnellen), Wasser mit Erdqualitäten (Meer), Wasser mit Luftqualitäten (Gebirgsbächlein), Wasser mit Wasserqualitäten (Fluss).

Und bei Feuer: Feuer mit Feuerqualitäten (Feuersturm), Feuer mit Erdqualitäten (Kaminfeuer), Feuer mit Luftqualitäten (Funkenflug), Feuer mit Wasserqualitäten (Gasflamme).

Übung – Elementbestimmung

Wenn Sie in Bezug auf Ihr Grundelement unsicher sind, fragen Sie sich, bei welchem Verhalten Sie sich tatsächlich wohl fühlen beziehungsweise in welches Verhalten Sie sich „hineinsehnen" – nicht, was Sie gelernt oder von anderen abgeschaut haben.

Als Unterstützung können Sie den nachfolgenden Elementtest verwenden. Sie bestimmen Ihr Element, indem Sie auf Sie zutreffende Eigenschaften ankreuzen. Die Spalte mit den meisten Kreuzen zeigt Ihnen Ihr Element. Wenn eine andere Person Sie mittels des Tests einschätzt, so kommt Ihre Außenwirkung zum Vorschein. Das „echte" Element kann nur von Ihnen ermittelt werden. Außerdem ist noch eines zu beachten: Das wesentliche Kriterium zur Bestimmung ist immer noch Ihr Gefühl „im Bauch".

Tabelle 5: Elementtest

Feuer	Erde	Luft	Wasser
☐ aktiv	☐ beständig	☐ beweglich	☐ empfindsam
☐ willensstark	☐ sachlich	☐ schlagfertig	☐ gefühlvoll
☐ impulsiv	☐ geduldig	☐ vielseitig	☐ zurückhaltend
☐ mutig	☐ vernünftig	☐ unterhaltsam	☐ anpassungs- fähig
☐ konfliktbereit	☐ bewahrend	☐ ausweichend	☐ beruhigend
☐ initiativ	☐ produktiv	☐ flexibel	☐ kreativ
☐ zielorientiert	☐ organisiert	☐ unkonventionell	☐ sozial
☐ begeisternd	☐ umsichtig	☐ überraschend	☐ einfühlsam
☐ Herausforde- rung	☐ Verlässlichkeit	☐ Toleranz	☐ Wertschätzung
☐ fordern	☐ wachsen lassen	☐ inspirieren	☐ spüren
☐ ungeduldig	☐ stur	☐ zerstreut	☐ launenhaft
☐ rastlos	☐ bequem	☐ oberflächlich	☐ vergisst schwer

Tabelle 5: *Fortsetzung*

Feuer	Erde	Luft	Wasser
☐ direkt	☐ Pragmatik	☐ Systematik	☐ Diplomatie
☐ abenteuerlustig	☐ gewissenhaft	☐ einflussreich	☐ selbstgefällig
☐ Dominanz	☐ prinzipientreu	☐ Innovation	☐ introvertiert
☐ Dynamik	☐ Sachlichkeit	☐ Harmonie	☐ Hingabe
☐ Lebendigkeit	☐ Tradition	☐ Grenzenlosig-keit	☐ Kompromiss
Gesamt:	Gesamt:	Gesamt:	Gesamt:

Um Ihnen eine zusätzliche Hilfestellung zu geben, folgt eine kurze beispielhafte Aufstellung von Eigenschaften und Ausprägungen der Elemente.

Tabelle 6: Ausprägungen der Typologien

Merkmal	Erde	Luft	Feuer	Wasser
Beruf	Steuerberater, Bauer, Rechtsanwalt, Schmied, Sekretärin	Künstler, Werbeagent, Redner, kreative Berufe	Verkäufer, Pionier, Sanierungsberater	Therapeut, Diplomat, Vermittler, Masseur
Sport	Ausdauernde Sportarten: Wandern, Laufen	Abwechslungsreiche Sportarten, Denksport, Spielsport	Rennsport, Sprinten, Sportklettern, Kampfsport	Schwimmen, Segeln, Fischen
Musikinstrument	Tuba, Basstrommel, Alpenhorn	Piccoloflöte, Harfe, Triangel	Posaune, Gitarre, Trommel	Klarinette, Cello, Klavier
Farben	Erdtöne	Pastellfarben	Rot	Blau, Türkis
Essen	Fleisch, Kartoffeln, alles, was beruhigt	Salat, leichtes Essen	Chili, scharfe Gerichte	Fisch, Gemüse
Getränk	Bier	Sekt	Whiskey, Kaffee	Wasser

Tabelle 6: *Fortsetzung*

Merkmal	Erde	Luft	Feuer	Wasser
Geruch	Erdgerüche, modrig	Veilchenduft	Rosenduft	Neutral
Tier	Bär, Elefant	Spatz	Tiger	Fisch
Adjektive	Ruhig, ausdauernd, ordentlich, schützend	Flexibel, willkürlich, geistreich, spritzig	Feurig, aktiv, leidenschaftlich, konfliktfreudig	Gefühlvoll, passiv, fließend, diplomatisch, anpassend
Verben	Aufbauen	Kommunizieren	Handeln	Berühren

Nun werden Sie bereits ein Element für sich favorisiert haben. Vielleicht „wackeln" Sie aber auch noch zwischen zwei Elementen hin und her. Die nun folgende Darstellung der Interaktionen der Elemente wird restliche Unklarheiten sicherlich beseitigen.

Die Elemente treffen aufeinander

Besonders spannend ist die Anwendung dieser Typologie, wenn die Elemente aufeinander treffen. Wie in der Natur kommt es dann zu den unterschiedlichsten chemischen und physikalischen Reaktionen. Ich werde einige dieser Reaktionen im Folgenden beschreiben, und vielleicht fällt Ihnen dazu die eine oder andere Situation aus Ihrem Alltag im Umgang mit anderen Menschen ein.

Die Reaktionen können auch negativ interpretiert werden – nämlich dann, wenn Verständnislosigkeit und Wertschätzung für die individuelle Andersartigkeit fehlen. Jeder glaubt dann, alle anderen müssten so sein wie er selbst und seinem jeweiligen Element entsprechen. Das Modell gibt uns auf der anderen Seite die Chance, unsere Toleranz in Bezug auf Andersartigkeit zu erweitern und Individualität zu akzeptieren – so kann Teamarbeit gelingen.

Mir ist es jetzt nochmals wichtig zu betonen, dass das Wissen, über das wir hier sprechen, bereits in jedem von uns gespeichert ist und nur noch intuitiv abgefragt werden muss.

> Jeder Mensch ist absolut individuell, und keine der Typologien reicht
> aus, um jemandes Persönlichkeit vollständig zu erfassen. Diese können
> dabei allerdings sehr viel Unterstützung bieten.

Feuer – Wasser: Erotik und Krieg der Titanen

Diese Kombination ist sicherlich die konfliktträchtigste. Was passiert, wenn
die beiden Elemente aufeinander treffen? Es zischt! Und es wird keinen
Kontakt geben, ohne dass einer dem anderen gefährlich wird. Nur die Erde
kann die beiden Elemente trennen und verhindern, dass das eine das andere
auslöscht. Was bedeutet das?

Ein Beispiel aus einem Coaching: Zwei Sekretärinnen, die eine Wasser, die
andere Feuer hatten ständig Streitereien. Sie saßen in einem gemeinsamen
Büro. Die Wasser-Frau als schwächere in diesem Kampf litt immerzu unter
Halsentzündungen und anderen Infekten. Sie überlegte ernsthaft, zu kündigen. Denn wenn sich zwei so unterschiedliche Typen ständig ohne klare Regeln der Zusammenarbeit gegenübersitzen, muss es zwangsläufig zu Machtkämpfen kommen. Wenn das Regelwerk, welches das Erdprinzip zwischen
den beiden Elementen symbolisiert, fehlt, lassen sich Konflikte kaum vermeiden. Die Lösung wäre in dem Fall gewesen, Kompetenzen und Aufgaben
genau zu definieren und somit klare Grenzen zwischen den beiden zu ziehen. Leider ist der gemeinsame Chef der beiden Sekretärinnen ein eher
schwacher Erdtyp – was so viel bedeutet, dass er im Heimatelement zwar
Erde ist, diese Qualitäten seiner Umwelt aber kaum vermittelt. Er schaffte es
nicht, Regeln der Zusammenarbeit aufzustellen, deshalb unser klarer Rat:
Eine muss gehen! Daraufhin ließ sich die Wasser-Frau versetzen und hatte
ab dem Moment keine gesundheitlichen Probleme mehr. Wenn sie die Initiative jedoch nicht ergriffen hätte, hätte ihr Körper vielleicht letztendlich die
Entscheidung für sie getroffen.

Ein weiteres Beispiel: Einer meiner Klienten ist ein Wassertyp, seine Frau ist
Feuer. In privaten Beziehungen haben solche Pärchen generell sehr viel Spaß
im Bett, im Alltag kommt es leicht zu Konflikten. Mein Klient und seine
Frau stritten zum Beispiel jedes Mal, wenn sie im Auto saßen, über die richtige Route. Diese Streitereien kosteten viel Energie. Die beiden konnten den
Konflikt nur lösen, indem sie die folgende Regel (Erde) einführten: „Wer
fährt, bestimmt die Route, der andere muss schweigen." Es kostete anfangs
viel Beherrschung, klappte aber. Wasser und Feuertypen können eine sehr
konstruktiv-dynamische und erotische Beziehung führen, solange klare Regeln vorhanden sind und Grenzen respektiert werden.

Noch ein persönliches Beispiel: Wie bereits erwähnt, bin ich ein Wassertyp. Mein erstes Unternehmen führte ich gemeinsam mit meinem langjährigen Freund, der Feuer ist. Zu zweit waren wir lange Zeit ein unschlagbares Team. Wir hatten ein gemeinsames Büro und daher genügend oft die Gelegenheit, uns bei Bedarf – und das war oft – geeignete Grenzen und Regeln füreinander auszuhandeln. Die kongeniale Kombination aus Gefühl-Intuition, Handlungskraft und Herausforderung erstaunte unsere Umwelt immer wieder. Denn zwei kontroverse starke Kräfte können enorme Erfolge bewirken, wenn sie in ihrem Handeln abgestimmt sind. Gemeinsam bauten wir ein Unternehmen in nur vier Jahren zu einer Größe von 50 Mitarbeitern und sechs Filialen auf. Dann kam Stolz auf. Jeder hatte nun sein Chefbüro, und da wir uns nicht mehr gegenübersaßen, fehlten die Abstimmungsprozesse zwischen uns beiden. So kam es zu Übergriffen in den Bereichen und zu Machtkämpfen, die das Unternehmen lähmten. Jeder wollte dominieren, der eine als Wasser, der andere als Feuer. Es entstanden zwei Lager: die „Wasserfans" und die „Feueranhänger". Die einen waren davon überzeugt, dass Rücksicht und Gefühl die einzige Wahrheit seien, die anderen betonten alleinig Herausforderung und Mut. Jedoch taugt jede Richtung für sich alleine nichts! Schließlich verließ ich das Unternehmen. Inzwischen lernte ich die Vielfalt und die Begrenzung schätzen, aber auch, dass es prinzipiell nur einen Chef geben sollte.

Empfehlung für Teams: Gebt jedem sein klares Revier.

> Feuer und Wasser – es zeigt sich: Mut ohne Rücksicht führt zu Verletzung – Rücksicht ohne Mut zu Faulheit – Mut und Rücksicht aber zur weisen Handlungsstärke.

Erde – Wasser: Von der Verständnislosigkeit zur Auflösung

Bei Erde-Wasser-Kombinationen kann mangelndes wechselseitiges Verständnis zum Problem werden. Erde ist logisch, strukturiert und konservativ, Wasser dagegen gefühlvoll, fließend und sich dauernd verändernd.

Wir betreuen einen Thermenbetrieb in der Steiermark in dem – passend zur Region – überdurchschnittlich viele Erdtypen beschäftigt sind. Eine der Mitarbeiterinnen klagte darüber, dass sie keiner verstehe: „Ja spürt ihr das nicht, dass bei uns etwas nicht stimmt!", so die Frau, die ein Wassertyp ist. Die Erdtypen entgegneten daraufhin: „Wieso, was hast du denn, es ist doch alles wie immer. Bleib doch sachlich. Es gibt nichts Außergewöhnliches."

Wenn Wasser von so viel Erde dominiert wird, wird es von der Erde sozusagen aufgesogen. Wassertypen haben in solchen Situation oft das Gefühl, sich selbst aufzulösen. Ein sehr unangenehmes Gefühl der Ohnmacht und des Nichtverstandenwerdens sind die Anzeichen dafür.

Umgekehrt verhält es sich ähnlich: Erde löst sich in zu viel Wasser auf. Stellen Sie sich vor, dass fünf Wassertypen und ein Erdtyp etwas besprechen sollen. Die Wassertypen unterhalten sich prächtig, sie wollen sich „berühren" und fühlen, um eine gute Stimmung zu schaffen. Das kann allerdings leicht zu einer „Kuschelgruppe" werden. Der Erdtyp hält dieses Getue nicht aus und sagt: „Wir brauchen Struktur und eine klare Tagesordnung. Wir sind dabei, uns zu verlieren, und nichts kommt dabei heraus!" Die Wassertypen blicken den „spröden" Typen verächtlich an: „Es ist wichtig, dass wir uns austauschen, da entsteht oft viel mehr als bei einer starren Struktur!" Der Erdtyp verkommt dabei.

Sind beide Elemente im Gleichgewicht, so gibt die Erde den nötigen Halt, das Wasser den nötigen Saft.

Die Kombination lässt sich durch Naturbilder veranschaulichen: Gebirge und der See, Fluss und die Auen, Bachbett mit dem Bach und so weiter.

Empfehlung für Teams: Wasser und Erde sollten nebeneinander sitzen.

> Wasser und Erde: Ohne Gefühl beziehungsweise Intuition wird Wesentliches übersehen. Ohne Struktur wird Wesentliches nicht umgesetzt. Gefühl und Struktur bilden den fruchtbaren Boden, auf dem vieles entstehen kann.

Luft – Feuer: Solange Material da ist, geht es gut

Luft und Feuer verbinden sich auf eine sehr dynamische Weise. Die Luft erzeugt neue Ideen und das Feuer nimmt diese gierig auf, um sie pionierhaft umzusetzen. Das Feuer will ständig Neues, die Luft liefert den Sauerstoff. Im Privaten sind das oft die Beziehungen, die für kurze Zeit voll und ganz füreinander brennen. Dann ist es auf einmal vorbei. Keiner ist nachtragend – es war schön und nun geht es ohne den anderen weiter. Beide würden verkümmern, wenn sie zwanghaft zusammenbleiben würden.

Feuer und Luft in Kombination brauchen Material, damit sie ihre Wirkung entfalten können. Genug Material liefern beispielsweise erdige Betriebe, wie gemütliche staatliche Unternehmen, die schon lange keinen Wettbewerb mehr gesehen haben, oder alteingesessene Betriebe, die zu trägen „Dinosauriern" geworden sind. Sie haben meist zu hohe Gemeinkosten, umständliche Prozesse, Überbesetzung und so weiter angesammelt. Zur Sanierung ist Pioniergeist angesagt. Wir empfehlen hier die Ernennung eines Feuer-Geschäftsführers und eines Luft-Assistenten (oder auch umgekehrt). Denn diese Kombination bewirkt garantiert eines: Es wird reiner Tisch gemacht und aufgeräumt. Feuer und Luft haben Spaß dabei, es geht „was" weiter.

Sobald die Sanierung allerdings vollbracht ist, ist eine Umbesetzung im Betrieb sehr empfehlenswert. Man hat vielleicht Leute entlassen, alte Reviere verletzt. Viele sind gereizt oder deprimiert. Feuer und Luft werden zwar noch gebraucht, doch es ist nun effizienter, wenn Wasser und Erde als Geschäftsführer und Assistent wirken können. Der eine ist rücksichtsvoll, der andere will sammeln, und genau darum geht es jetzt: Es soll wieder Neues wachsen können.

Empfehlung für Teams: Luft und Feuer zusammen sind die besten Pioniere.

> Feuer und Luft – es zeigt sich: Ideen ohne Mut finden keine Resonanz. Mut ohne Ideen ist destruktiv. Ideen mit Mut umgesetzt führen zu Innovation beziehungsweise Erneuerung.

Erde – Luft: Auf Härte folgt Flucht!

Es gibt wohl kaum eine gegensätzlichere Kombination. Das eine Element ist beständig und zuverlässig, das andere unbeständig und willkürlich. Beide jedoch brauchen einander, da ansonsten nichts Neues entstehen kann. Der Wind bringt den neuen Samen, die Erde nimmt diesen auf und lässt ihn wachsen. Ebenso stellt die Erde die notwendige Angriffsfläche für den Wind zur Verfügung. Ist die Erde allerdings hart, also nicht offen, bringen neue Samen beziehungsweise Ideen nichts. Das Potential dieser Elemente liegt deshalb in einem respektvollen Miteinander.

Kommen wir nun wieder zu unserem Klienten aus dem obigen Beispiel, der Therme im Südosten Österreichs. Sie sorgt für das Wohlbefinden ihrer Gäste und ist schwerpunktmäßig Erde. Im ganzen Betrieb findet sich kein einziger Lufttyp. Dies macht in diesem Fall nichts aus, denn durch die Zusammenarbeit mit einer kreativen Werbeagentur – Luftprinzip – wird der Ausgleich geschaffen. Die Agentur liefert neue Ideen für die Produktentwicklung und Gestaltung, welche dann in der Therme umgesetzt werden. Ohne diesen Partner würde die Therme schnell „verstauben". „Erdige" Banken und Versicherungen bauen auch gerne Kunstzentren auf, um ihr Luft-Manko äußerlich etwas zu retuschieren.

Im Team brauchen Erd- und Lufttypen sehr viel Verständnis füreinander. Der eine will einen ordentlichen Schreibtisch, der andere liebt das Chaos. Die Erde würde bei einem Streit fast immer gewinnen, da sie mehr Sitzfleisch hat. Die Luft zieht sich nur allzu schnell zurück und räumt das Feld für immer.

Eine gelungene Luft-Erde-Zusammenarbeit kann man oft bei Künstlern und ihren erdigen Partnern beobachten, so zum Beispiel bei Peter Alexander: Ohne seine Frau wäre er nie so erfolgreich geworden. Sie gab ihm den nötigen Rückhalt für seine künstlerische Tätigkeit.

Man sieht den unterschiedlichen Ausdruck der beiden Elemente auch sehr klar in der Gegenüberstellung der luftigen Werbebranche mit der erdigen Steuerberatung. In einer ordentlich aufgeräumten Werbeagentur würde man sich schnell fragen, ob da etwas falsch läuft. In einer unordentlichen Steuerberatung würden sofort Zweifel an der Korrektheit der Buchhaltung aufkommen.

Empfehlung für Teams: Seid mit Lufttypen verständnisvoll.

Erde und Luft: Starre Regeln ohne Kreativität führen zu bürokratischem Selbstzweck. Ideenreichtum ohne Umsetzungsstrukturen führt zu nichts Greifbarem. Beides zusammen erschafft Neues.

Erde – Feuer: Die verbrannte Erde!

Die beiden Typen gehören zusammen. Die Erde neigt dazu, alles zu sammeln und zu behalten. Manchmal ist es aber notwendig, aufzuräumen und Altes zu entsorgen – das übernimmt das Feuer nur allzu gerne! Wird dies in einem Unternehmen versäumt, entstehen bald eine selbstzweckorientierte Bürokratie, Privilegien oder Reviere und Gewohnheiten, die viele Kosten verursachen. Wie bei einem veralteten Wald muss nun Feuer Platz für frische Pflanzen schaffen.

Wenn das Feuer dabei aber zu rücksichtslos ist, wird die Erde verbrannt und es kann auf ihr nichts mehr weiterwachsen. Ein Beispiel dazu: Meine Heimatstadt Graz ist eine sehr konservative, erdige kleine Stadt, in der sich kaum je etwas verändert. Wenn man nach fünf Jahren aus einem anderen Ort in diese Stadt zurückkehrt, findet man die gleichen Leute noch im gleichen Kaffeehaus bei der gleichen Tätigkeit. Vielleicht sind sie etwas älter geworden und haben Kinder bekommen, aber es hat sich nichts Wesentliches getan. Nun geschah es, dass ein Finanzdienstleistungsunternehmen – Feuerprinzip – eine zeitlang in Graz „wütete". Schon bald waren die Mitarbeiter in der ganzen Stadt als Keiler verschrien und es gelang ihnen kaum noch, neue Geschäfte zu machen. Erdtypen sind sehr nachtragend. Wenn sie verletzt worden sind und jemanden „abgestempelt haben", dauert es extrem lange, bis wieder vergessen wird. Anders verhält es sich in größeren, dynamischen Städten wie Paris. Alles verändert sich dauernd – deshalb ist es lange nicht so tragisch, wenn einmal zu viel Feuer gewirkt hat.

Im Team ist die Kombination Feuer-Geschäftsführer und Erde-Sekretärin sehr bewährt. Er prescht vor, sie räumt dann auf.

> Feuer und Erde: Wenn man alles beim Alten belässt, führt dies zu Ineffizienz. Beim Aufräumen das Tafelsilber mitzuentsorgen ist dumm. Wertvolles zu bewahren und Überkommenes zu beseitigen lassen Großartiges entstehen.

Luft – Wasser: Von der kontaktlosen Beziehung

Diese Kombination ist eine der unproblematischsten. Wenn der Wind stürmisch über die Wellen fegt, gerät das Wasser an der Oberfläche in Unruhe. Sobald der Sturm vorbei ist, ist alles wieder in Ordnung. Der Wind bereichert das Wasser mit erfrischendem Sauerstoff.

Auch wenn sie sehr unterschiedlich sind, sind Luft- und Wassertypen ideale Gefährten und können gut gemeinsame Pläne schmieden. Meine Geschäftspartnerin ist ein Lufttyp, ich bin ein Wassertyp. Jeder ist komplett verschieden vom anderen und beide haben wir von Natur aus ein anderes Heimatrevier. Wir vertrauen uns auch, wenn wir nicht täglich miteinander kommunizieren. Wasser und Luft können ideal nebeneinander sein. Auch wenn beide in getrennten Büros sitzen, entstehen keine Grabenkämpfe. Wenn einmal ein Problem auftaucht, glätten sich die Wellen schnell wieder und es geht ohne Reminiszenzen weiter.

Meine Geschäftspartnerin und ich bringen mit Gefühlen und neuen Ideen im klassischen Management bildlich gesprochen Wasser und Samen auf trockenen Boden. So wird der Boden fruchtbar.[14]

> Luft und Wasser – es zeigt sich: Wasser wird ohne Luft zu einem toten beziehungsweise faulen Gewässer. Wind führt ohne Wasser zu Wüstenlandschaft. Beides gemeinsam bringt Leben hervor.

---

[14] Anmerkung: Wir kommen oft in solche Betriebe, in denen die Arbeit des Feuers bereits von den Unternehmensberatern erledigt wurde, die vor allem Rationalisierungen forcierten.

Kombinationen gleicher Elemente: Gleich und Gleich gesellt sich gern!

Wir haben nun die unterschiedlichen Kombinationen der Elemente betrachtet. Ein rascher Blick auf das Zusammentreffen gleichartiger Elemente soll das Thema abrunden.

Gleichartige Elemente verstehen sich auf sprachlicher Ebene sehr gut. Sie sind sich ja schnell darüber einig, wie die Welt zu sehen ist. So entstehen in Unternehmen leicht Koalitionen unter Gleichen, die für die Eigenheiten ihres gemeinsamen Elements kämpfen. Die Strukturfanatiker bekämpfen die Kreativen, die Respektvollen die Offensiven. Nur das gegenseitige Akzeptieren der Eigenheiten führt dann zu einem konstruktiven Miteinander.

Aber auch Koalitionen gleichartiger Elemente haben miteinander so ihre Probleme. Wassertypen fließen gerne ineinander, sodass man bei zum Beispiel bei reinen Wasserteams den Einzelnen nicht mehr von den anderen unterscheiden kann. Wenn sich Wassertypen untereinander allerdings eine Zeitlang nicht sehen, so entsteht leicht Misstrauen. Man kann dies mit dem Zusammentreffen des Indischen und Atlantischen Ozeans vergleichen – die Wassermassen vermischen sich nicht, weil sie unterschiedliche Temperaturen aufweisen. Dies ist an der exakten optischen Trennlinie erkennbar. Erst nach einiger Zeit, in tieferen Wasserschichten, kommt es zum Austausch. Wassertypen sollten deshalb viel Zeit miteinander verbringen, um zu verhindern, dass jeder unterschiedliche Temperaturen annimmt und sie miteinander nicht mehr können.

Meine Freundin und ich sind dafür ein gutes Beispiel: Wenn ich beruflich unterwegs gewesen bin, brauchen wir danach immer einige Zeit, um wieder miteinander warm zu werden. Danach können wir gut gemeinsam fließen – wir sind wie eins. Wassertypen neigen auch zum Tratschen über Gefühle, wodurch leicht Gerüchte entstehen. Im Extremfall werden beide zu beleidigten Eisblöcken, die bei Annäherung voneinander abprallen. Deshalb meine Empfehlung: viel Zeit miteinander verbringen, um Gefühle auszutauschen!

Das Gleiche gilt, wenn Lufttypen aufeinander treffen: Luftschichten unterschiedlicher Temperaturen vermischen sich nicht, sie stoßen sich ab. Durch Luftschichtungen entsteht ja erst die Fata Morgana – ein unklares verschwommenes Bild. Luft-Kombinationen sollten viel Zeit dafür verwenden, sich geistreich auszutauschen, ansonsten entsteht ein wirres Bild.

Erdtypen untereinander sind da ganz anders. Solange beide ihre Reviere einhalten, gibt es keine Probleme. Wenn einer jedoch eine Grenze verletzt, entsteht ein „Erdbeben". Ganze Strukturen brechen dann zusammen. Unter

Erdtypen zählt Zuverlässigkeit alles. Ein Beispiel: Ein serbischer Gastarbeiter beauftragte seinen engsten Freund damit, seiner Familie in Belgrad Geld zu überbringen. Der Freund wurde in Ungarn überfallen, und der gesamte Betrag von etwa 7000 DM war auf einmal verschwunden. Die alte Freundschaft zerbrach daran. Viele Beispiele zu den Auswirkungen von Revierverletzungen unter Erdtypen finden wir, wenn wir an vergangene Kriege denken. Wenn einmal ein Konflikt zwischen Erdtypen ausbricht, gleicht dieser meist einem Erdbeben. Erd-Kombinationen sollten sehr genau überlegen, wann sie sich Zusagen machen.

Feuerteams funktionieren, solange genug zum Verbrennen da ist. Ist das nicht mehr der Fall, so gehen beide gemeinsam zugrunde. Es findet da eine Art Vereinigung statt – eine Schicksalsgemeinschaft (brothers in arms). Die Verbindung wird durch ein gemeinsames „brennendes" Anliegen geschaffen. Wenn dieses Anliegen nicht mehr vorhanden ist, fehlt auch die Basis für ein weiteres Miteinander.

Sollten noch Zweifel und Unklarheiten in der Elementbestimmung vorhanden gewesen sein, so hoffe ich, diese durch obige Darstellungen nun restlich beseitigt zu haben. In der Wahl Ihres Elements sollten Sie sich allein auf Ihre Intuition verlassen. Ich empfehle Ihnen, außer einem unabhängigen Coach, niemanden dazu um seine Meinung zu fragen. Denn nur allzu leicht projiziert Ihr Gegenüber seine Vorstellungen in Sie hinein. SIE entscheiden, was Ihnen gut tut!

Im nächsten Schritt fassen Sie nun Ihre Erkenntnisse in der nachfolgenden Tabelle zusammen.

Eine integrierte Persönlichkeit

Wir haben nun die verschiedenen Typen kennen gelernt und auch gesehen, was geschieht, wenn sie aufeinander treffen. Wir haben erkannt, dass wir uns und andere besser verstehen, wenn wir unsere Unterschiedlichkeit akzeptieren. Nur ein heterogenes Miteinander ermöglicht nachhaltiges Wachstum. Erde, Feuer, Wasser und Luft sind die grundlegenden Elemente einer fruchtbaren Welt.

Eine integrierte Persönlichkeit kennt seine Stärken und akzeptiert ihre Grenzen. Sie schafft sich ein integratives Umfeld an Ressourcen und Persönlichkeiten, die ein konstruktives Miteinander ermöglichen. „Integrierte Persönlichkeit" bedeutet, dass wir uns konstruktiv in unsere Umwelt eingefügt haben.

Übung – Ihre Stärken, Ihre Grenzen

Beantworten Sie die folgenden Fragen nach Ihren Stärken und den damit verbundenen Grenzen. Die Fragen beleuchten die Spannungsfelder zwischen den Elementen. Und es sind vor allem die Fragen der Elemente für Sie interessant, die Sie nicht
sind. Wenn Sie ein Lufttyp sind, stellt sich Ihnen besonders die Frage nach Integra-
tion von zum Beispiel Mut und Rücksicht (Feuer-Wasser-Frage) oder Gefühl und
Ordnung (Wasser-Erde-Frage). Sie werden darin kein Meister werden, aber Sie
können Stellung beziehen, wie Sie mit Ihren Grenzen umgehen werden. Eine sinnvolle Arbeitsteilung und Partnerschaften sind Möglichkeiten.

Nehmen Sie deshalb dazu Stellung mithilfe der nachfolgenden Fragen:

Mein Element/Typ:
Was sind die Stärken meines Typs?
Welche sind die Grenzen meines Typs?
Feuer-Wasser-Frage: Wie kann ich Mut und Rücksicht in meinem Leben in ein Gleichgewicht bringen? Wo sind Defizite?
Erde-Wasser-Frage: In welchen Bereichen meines Lebens fehlt es an Gefühl oder Ordnung? Was werde ich tun?
Feuer-Luft-Frage: Welche bestehenden Sorgen beziehungsweise Altlasten sollen endlich angepackt und kreativ gelöst werden?

Erde-Luft-Frage: Wo wehre ich mich gegen notwendige Erneuerung und bleibe in alten Gewohnheiten stecken?

Erde-Feuer-Frage: Wo hänge ich alten Gewohnheiten und Dingen nach? Wie kann ich zwischen Bewährtem und Überkommenem unterscheiden?

Luft-Wasser-Frage: Wie kann ich in meinen Beziehungen durch neue Verhaltensmuster konstruktive Veränderungen herbeiführen?

Wer oder was ergänzt mich in meiner Umwelt? Durch wen oder was werden meine persönlichen Grenzen kompensiert?

▓ Modul 3: Mission Statement – meine Sehnsüchte – mein Auftrag

Damit kommen wir zum Kern dieses Buches. Ziel dieses Moduls ist die Erarbeitung Ihres persönlichen Mission Statements.

Ihre *Mission* ist Ihr Auftrag beziehungsweise Ihre höchste Absicht. Sie zeichnet sich durch ihre Abstraktheit aus und ist im Gegensatz zur Vision ohne Zeitcharakter.

Ihr *Mission Statement* ist die dazupassende kurze und prägnante Formulierung Ihrer Lebensaufgabe. Es ist eine individuellen Richtlinie, an der Sie alle Ihre Handlungen messen und bewerten können. Damit können Sie die ständigen Herausforderungen des Lebens energiegeladen meistern und Ihren Lebenstraum verwirklichen. Ihr Mission Statement sollte …

- die wesentlichen Merkmale zur Beschreibung Ihrer Persönlichkeit beziehungsweise Identität beinhalten.
- eine konstruktive Beschreibung Ihrer Persönlichkeit sein.
- zeitunabhängig beziehungsweise gegenwartsbezogen sein.
- kurz, einfach und stimmig sein.
- Ihnen dabei helfen, in einer komplexen Umwelt Entscheidungen zu treffen, die zu Ihnen passen

Um Proaktivität zu fördern, werden dabei positiv bewertete Werte und Verben verwendet. Nur wenn all diese Punkte erfüllt sind, ist ein Mission Statement auch nutzbringend.

Wie ist es nun für ein Unternehmen oder für eine Einzelperson möglich, eine kurze Aussage über sich zu treffen, die eine Richtschnur und Entscheidungshilfe für einen Karriere- beziehungsweise Unternehmensweg darstellt? Eine Aussage, die nachhaltigen Erfolg bringt, die glücklich und frei macht? Laurie Beth Jones hat dazu eine entsprechende Methode erfunden, die fast schon zu einfach erscheint.[15] Sie hat die amerikanische Gabe, die Dinge simpel darzustellen.

Mein zweites Unternehmen, die Till Eulenspiegel Unternehmensberatung, hat ihren Ansatz praktisch weiterentwickelt und ergänzt. Die entstandenen neuen Methoden sind zum Beispiel der Identitätsdiamant beziehungsweise das Mission Statement als Teil des Identitätsdiamanten. Alle Aussagen be-

---

[15] Vgl. Laurie Beth Jones: The Path, New York 1996.

ziehen sich auf die Thesen des i+ Paradigmas (siehe dazu Kapitel „Das i+ Modell – oder vom richtigen Plan im Kopf").

Ich bin davon überzeugt, dass diese Methoden das Denken im Management, Bereiche wie das Marketing und die Personalentwicklung sowie die nachhaltige Effizienz in Unternehmen, aber auch Einzelpersonen grundlegend beeinflussen und verändern werden. Alles Geschriebene wurde bereits mehrfach im persönlichen und unternehmerischen Alltag vieler Führungskräfte und deren Mitarbeiter in unserer Beratungspraxis nachhaltig erfolgreich umgesetzt.

Ich will hier besonders auf die praktische Anwendung des Mission Statements eingehen, da wir in dem damit verbundenen neuen Denken und vor allem in der täglichen Anwendung ungeübt sind. Dieses Buch soll eines zum neuen Handeln sein. Es ist ein Buch zum Erfahren!

Für die Erarbeitung unseres Mission Statements stelle ich nun folgende Thesen auf:

- Wir bedienen uns dabei unserer Intuition und unserer Gefühle anstelle unserer Logik. Die Zugangsweise mittels logischer Ansätze beziehungsweise Reflexion hat sich als umständlich gezeigt (siehe Bild 8).
- Da es sich um eine konstruktive Beschreibung unserer Identität handelt, benutzen wir unsere originären, positiv bewerteten Gefühle wie Freude, Mitgefühl et cetera. Diese helfen dabei, uns in gemäßer Form sehen zu können.[16]
- Das Verwenden von negativ bewerteten Gefühlen würde von einer nützlichen Beschreibung wegführen, da diese nicht unsere ursprünglichen Gefühle sind, sondern bloß Ableitungen von diesen. Mit negativ bewerteten Gefühlen können wir daher nicht zu unserem Kern gelangen (siehe auch Abschnitt „Wie wir mit Gefühlen im Prozess der Missionsfindung umgehen").
- Nutzen im Sinne einer nützlichen Beschreibung unserer Identität definiere ich hier als „erfolgreicher werden". Erfolg definiere ich als „subjektives Empfinden von Glück und Freiheit" (siehe dazu auch die Ausführungen im Kapitel „Die Basisthesen hinter dem i+ Modell").

Bevor wir nun zum Übungsteil übergehen, werde ich im folgenden Abschnitt diese soeben aufgestellten Thesen durch Denkmodelle und Beispiele

---

[16] Auch Bert Hellinger meint: „Viele Probleme entstehen durch ihre Beschreibung, und sie werden durch die wiederholte Beschreibung aufrechterhalten. Eine Beschreibung, die zur Abwertung führt, ist schon deshalb falsch. Die richtige Deutung, die hilft, ist immer ehrenwert." In diesem Sinne ist etwas ehrenwert, das positiv bewertet ist.

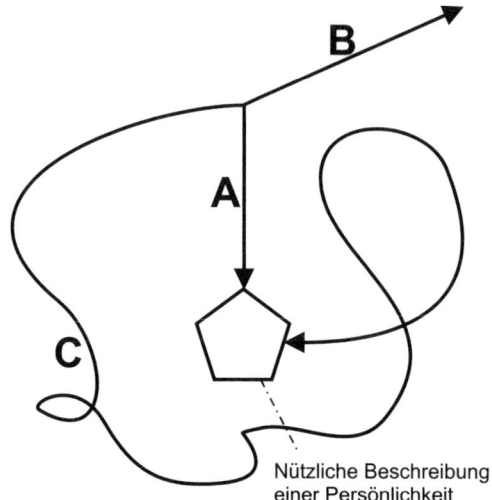

A ... Zugang über positiv bewertete Gefühle
B ... Zugang über negativ bewertete Gefühle
C ... Logischer Zugang

Bild 8: Unterschiedliche Wege

veranschaulichen. Die Ausführungen sollen uns dabei helfen, die Übungen auch intellektuell zulassen zu können.

Der Prozess der Missionsfindung beim Einzelnen

Da unsere Mission ein Bündel aus individuellen und/oder kollektiven Sehnsüchten ist, können wir unser dazugehöriges persönliches Mission Statement nicht intellektuell durch Nachdenken finden. Im Gegenteil – wir können es nur intuitiv aus dem Bauch heraus erarbeiten, da sonst die nötige Begeisterung fehlt. Es verhält sich hierbei wie bei der Partnerwahl. Den geeigneten Lebensgefährten findet man auch nicht aufgrund logischer Erwägungen. Die Auswahl des Partners aufgrund von politischen Interessen, Standesmerkmalen oder finanziellen Hintergründen gehört der Vergangenheit an und verlief, wie wir aus unzähligen Liebesdramen wissen, oft unglücklich.

Ein Mission Statement ist vergleichbar mit einem begrifflichen Weggefährten, den man nicht nüchtern-logisch bestimmen kann. Das gilt für persönliche wie auch für unternehmerische Mission Statements. Wer sich mit dem

Thema Mission-Träume-Vision beschäftigen will, muss daher „intuieren", das heißt intuitiv vorgehen.

In diesem Abschnitt werde ich deshalb zunächst auf den Begriff Intuition näher eingehen und dann beschreiben, wie wir erkennen, ob wir intuitiv handeln. Schließlich möchte ich die Bedeutung von Gefühlen als Indikatoren für Intuition hervorheben. Dazu werde ich eine klare Unterscheidung von mehreren Gefühlen machen. Diese ist notwendig, da man nicht jedem Gefühl „trauen" kann.

Intuition versus Reflexion

Intuition und Reflexion sind zwei Gegenpole (so wie Tag – Nacht, hell – dunkel, männlich – weiblich und so weiter). Wenn man einen Pol eine zeitlang lebt, entstehen in dieser dualen Welt Ungleichgewicht und Spannung. Vergleichen Sie hierzu die beiden Definitionen des Fremdwörterdudens:

Intuition

1. das unmittelbare, nicht diskursive, nicht auf Reflexion beruhende Erkennen, Erfassen eines Sachverhalts oder eines komplizierten Vorgangs;
2. Eingebung, (plötzliches) ahnendes Erfassen.

Intuitionismus

1. Lehre, die der Intuition den Vorrang vor der Reflexion, vor dem diskursiven Denken gibt;
2. Lehre von der ursprünglichen Gewissheit von Gut und Böse (Ethik);
3. bei der Begründung der Mathematik, die mathematische Existenz mit Konstruierbarkeit gleichsetzt.

Reflexion

1. das Zurückwerfen von Licht, elektromagnetischen Wellen, Schallwellen, Gaswellen und Verdichtungsstößen an Körperflächen;
2. das Nachdenken, Überlegung, Betrachtung, vergleichendes und prüfendes Denken; Vertiefung in einen Gedankengang.

In unserem herrschenden Weltbild tendieren die meisten Menschen zum Pol Reflexion, das heißt zum logischen Nachdenken über einen Sachverhalt. Wir erleben dies auch alltäglich im Management. Ein „guter Manager" ist einer, der logische und nüchterne Entscheidungen trifft, das heißt kopflastig agiert. Naturgemäß entsteht dadurch Spannung, weil der Gegenpol Intuition wie bei einer Waage zu wenig Gewicht bekommt. Es verhält sich wie beim Schlafen und Wachsein. Wenn wir immer nur wach sind, wird unser Körper, zum Beispiel durch erhöhten Blutdruck, bald sein Ungleichgewicht zum Ausdruck bringen.

Der Gegenpol zur Reflexion, die Intuition, versteht sich als In-sich-Gehen, als Spüren „aus dem Bauch heraus", anstelle von nüchtern-logischem Begründen. Wenn man auf seine innere Stimme hört und intuitiv handelt, folgt man seinen inneren Bildern, wie sie kommen, ohne offensichtlichen Zweck. Wir kennen das auch vom Träumen.

Wie bereits erwähnt, muss derjenige, der sich im Prozess der Missionsfindung befindet, „intuieren", in sich hineinhören, sich spüren, wahrnehmen und fühlen. Anders ist dieses Thema nicht zugänglich. Etwas Ungewohntes, nicht?

Wer auf die eigene Intuition hört und sich einer Sache beziehungsweise Aktion und deren Bedeutung von innen nähert, kann die Frage: „Was könnte es bedeuten?", beantworten. So wird einer potentiellen Aktion Tiefe und Sinn gegeben. Im Gegensatz dazu steht die rein vordergründige Betrachtung von außen, die mit der Frage: „Was tut es?" verbunden ist. Ken Wilber beschreibt die derzeitig vorherrschende Managementkultur als „Flachlandgesellschaft", da sie sich nur die „Was tut es?"-Frage stellt.[17] Sachverhalte werden rein nach ihrem äußeren Erscheinungsbild beurteilt. Die Folge einer zu extrem gelebten Verstandesgläubigkeit ist aber der Verlust von Kreativität und Spontaneität, weil der Blick fürs Wesentliche abhanden kommt. Damit möchte ich die Fähigkeit zum sachlichen Reflektieren nicht herabsetzen. Sie entspricht aber nur einem Teil unserer tatsächlichen Fähigkeiten. Wenn ein Mensch nie intuitiv, sondern immer rational handelt, nutzt er quasi nur 50 Prozent seiner potenziellen Intelligenz.

Ich will das mit einem Baum vergleichen. Offensichtlich an einem Baum sind nur der Ansatz der Wurzeln, der Stamm und die Krone mit ihren Früchten. Das Wurzelwerk, das die Nährstoffe aus dem Boden nach oben pumpt, ist unsichtbar. Gibt es deshalb keine Wurzeln, nur weil wir sie nicht sehen können? Da der Baum ohne Wurzeln gar nicht leben könnte, ist das nicht der Fall. So ist auch unsere innere Welt der Intuition und der Gefühle für unser Überleben notwendig. Sie geben uns den Saft, damit die Dinge sinnvoll, freudig und schön werden. In den unsichtbaren Wurzeln finden wir unsere Sehnsüchte, Träume und Wünsche – unsere Innenwelt.

Über der Erde befinden sich die für unsere Umwelt sichtbaren Dinge wie Ziele, Handlungen und Ergebnisse. Reflexives Denken steht für die Welt der

---

[17] Vgl. Ken Wilber: Eine kurze Geschichte des Kosmos, Juni 2000.

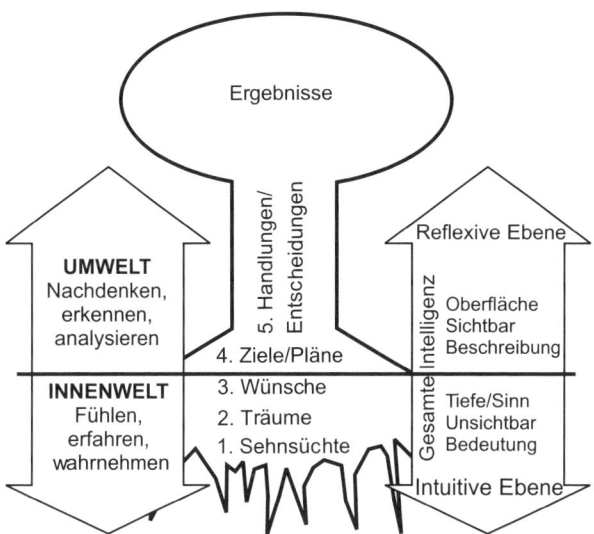

Bild 9: Das Baum-Modell – Die Punkte 1 bis 5 entsprechen dem i+ Modell

äußerlichen Betrachtung und der Logik und hat nur Zugang zu dem Offensichtlichen. In unserer Gesellschaft ist dies die allgemein anerkannte Form der Betrachtung. Jemand, der über Gefühle – das Wurzelwerk – spricht, wird schnell einmal belächelt, da „Romantisches" nicht handfest oder angreifbar ist. Dinge, die nicht festzumachen sind, machen uns Angst, da sie sich unserer Kontrolle entziehen (Bild 9).

Die Illusion der Kontrolle, der Wunsch zu beherrschen ist das Hauptphänomen der Moderne.

Wenn man ein Unternehmen beschreiben will, so wird üblicherweise nach den Zielen, den Handlungen (Prozesse, Gewohnheiten) und den Ergebnissen gefragt. Stimmen die Ergebnisse nicht mit den Zielen überein, so wird das „Sichtbare" untersucht. Es werden dann Analysen (Konkurrenz, Märkte, Prozesse) durchgeführt, aus denen neue Ziele und daraus wiederum geeignete Maßnahmen abgeleitet werden. Man befindet sich damit ausschließlich im oberen Bereich des Baum-Modells. Durch diese Art der Betrachtung wird aber ein wesentlicher Bereich außer Acht gelassen – der Bereich der Sehnsüchte, Träume und Wünsche. Oftmals liegen die Ursachen für Probleme aber gerade in dieser Ebene. Die beteiligten Personen spüren beziehungsweise kennen den Sinn ihrer Tätigkeit nicht, träumen eigentlich von etwas anderem oder haben einfach keine Lust zu arbeiten. Wird dieser

Bereich gänzlich ignoriert, so werden die Dinge zwar gemacht, jedoch ohne Herz und Identifikation mit der Sache. Erst die bewusste Betrachtungsweise beider Bereiche führt zu nachhaltigen Ergebnissen – wie bei einem Baum.

Intuition und Reflexion gehören miteinander verbunden.

Ich denke, dass es Zeit ist, die Teile zu einem sinnvollen Ganzen zu verbinden, das heißt Kopf (Reflexion) und Bauch (Intuition) zu vereinen. Das gesunde Muster lautet: Zuerst intuieren, dann reflektieren, dann wieder intuieren, dann reflektieren und so weiter. – Auf Nacht folgt Tag und dann wieder Nacht.

Durch Intuition kann etwas nach dem Motto reifen: „Ich muss nicht gleich handeln, ich kann die Dinge wachsen lassen." Wenn wir von unserer inneren Stimme nicht abgekoppelt sind, fällt es uns leichter, Entscheidungen zum rechten Zeitpunkt zu treffen und die Qualität des Momentes zu nützen.

Intuition ist das geeignete Entscheidungsinstrument in erster Instanz für große Dinge in unserem Leben. Dazu gehören auch unternehmerische Entscheidungen.

Die wirklich großen Persönlichkeiten und Unternehmer starteten ihre Vorhaben aufgrund von Sehnsüchten und großen Träumen und nicht aufgrund von vernünftigen Entscheidungen. So zum Beispiel Matsushita, der größte Unternehmer des vorigen Jahrhunderts. Er selbst kam aus sehr ärmlichen Verhältnissen und hatte Sehnsucht danach, durch Massenproduktion niedrige Preise zu schaffen, damit sich jeder Produkte wie Waschmaschinen, Elektrogeräte und so weiter leisten konnte. Über Panasonic und andere Marken versorgte das von ihm gegründete Unternehmen Milliarden von Menschen mit Unterhaltungselektronik und Haushaltsgeräten. Ein anderes Beispiel ist Gandhi, der von der innerlichen und äußerlichen Freiheit Indiens träumte. Matsushita und Gandhi handelten sehr stark aufgrund ihrer Intuition.

Im Gegenteil erleiden Manager, die allein aufgrund von „vernünftigen" Marktforschungen beziehungsweise rationalen Modellen Entscheidungen treffen, oft Schiffbruch. Inzwischen haben auch Studien belegt, dass Manager, die sich auf ihre Intuition verlassen, im Allgemeinen effizienter und erfolgreicher sind. Im Vertrauen gestanden mir schon einige bekannte Headhunter, dass ihnen psychologische Tests eher für die Entscheidungsbegründung dienen, als für die Entscheidung an sich. Diese wird dann doch oft aus dem Bauch heraus getroffen.

Intuition hilft uns außerdem dabei, die Komplexität der Umwelt zu erfassen.

Ich bin ein Befürworter von Analysen und Forschungen, aber sie gehören an den richtigen Platz. Die meist mathematischen, volkswirtschaftlichen und betriebswirtschaftlichen Modelle, egal wie komplex sie auch sind, sind im Grunde genommen ungeeignet, die Realität vollständig abzubilden. Viele Finanzminister mussten dies schon schmerzvoll erkennen. Kaum dreht man an einer Schraube und erhofft, dass eine positive Auswirkung für den Staat eintritt, haben sich die Bedingungen verändert und alles funktioniert wieder anders. Die Umwelt ist durch verstandesmäßige Modelle nur teilweise abbildbar, sie ist einfach zu komplex für unseren Kopf. Intuition hilft uns dabei, die Komplexität zu erfassen.

Folgende klassische Vorgehensweise kennen wir aus dem unternehmerischen Alltag und ist tief in unseren Köpfen verankert: Am Beginn steht die Analyse, auf welche die Strategie folgt, dann wird die Vision formuliert und erst anschließend wird der Zweck – die Mission – definiert[18]. Das Problem dabei ist: Es entsteht nichts Neues, nichts Spannendes. Marktforschungen können nur bestehende Gewohnheiten widerspiegeln. Und wenn die Mission – der Zweck – erst am Ende des Prozesses formuliert wird, ist durch den logisch-analytischen Vorgang alles schon gänzlich rationalisiert und es besteht kaum noch Raum für intuitives Vorgehen. Ich erachte im Gegensatz dazu folgende Vorgehensweise für sinnvoll:

Zuerst folge der Intuition, dann setze den Kopf ein und analysiere und reflektiere, ob ein Vorhaben möglich ist.

Der neue Weg, den wir bereits seit einigen Jahren erfolgreich mit unseren Klienten gehen, sieht so aus:

• Zuerst fragen wir uns: „Was wollen wir – was ist uns gemäß – was macht Sinn?" (Sehnsüchte, Mission)
• Dann: „Wie sollte das die Zukunft verändern?" (Vision)
• Im Anschluss überlegen wir, wie wir Mission und Vision umsetzen. (Analyse, Reflexion und Strategie)

Dieser Ablauf eröffnet den Weg zu implizitem Wissen, zu Innovation und zu einer kraftvollen Umsetzung, bei der alle gerne mitmachen. Diese Vorgehensweise gilt auch für den Prozess der Missionsfindung bei Unternehmen und beim Einzelnen. Aber wie können wir nun erkennen, ob wir intuitiv aus

---

[18] Vgl. Bolko v. Oetinger (Hrsg.): Das Boston Consulting Group Strategie-Buch, 1995.

dem Bauch heraus handeln und damit Zugang zum impliziten Wissen bekommen?

Nützliche Indikatoren für intuitives Handeln

Die Botschaften aus dem Bauch werden mittels spontaner Gefühle transportiert. Es gibt dabei positiv und negativ bewertete Gefühle. Wie schon erwähnt, verwenden wir – auch im nachfolgenden Übungsteil – nur die positiv bewerteten Gefühle, um zu einer Beschreibung unserer Persönlichkeit zu gelangen. Diese bezeichne ich als nützliche Indikatoren. Die vier folgenden Indikatoren zeigen uns an, ob wir in einem bestimmten Moment intuitiv „richtig" handeln (siehe dazu auch den Anhang).

1. **Liebe:** Liebe für einen Menschen oder eine Sache ist ein besonders starkes Gefühl und kann auch als Mitgefühl bezeichnet werden. Man spürt es im Herzbereich. Ein Freund aus Amerika war Börsenbroker und verdiente Unsummen an der Wallstreet. Als er eines Tages – wie immer – in Richtung Wallstreet ging, nahm er die Obdachlosen auf der Straße wahr und verspürte „Mit-Gefühl" (nicht Mitleid). Auf seine Intuition hörend, gab er schließlich seinen Millionen-Dollar-Job auf und startete mit Hingabe eines der erfolgreichsten aus privater Hand finanzierten Projekte zur Reintegration von Menschen, die aus dem System gefallen sind. Seine Fähigkeit, Gelder aufzutreiben und Menschen zu überzeugen, fand nun einen Kontext, der für ihn wesentlich sinnvoller war als sein voriger Job. Er handelte dabei intuitiv.

2. **Freude:** Kein Aspekt hat eine derartige Leichtigkeit in sich, wie die Freude. Körperlich verspüren wir Freude im Bauch, vor allem beim Lachen. Sie lässt uns an die Dinge herangehen, ohne Erschöpfung zu erleben. Sie ist deshalb so bedeutend, weil wir mit Freude unsere körperlichen und geistigen Ressourcen am effizientesten einsetzen. Wenn ein Mitarbeiter mit Freude an eine Sache geht, dann läuft alles wie von selbst, ohne Anstrengung. Jahrzehntelang war Freude in Bezug auf Geldverdienen eher negativ besetzt: „Du arbeitest ja nichts", hieß es dann leicht. Tatsächlich arbeitet jemand, der etwas mit Freude tut, nicht, sondern er „werkt". Das Wort „arbeiten" heißt im Lateinischen „laborare" und steht für die historische Sklavenarbeit. Im Gegensatz dazu steht das deutsche Wort „werken" (engl. work) für „etwas erschaffen". Nun versuchen Manager ihre Mitarbeiter zu freudigem Arbeiten anzuspornen. „Wenn du telefonierst, so habe ein Lächeln auf den Lippen!" Die gekünstelte, antrainierte Freude jedoch fördert eher das Burn-out-Syndrom, denn nichts ist anstrengender, als „zu tun als ob". Um das von Anfang an

zu vermeiden, sollte man deshalb eine freudvolle Tätigkeit wählen. Wir können diese aber nur finden, wenn wir unserer Intuition folgen. Freude ist uns an und für sich eigen. Sie hat in ihrem Wesen aber auch etwas Launisches – sie ist da oder eben nicht und lässt sich nicht erzwingen. Freude kennt kein MUSS, sie IST! Sie kennt also keine Pläne oder Zwecke, und gerade deshalb ist sie nicht beherrschbar oder konstruierbar. Buddha sagte dazu: „Freude ist nicht das Ziel, sie ist der Weg." Um Freude zu erleben, muss man ihr intuitiv folgen.

3. **Erotik an einer Sache, das Gefühl der Herausforderung und Mut:** dieser Indikator ist der heikelste. In meinen Trainings gibt es oft „rote Ohren" bei diesem Thema. Passende Aussagen unserer Zeit zu intuitiven Handlungen sind: „Ich tue etwas, weil es mich anturnt" oder: „Das ist geil." Mit Erotik ist sehr viel Mut verbunden. Wir überwinden mit ihr unsere Ängste, eine schöne Frau oder einen Mann anzusprechen, einen großen Kunden zu akquirieren oder etwas zu tun, was man schon immer tun wollte. Sie ist aber auch gefürchtet und wird als unanständig erachtet, weil mutige Menschen nicht gut steuerbar sind. Deshalb kam es zur moralischen Tabuisierung der Erotik, und damit meine ich nicht allein die sexuelle Komponente. Man spricht nicht darüber, weil Erotik „etwas Unanständiges" ist. Erotik in ihrer verdrängten Form führt zu Aggression oder Depression in einer selbstzerstörerischen Art und Weise. Menschen, die aufgehört haben, Erotik zuzulassen, werden dann auch oft steif und knöchern. Schade!

4. **Glitzernde Augen und Begeisterung:** Wenn jemand glitzernde (leuchtende, strahlende) Augen bekommt, ist das eine eindeutige Chance, intuitiv zu entscheiden und etwas Begeisterndes zu tun. Der- oder diejenige verspürt ein sehr aktivierendes Gefühl. Körperlich ist dieses Signal der Augen unserem Geist zugeordnet. Begeisterung steht auch für die Präsenz einer der drei ersten Indikatoren. Sie ist sozusagen das verbindende Glied unter den Anzeichen. Wenn „es glitzert", ist Freude, Hingabe und Erotik entweder-oder beziehungsweise sowohl-als-auch anwesend.

Begeisterung – Liebe – Freude – Erotik: Nach diesen Indikatoren kann man sich richten. Sie sind zuverlässige Anzeichen dafür, dass wir intuitiv handeln sollen, und damit geeignete Gehilfen, um den ersten Schritt in die richtige Richtung zu bestimmen. Eine Beschreibung unserer Identität, die uns dabei hilft, die richtigen und für uns stimmigen Dinge zu tun, basiert deshalb zumindest auf einem dieser vier Zustände.

Ist keiner dieser Indikatoren in unseren Handlungen anwesend, bringen diese vielleicht etwas Vernünftiges hervor, aber nichts Kraftvolles Mission und Identität bleiben verborgen und werden nicht gelebt.

In meinen Trainings herrscht an diesem Punkt meist Verunsicherung. Die
vier Indikatoren werden sehr oft intellektuell in Frage gestellt und Dis-
kussionen entstehen. Natürlich hinterfragt man aufgrund seiner bisher ge-
machten Erfahrungen, ob das Vermittelte so stimmen kann: „Na ja, so
kann das ja nicht sein." Genau deshalb, damit unser Kopf auch ja dazu sagen kann, will ich im Folgenden noch etwas Theorie zum Thema Gefühle
hinzufügen.

Wie wir mit Gefühlen im Prozess der Missionsfindung umgehen

Die folgenden Ausführungen sollen die These unterstützen, die wir auch für
den Übungsteil zum Mission Statement benötigen: Mittels positiv bewerte-
ter Gefühle entstehen nützlichere Beschreibungen als durch negative.

Wir verspüren die unterschiedlichsten Gefühle. Mal sind wir traurig, dann
wieder verärgert, dann freuen wir uns und ein anderes Mal sind wir beleidigt. Welchen Empfindungen können wir nun trauen, welche sollen wir
ernst nehmen? Ich habe hierzu eine Meinung. Wenn Sie diese mit mir teilen
können, hat das Buch für Sie weiterhin Bedeutung. Andernfalls können Sie
es weglegen und meine Unzulänglichkeit kommentieren.

> Es gibt drei Gefühle, die unserem Wesen eigen sind, die unserer Natur
> also tatsächlich entsprechen. Diese sind: *Mitgefühl, Freude und Mut.*
>
> Begeisterung entsteht, wenn wir zumindest eines dieser Gefühle verspü-
> ren.

Alle anderen Empfindungen sind Derivate (Ableitungen), die durch falsches
Lernen beziehungsweise falsch verarbeitete Erfahrung zur Gewohnheit wurden, aber nicht unserer Natur entsprechen. Sie sind uns nicht eigen, sondern
durch Erfahrungen antrainiert. So kann verlerntes Mitgefühl zu dem Gefühl
von Sinnlosigkeit und zu Depressionen führen. Verlernt werden die ursprünglichen Empfindungen deshalb, weil man sie wegen des Wunsches,
konform und integriert zu sein, verdrängt. Dieser Drang entsteht wiederum
durch die Angst, aus dem Heimat-System wegen einer Regelverletzung aus-
geschlossen zu werden.

Verlernte Freude kann zu Stress und Sorgen führen sowie zum Drang, etwas
zwanghaft tun zu müssen. Und schließlich führt nicht zur rechten Zeit ge-
lebter Mut oft zu Ängstlichkeit oder unkontrollierten Zornausbrüchen. Ty-
pische Aussagen oder Gedanken in diesem Zusammenhang sind: „Irgend-

wann geht das Fass über", „… eigentlich geht mir das schon lange auf die Nerven", „Ich bin am explodieren!"

▓ Jeder Mensch ist an und für sich mutig, freudvoll und voller Mitgefühl.

Wenn uns das bewusst wird, können wir die Welt ganz anders sehen. Wir erkennen dann hinter einem depressiven Menschen sein Potenzial für Mut und seine Fähigkeit, etwas Besonderes für andere zu tun. Es geht nur darum, das Gefühl in die richtige Richtung zu drehen, sodass sich dieses Potenzial voll entfalten kann. Bei Mitarbeitern nicht die Defizite, sondern den dahinter liegenden Reichtum zu sehen, ist eine tolle Herausforderung für Führungskräfte. In der systemischen Beratung bezeichnen wir diese Umdeutung als *Reframing*, was so viel bedeutet wie: „es in einen neuen Kontext zu bringen". Und tatsächlich sind diejenigen, die sich immer nur Sorgen machen, die besten Freudekandidaten.

Eine österreichische Radiosendung berichtete über ein in den USA von mehreren Psychotherapeuten erlebtes Phänomen bei einer Gruppe von depressiven Menschen. Die Depressiven halfen sich auf einmal selbst, indem sie ein Selbsthilfeprogramm für sich und andere aufstellten. Plötzlich hatten sie keine Zeit mehr dafür, sich ausschließlich mit sich selbst und ihren Problemen zu beschäftigen, sondern halfen anderen. Sie verspürten dabei – das ihnen innewohnende – Mitgefühl und vergaßen die Depression, ihr angelerntes Symptom. In Amerika entstand daraus die *Empowerment*-Bewegung, die zur Selbsthilfe anspornt („empower" bedeutet: die eigene Kraft entfalten). Nachdem die Mitarbeiter beziehungsweise Patienten jahrelang in einem fremdbestimmten Abhängigkeitsverhältnis zu Führungskräften oder Therapeuten standen, findet Empowerment nun auch im Management statt. Es ist die Bewegung weg von externen Rettern (Motivationsgurus und Besserwissern) hin zur Selbstverantwortung der Mitarbeiter.

Wir können daraus schließen, dass wir nicht unnötig Energie in alle möglichen anderen Gefühle geben müssen, wenn wir in Wahrheit mutig, freudig und mitfühlend sind. Es ist ganz einfach!

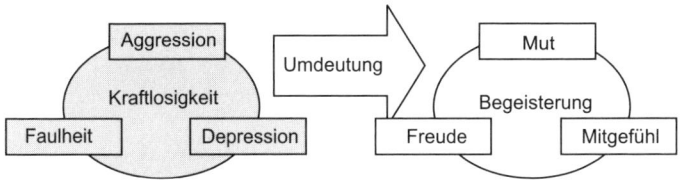

Bild 10: Umdeutung – Reframing

„Welche Wissenschaft bestätigt das?", ist dann die Frage, die öfters gestellt wird. Darauf stelle ich dann die Gegenfrage: „Was möchten Sie denn lieber glauben: dass Sie ängstlich, freudlos und egoistisch sind, oder dass Sie freudvoll, mutig und mitfühlend sind?"

Ihre innere Stimme, die Intuition, wird automatisch dem zustimmen, was für Sie „wahr" ist. Meiner Meinung nach ist das viel wichtiger als jede Studie.

Das nun vorab zu Gefühlen, zu den Entwicklungsmöglichkeiten kommen wir dann noch später im Kapitel „Modul 10: Drei mögliche Wege für Visionen".

Fassen wir an dieser Stelle nochmals zusammen:

> Bei Entscheidungen folgen Sie im ersten Schritt Ihrer Intuition, sofern Freude, Mitgefühl und/oder Erotik damit verbunden sind.

Ein Mission Statement, welches die gebündelte allgemein gültige Beschreibung einer Identität ist, basiert zu 100 Prozent auf dieser Logik.

Übung – Mission Statement

Wir sind nun in den praktischen Teil, zur Formulierung Ihres Mission Statements, gelangt. Dabei gehen wir schrittweise vor und bestimmen zuerst die Verben, danach den Kernwert 1. Ordnung und schließlich Ihre Bereiche beziehungsweise Zielgruppen. Jetzt können Sie es gleich selbst ausprobieren:

Die Verben

Markieren Sie in der Liste drei Verben, die Sie begeistern, anlachen, anspringen et cetera. Seien Sie dabei ganz spontan, ohne nachzudenken.[19] Sie können dabei alles nur richtig machen.

Tabelle 7: Tabelle der Verben

Bewältigen	Beraten	Finanzieren	Hegen u. pflegen	Zurück- kommen
Erwerben	Erschaffen	Vergeben	Öffnen	Überarbeiten
Annehmen	Entscheiden	Pflegen	Organisieren	Opfern

---

[19] Aufrechte Körperhaltung, beide Beine auf dem Boden, Hände auf den Schenkeln und entspannter Gesichtsausdruck helfen dabei.

Tabelle 7: *Fortsetzung*

Voranbringen	Verteidigen	Wählen lassen	Anteil nehmen an	Schützen
Beeinflussen	Erfreuen	Fördern	Durchgehen	Befriedigen
Bestätigen	Überbringen	Zusammen-bringen	Vollziehen	Beschützen
Lindern	Beweisen	Entwickeln	Überzeugen	Verkaufen
Verstärken	Vermachen	Geben	Spielen	Dienen
Wertschätzen	Anweisen	Gewähren	Besitzen	Teilen
Aufsteigen	Erforschen	Heilen	Umsetzen	Sprechen
Verbinden	Diskutieren	Einfluss haben	Vorbereiten	Stehen
Glauben	Verteilen	Beherbergen	Überreichen	Auffordern
Schenken	Entwerfen	Identifizieren	Preisen	Unterstützen
Aufmuntern	Träumen	Entzünden	Produzieren	Sich ergeben
Aufbauen	Treiben	Beleuchten	Vorwärts schreiten	Ertragen
Rufen	Erziehen	Vollziehen	Versprechen	Nehmen
Auslösen	Auswählen	Verbessern	Sich einsetzen	Dranbleiben
Auswählen	Umarmen	Improvisieren	Zur Verfügung stellen	Zusammen-spannen
Fordern	Ermutigen	Inspirieren	Realisieren	Betreffen
Sammeln	Stiften	Integrieren	Empfangen	Handeln
Vereinen	Sich engagie-ren	Involvieren	Wieder-gewinnen	Übersetzen
Befehlen	Konstruieren	Erhalten	Reduzieren	Reisen
Kommunizie-ren	Verbessern	Wissen	Verbessern	Verstehen
Zwingen	Erleuchten	Arbeiten	Nachdenken	Hüten
Kämpfen	Beleben	Gründen	Umgestalten	Benützen

Tabelle 7: *Fortsetzung*

Vervollständigen	Sich melden	Führen	Betrachten	Verwerten
Komplimente machen	Unterhalten	Beherrschen	In Verbindung bringen	Bestätigen
Erschaffen	Schwärmen	Heranreifen	Entspannen	Bewerten
Ideen haben	Voraussehen	Messen	Befreien	Wagen
Bestärken	Einschätzen	Vermitteln	Sich verlassen	Ausdrücken
Verbinden	Aufregen	Formen	Sich erinnern	Etwas freiwillig tun
Überlegen	Erkunden	Sich orientieren	Erneuern	Arbeiten
Bauen	Ausdrücken	Motivieren	Reagieren	Verehren
In Kontakt treten	Ausdehnen	Bewegen	Achten	Schreiben
Weiterführen	Erleichtern	Verhandeln	Wiederherstellen	Hervorbringen

Wenn Ihnen dabei ein Verb einfällt, das nicht in der Liste enthalten ist, dann zögern Sie nicht, dieses aufzuschreiben.

Der Kernwert 1. Ordnung

Ihr Kernwert ist der Wert, der für Sie an erster Stelle steht und Ihnen am wichtigsten ist. Wählen Sie Ihren Kernwert aus der folgenden Liste aus. Markieren Sie bitte nur EINEN Wert, und zwar wiederum denjenigen, der Sie am meisten anlacht oder berührt.

Tabelle 8: Tabelle der Werte

Integrität	Würde	Beziehungen
Ehrlichkeit	Respekt	Freundlichkeit
Freiheit	Innerer Friede	Dienen
Vertrauen	Liebe	Gleichheit
Glaube	Positive Einstellung	Qualität

Tabelle 8: Fortsetzung

Gerechtigkeit	Hoffnung	Edelmut
Vollkommenheit	Freude	Bescheidenheit
Ehre	Nächstenliebe	Einfachheit
Identität	Weitblick	Sinn
Wahrheit	Selbstwert	Sicherheit

Die Bereiche – Zielgruppen

Jetzt gehen wir noch einen Schritt weiter. Wählen Sie einen bis maximal drei Bereiche aus, die Sie begeistern beziehungsweise mit denen Sie gerne zu tun haben/hätten. Wichtig ist dabei wiederum, dass Sie spontan und intuitiv vorgehen und nicht zu grübeln beginnen.

Tabelle 9: Zielbereiche

Alte Menschen	Unternehmer	Obdachlose
Analphabeten	Freizeit/Erholung	Öffentliche Sicherheit
Arbeitsrecht/ Gewerkschaften	Politik	Kirche
Architektur	Gesundheit	Randgruppen
Ausländer	Gleichberechtigung	Rechtswesen
Bildung	Immobilien	Reisen
Biotechnologie	Religion	Männer
Bücher	Jugendliche	Sexualität
Computer	Kinder	Forschung
Darstellende Kunst	Journalismus	Spiritualität
Design	Kranke/Behinderte	Sport
Drogenabhängige	Kunst	Tierschutz
Energie	Landwirtschaft	Tourismus
Entwicklungshilfe	Umwelt	Sozial Benachteiligte
Ernährung	Medien	Verlagswesen

Tabelle 9: Zielbereiche

Essen	Menschenrechte	Verteidigung
Familie	Mode	Verwaltung
Filme	Musik	Wirtschaft
Finanzen	Nachrichten	
Jungunternehmer	Gemeinnützige Organisationen	
Frauen	Management	

Auch hier gilt wieder: Die Liste ist nur beispielhaft – daher können Sie auch eine Zielgruppe nehmen, die darin nicht enthalten ist, wenn diese Sie anspricht.

Das Ergebnis

Ob Sie es glauben oder nicht: Jetzt haben Sie ein Mission Statement! Überrascht? Nun, das war Jeanne d'Arc auch, als sie als 14-jähriges Mädchen eine Stimme hörte, die ihr sagte, sie solle doch Frankreich befreien. Bevor wir uns Ihr Mission Statement aber genauer ansehen, will ich erklären, was jetzt geschehen ist. Wir brauchen wieder etwas für den Kopf.

Stellen Sie sich einen Magneten vor. Jeder Magnet hat ein Kraftfeld. Jedoch konnte dieses bisher kein Mensch, auch kein Wissenschaftler sehen. Trotzdem ist es da und wir glauben daran, da wir es sichtbar machen können – schon als Kinder konnten wir die Auswirkungen von Magnetfeldern beim Spielen erfahren. Vielleicht haben Sie dies auch ausprobiert: Um das Feld sichtbar machen zu können, legt man ein Blatt Papier über den Magneten und streut Eisenfeilspäne darüber. Sie haften an den Kraftfeldlinien.

Mit dem Mission Statement verhält es sich ähnlich – bildlich waren Sie soeben ein Magnet, auf den wir ein Blatt Papier legten und Wörter darauf streuten. Durch Resonanz (Begeisterung, Erotik, Hingabe, Freude, Lust) blieben einige Wörter hängen. Siehe dazu Bild 11.

Aus Bild 11 können wir Ihr Kraftfeld erkennen. Was kann man nun daraus ableiten? Wenn sich ein Mensch in seinem bisherigen Leben in eine Richtung entwickelt hat, die gegen sein Kraftfeld gegangen ist, so hat sich Spannung, *Delta i*, aufgebaut. Diese drückt sich als körperliche Verspannung, Unlust, Erfolglosigkeit, Frust und so weiter aus. Delta i repräsentiert aber auch das Potential an möglicher Freude, Kraft und körperlicher Frische, das wieder freigesetzt werden kann. Spannung in jeglicher Form hat ja auch Energie in sich gespeichert, und es kostet Energie, diese aufrecht-zuerhalten.

Jetzt liegt es am Menschen, sich zu entscheiden, ob er die Spannung auf gleichem Level aufrechterhalten, vergrößern oder abbauen will:

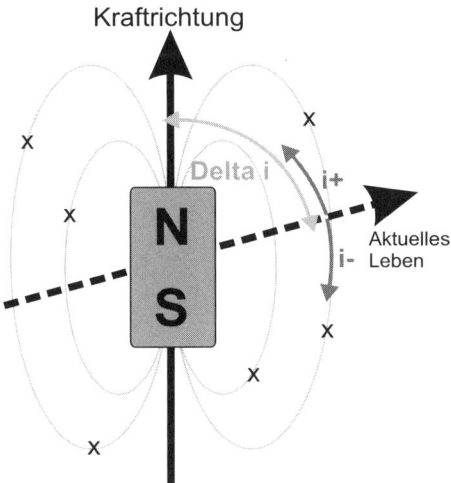

Bild 11: Vergleich mit einem Magneten

- Entwickelt er sich weiterhin in die Richtung, die gegen sein Kraftfeld geht, so entsteht i–. Delta i wird größer, die Anspannung steigt. Dies bedeutet eine signifikante Verschlechterung seines Zustandes, was sich in vielen Symptomen (siehe oben) manifestieren kann (Stress, Müdigkeit, Wutanfälle, Konsumsucht et cetera).
- Entwickelt sich der Mensch aber von nun an in seine originäre – ihm eigene – Richtung, so wird i+ (Kraft, Freude und Energie et cetera) freigesetzt und Delta i wird kleiner.

Wenn Sie bisher bereits intuitiv Ihren Weg gegangen sind, wurde Delta i nie aufgebaut, da Sie im Lebensfluss geblieben sind. Sie werden dann beim Anblick Ihres Mission Statements keine große Überraschung erleben. Eher werden Sie sagen: „Habe ich es mir doch gedacht!" oder: „Das ist ja nicht Neues!" Wenn Sie aber eher in die Gegenrichtung gelebt haben, wird Sie das, was Sie nun gleich sehen, vielleicht überraschen. Es kann auch sein, dass Sie mit dem Ergebnis zuerst nicht viel anfangen können. Das macht nichts! Ob Sie es glauben oder nicht, das ist Ihre Mission. Klarheit oder Verwirrung sind nur unterschiedliche Reaktionen auf dasselbe Ereignis. Mit der Zeit wird vieles klarer.

Betrachten wir nun Ihr persönliches und Ihnen eigenes Mission Statement.

Setzen Sie ein:

1. Kernwert 1. Ordnung: _____

2. Verb 1: _____

3. Verb 2: _____

4. Verb 3: _____

5. Zielbereich(e): _____

Lassen Sie uns nun gemeinsam etwas durchspielen. Stellen Sie sich vor, es gibt eine Art höherer Instanz. Diese Instanz kann je nach Weltanschauung Gott, das höhere Selbst, eine innere Stimme oder was auch immer sein. Ein Mission Statement ist unabhängig davon, welcher Weltanschauung Sie angehören. Diese Instanz sagt nun zu Ihnen (zu diesem Zweck darf ich Sie duzen):

„Lieber _____ (Vorname),

du bist zuständig und verantwortlich für _____ (Kernwert 1. Ordnung). Dieser Wert soll in dir und in deiner Umwelt ansteigen.

Damit dieser Wert nun steigt, sollst du

Verb 1 _____,

Verb 2 _____ und

Verb 3 _____.

Das machst du durch bzw. für _____
(Zielbereiche – „durch" oder „für" je nach Stimmigkeit einsetzen).

Wie du das nun machst, ist deine Sache, das hier sind die Eckdaten. Den passenden Beruf (= Profession, kommt noch etwas später im Buch dran) dafür suchst du dir aus. Damit dir dein Auftrag gelingt, setze deine Talente – aus Modul 1 – ein.

Talent 1_____,

Talent 2 _____,

Talent 3 _____ und

Talent 4 _____.

Diese hast du als Geschenk bekommen. Sie sind deine Ausstattung und deine Ressourcen. Sie helfen dir auch dabei, einen geeigneten Beruf zu finden und diesen mit Leichtigkeit und Freude auszuüben. Setze deine Talente aber auch außerhalb deines Berufes ein, denn deine Mission lebst du auch in deiner Familie und bei deinen Freunden."

Ist das nicht ein toller Auftrag? Wie gefällt Ihnen Ihre Mission? Gehen Sie es an und tun Sie es! Es wird Sie glücklich und frei machen.

Was denken Sie? Ist in Ihren Zielbereichen _____

_____ Bedarf an Kernwert 1. Ordnung

_____?

Vermutlich ja, und es gibt in diese Richtung genügend zu tun. Sie sind zuständig für dieses Thema. Andere für andere Themen. So liegt es an jedem von uns, einen Bereich in unserer Umwelt sinnvoller und schöner zu machen. Es ist genug für alle zu tun.

Erste Aufgaben nach dem Bewusstwerden des Auftrages

Ein Mission Statement besteht aus Worten und ist damit ein Abbild beziehungsweise Modell von der Wahrheit. Man kann es als eine Art Schleifinstrument sehen. Stellen Sie sich vor, Sie entdecken einen Edelstein in einem Fluss. Anfänglich wird dieser eher unscheinbar und kaum zu erkennen sein. Schlacken und die durch Verwitterung entstandene Patina bedecken die eigentliche Farbe und Schönheit, das heißt die Natur des Steines. Nun beginnt man, daran zu schleifen. Nach und nach wird sich dadurch die natürliche Schönheit des Steines entfalten. Nach den ersten gröberen Schleifarbeiten – abhängig vom äußeren Zustand des Steines – erkennt man gleich oder etwas später, um welchen Stein es sich handelt.

So verhält es sich auch mit uns selbst. Das Mission Statement ermöglicht ein „an sich schleifen", um zum Eigentlichen („das eigene Licht") zu gelangen. So entsteht Selbstbewusstsein.

Die Bedeutung der gewählten Worte

Als erste Schleifarbeit haben sich Wortbedeutungsanalysen bewährt. Denn bei der Erarbeitung unseres Mission Statements hat uns unser Unterbewusstsein sozusagen Botschaften über uns selbst aus unserer Tiefe heraus gesandt – nichts geschah zufällig. Unser Unterbewusstsein kennt die tiefe Bedeutung dieser Worte, jedoch unser bewusster Teil hat diesen Zugang noch nicht. Seit C. G. Jung wissen wir, dass jeder Begriff von unserem Unterbewusstsein verstanden wird, da wir eine kollektive Verbundenheit mit allen Kulturkreisen dieser Welt in uns haben.[20] Selbst wenn wir einen Begriff nicht verstehen, spüren wir unbewusst dessen Bedeutung. Diese Erkenntnis wird uns noch weiter begleiten, wenn wir zu Thema „Namen" kommen.

Sehen wir uns daher die Bedeutung der Worte in Ihrem Mission Statement näher an. Als hilfreiche Mittel haben sich dazu beispielsweise der „Duden der Sinn- und sachverwandten Wörter" und ein etymologisches Wörterbuch[21] erwiesen. Wenn man sich die Erklärungen zu den Wörtern seines Mission Statements aus diesen Büchern ansieht, kann es sein, dass nun schon einiges wieder klarer wird.

---

[20] Vgl. C. G. Jung: Gesammelte Werke, Bd. 9/1: Die Archetypen und das kollektive Unterbewusste, Düsseldorf 1995.
[21] Vgl. Kluge: Etymologisches Wörterbuch der deutschen Sprache.

Bei meinem Mission Statement mit dem Kernwert 1. Ordnung: **Identität,** dem Verb 1: **inspirieren,** Verb 2: **ermutigen** und Verb 3: **anstoßen,** sah ich mir unter anderem folgende Wörter im Kluge und Duden näher an:

Identität:

1. vollkommene Gleichheit oder Übereinstimmung (in Bezug auf Dinge oder Personen); Wesensgleichheit; das Existieren von jemandem, etwas als ein Bestimmtes, Individuelles, Unverwechselbares;
2. die als „selbst" erlebte innere Einheit der Person (psychologisch).

Inspirieren:

Jemanden zu etwas inspirieren. Anstacheln
Ermutigen zuraten.

Zuraten:

raten zu, zureden, aufmuntern, ermuntern, ermutigen, Mut machen, etwas

Anstoßen (bei jemandem):

Anstoß/Missfallen/Missbilligung/Ärgernis erregen, der Stein des Anstoßes sein, Unwillen hervorrufen, anecken; kränken, schockieren; anstößig, ärgerlich; Ärger.

Ein Hinweis dazu: Wörter, die mit „-lichkeit" enden, bedeuten auch: „die Wahrheit im Lichte der ersten Silbe beziehungsweise des ersten Wortes". Der Wert Wahrheit bekommt dadurch viele Aspekte.

Beispiele für andere Wortbedeutungen:

• Gastlich-keit: Die Wahrheit im Lichte des Gastes.
• Persön-lich-keit: Die Wahrheit im Lichte der Person.
• Freund-lich-keit: Die Wahrheit im Lichte des Freundes.
• Lieb-lich-keit: Die Wahrheit im Lichte der Liebe.
• Ehr-lich-keit: Die Wahrheit im Lichte der Ehre.

Sie könnten nun auch Wörter Ihres ursprünglichen Mission Statements verändern. Der Sinn soll aber der gleiche bleiben. Deshalb schlage ich vor, das Statement eher so zu belassen, wie es momentan ist! In der Regel ist es so, dass Veränderungen erst nach einer gewissen Zeit sinnvoll sind, denn die Zeit lässt Dinge klarer werden.

Ein Beispiel dazu: Das Verb „reisen" kann dreierlei Bedeutungen haben:

- Ich bewege mich tatsächlich körperlich.
- Ich bewege etwas in mir drinnen.
- Ich bewege etwas äußerlich.

Durch diese Analyse kann einem nun schon ein Schlüssel zur Klärung der Bedeutung gegeben worden sein. Jetzt weiß man, dass „reisen" auch „ich bewege etwas" ausdrücken kann. Einer meiner Klienten, ein Jungunternehmer, betreibt akustisches Design. Er erkannte, dass das äußerliche „Designen" auf Grenzen stoßen kann. Manchmal kann etwas nicht mehr leiser oder wohlklingender gemacht werden. Er ging dann dazu über, zu erforschen, wie man das Erleben von „Lärm" auch innerlich etwas designen (verändern, gestalten) kann, um den Störfaktor anders wahrzunehmen. So eignete er sich zusätzlich zu seinen technischen auch psychologische Fähigkeiten an. Diese vermarktet und setzt er erfolgreich bei seinen Klienten ein.

Ich halte es für überaus sinnvoll, sich in diesem Prozess coachen beziehungsweise durch einen Coach spiegeln zu lassen. Die Till Eulenspiegel Unternehmensberatung hat dafür ein Netz an *Facilitatoren*[22] aufgebaut. Erfahrene Berater und Trainer stehen im deutschsprachigen Raum zur Verfügung.

Die Grundsyntax des Mission Statements sollte dabei immer beachtet werden: Der Kernwert 1. Ordnung stellt den Zielwert dar. Es geht darum, diesen zu vergrößern. So ist ein Mensch „zuständig" für Wahrheit, ein anderer

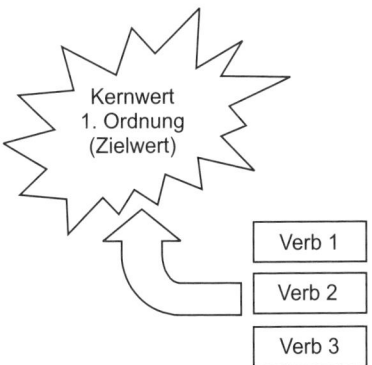

Bild 12: Ausrichtung auf den Zielwert

---

[22] „Facilitating" kommt aus dem Englischen und bedeutet: erleichtern, fördern. Das ist es auch: Ein Facilitator erleichtert dem Klienten, seine Ziele und Träume zu erreichen. Informationen zum Netzwerk und auch zu Weiterbildungen für Berater und Trainer finden Sie am Ende des Buches.

für Freude und so weiter. In unseren Seminaren ergibt sich so durch die Statements der verschiedenen Teilnehmer ein wunderschönes, ganzheitliches Bild. Jeder tut, was seine *höchste Absicht* ist. Eine schöne Zukunft, nicht wahr? Durch die ausgewählten Verben wird der Kernwert vergrößert – sie sind nicht Selbstzweck, sondern zweckgebundene Tätigkeiten.

Übung – Kommunizieren Sie Ihr Mission Statement

Die wichtigste Übung, mit der man gleich anfangen kann, ist folgende:

Kommunizieren Sie Ihrer Umwelt Ihr Mission Statement, sooft es nur geht, nämlich

• Ihrer Mutter, Ihrem Vater,
• Ihrem Freund, Ihrer Freundin oder Ihrem Lebenspartner,
• Ihrem Chef,
• Ihren Mitarbeitern,
• Ihren Kindern

oder vielleicht dem nächsten Menschen, den Sie zufällig kennen lernen. Sehen Sie dies als Experiment und beobachten Sie die Reaktionen darauf.

Gerade den Menschen, die Sie nicht unbedingt zu Ihren Freunden zählen und die Ihnen vielleicht „gegen den Strich gehen", gerade denjenigen sollten Sie Ihr Mission Statement kommunizieren. Dieser Prozess ist der stärkste Schleifprozess, um selbstbewusst zu werden, und Sie werden sehen, wie positiv die Reaktionen darauf sind. Es handelt sich hierbei um eine sehr klärende und läuternde Aufgabe. Dabei ist es unwichtig, ob Sie bereits eine perfekte Formulierung haben oder nicht.

Dazu ein willkürliches Beispiel:

• Kernwert 1. Ordnung: Freude
• Verben: bewegen, erforschen, heilen
• Zielbereiche: Frauen, Management

Wenn ich jemandem das entsprechende Statement mitteilen will, so könnte eine gute Formulierung, die nicht gleich aufgesetzt oder holprig wirkt, diese sein:

Ich war auf einem Seminar oder ich habe ein Buch gelesen, in dem man seine Mission erarbeiten kann.

Jetzt kenne ich mein Mission Statement bzw. meine innere Aufgabe. Und zwar: Mir geht es um FREUDE oder ich bin zuständig für FREUDE.

Damit das gelingt, BEWEGE, ERFORSCHE und HEILE ich.

Das mache ich in den (auch: durch oder für die) Bereichen FRAUEN und MANAGEMENT.

Wenn derjenige nun fragt: „Gut, aber wie machst du das?", so können Sie sagen: „Ganz einfach: Ich setze meine Talente dabei ein, denn ich kann gut _____, ich kann gut _____, ich kann gut _____ und ich kann gut _____."

Wenn Sie sich in diesem Prozess befinden, geschieht etwas sehr Starkes in Ihnen. Durch das Kommunizieren Ihrer Identität beziehungsweise Ihres Auftrages – dem Mission Statement – stellen Sie Ihrem Gegenüber Ihre höchste Absicht vor. Das bewegt Enormes in Ihnen in Bezug auf Ihre Entwicklung und auch in denen, die es hören, da i+ als konstruktive Kraft frei wird. Die Reaktionen werden durchwegs positiv sein, weil es die Menschen in ihrer Natur berührt, und die ist nun mal wunderschön – egal wie hartgesotten das Gegenüber scheint. Häufige Rückmeldungen von Teilnehmern über die Kommentare der anderen sind: „Siehst du, das habe ich mir schon öfters bei dir gedacht" oder: „Das ist doch nichts Neues, das machst du doch bereits!"

Ein sorgfältig erarbeitetes Mission Statement ist ein scharfes, präzises Instrument zur Selbstentwicklung. Es dient als Rüstung und als Schwert – es rüstet Sie für die persönliche Wahrheit und zerschlägt alles, was in Ihrem Leben falsch läuft. Es geht aber noch weiter.

Modul 4: Die Kernwerte 2. Ordnung

Erarbeitung der Kernwerte 2. Ordnung

Wir gehen einen Schritt weiter in unserer Identitätsarbeit. In diesem Modul möchte ich Sie mit Ihren Kernwerten 2. Ordnung vertraut machen. Es sind diejenigen Werte, die Sie in Ihrem täglichen Handeln beeinflussen und die Sie immerzu in Ihre Umwelt tragen. Ich möchte gleich mit einer Übung beginnen.

Schreiben Sie auf, was Ihnen im Umgang mit Ihren Mitmenschen wichtig ist beziehungsweise welche Werte Sie an die Menschen, mit denen Sie zu tun haben, tagtäglich weitergeben Es geht um Werte wie Vertrauen, Spaß, Freiheit, Offenheit, Freundschaft und so weiter. Denken Sie an die unten aufgezählten Personengruppen, wobei Sie natürlich nur zu den Gruppen Stellung nehmen müssen, die Sie betreffen. Wenn Sie kein Unternehmer sind, ist die Gruppe Öffentlichkeit für Sie weniger interessant. Es können Ihnen auch zwei Werte im Umgang mit einer bestimmten Personengruppe wichtig sein. Lassen Sie sich Zeit bei der Übung.

Übung – Kernwerte 2. Ordnung

Worauf kommt es mir an, wenn ich meine Mission erfülle im Umgang mit

meinen Kunden: _____

meinen Arbeitskollegen: _____

der Gesellschaft: _____

meiner Familie: _____

meinen Freunden: _____

der Öffentlichkeit: _____

Im nächsten Schritt heben Sie nun unabhängig von der Gruppe die drei Werte hervor, die Ihnen am wichtigsten erscheinen. Fassen Sie Werte auch zusammen, wenn Sie sich bei zwei – Ihrer Meinung nach – ähnlichen Begriffen nicht entscheiden können. Angenommen, es kommen die Werte Freude und Spaß vor, so könnte man diese zu einem Wert zusammenfassen, zum Beispiel Spaß. Bei Vertrauen und Offenheit kann man sich zum Beispiel für Vertrauen entscheiden und so weiter.

Ihre drei Kernwerte 2. Ordnung:

_____

_____

_____

Es sind Ihre persönlichen Werte, die Sie in Ihrem alltäglichen Handeln ständig anwenden. Sie machen die Qualität Ihres Weges aus. Die Kernwerte 2. Ordnung zu
verdeutlichen, wie Sie es eben getan haben, ist von hoher Wichtigkeit. Denn, und
das ist jetzt vielleicht überraschend für Sie: **Sie machen Ihren Charakter aus!**

Man kann Sie mit diesen Werten treffend beschreiben. Wenn mich zum Beispiel jemand fragen würde:

„Kennst du den/die _____ *? Wie ist er/sie denn so?"*

So könnte ich, wenn ich Sie gut kennen würde, darauf sagen:

„Er/sie ist _____,

_____ *und*

_____

(die Werte werden dabei in Adjektive umformuliert).

Meine Kernwerte 2. Ordnung sind zum Beispiel: Narrenfreiheit, Würde und
Ehrlichkeit. Die Formulierung lautet somit: „Ich kenne den Thomas. Er ist
frei wie ein Narr, würdevoll und ehrlich. Das ist sein Charakter."

Ein anderes Beispiel: Die Kernwerte 2. Ordnung eines meiner Klienten sind
Spaß, Beziehungen und Freiheit. Die Formulierung könnte so lauten: „Ich
kenne den Hannes. Ihm ist es wirklich wichtig, Beziehungen zu pflegen, mit
ihm hat man Spaß und er ist frei."

Der Weg über die einfache Übung, „was uns wichtig ist", führt uns direkt
zu unserem Charakter. Diesen will unser Wesen in seinen Handlungen immer an den Tag legen. Wenn wir so handeln, passt es zu uns. Falls Sie in Ihrer Umgebung Leute kennen, die ebenfalls diese Übungen gemacht haben,
dann verwenden Sie doch obige Formulierung, wenn Sie über sie sprechen.
Es stärkt sie! Negative Formulierungen über andere in der Form: „Du bist
schlampig!", „Du bist grantig!", „Du bist ängstlich!" und so weiter schwächen und sind nicht gemäß. Die Menschen verhalten sich vielleicht so,
„sind" es aber nicht. Schlechte Angewohnheiten sind antrainiert, aber niemals unsere Natur.[23]

---

[23] Näheres dazu erörterte ich im Kapitel „Der Prozess der Missionsfindung beim Einzelnen"
zum Thema Gefühle, und wie wir damit umgehen.

Das Problem ist: Wir erkennen uns nicht in geeigneter Weise. Meine Lebensgefährtin sagte einmal zu mir: „Du bist chaotisch!", woraufhin ich sie korrigierte: „Das stimmt nicht, ich bin kreativ!" Lassen Sie es nicht zu, dass jemand Ihr Verhalten falsch bewertet, korrigieren Sie ihn höflich und bestimmt. Mitarbeiter, Kinder und unsere Mitmenschen glauben mit der Zeit den „du bist"-Formulierungen, in positiver und negativer Weise. „Du bist böse!", ist wohl eine der gefährlichsten Aussagen, die man über jemanden machen kann. Kein Mensch ist böse oder schlecht. Selbst Hitler nicht – deshalb war sein Handeln noch lange nicht in Ordnung! Ich denke, er hatte sein wahres Wesen auch nicht erkannt. Stellen Sie sich vor, was passieren hätte können, wenn die enorme Kraft dieses Mannes in eine konstruktive Richtung gegangen wäre. Letztendlich geschieht nichts aus Boshaftigkeit, sondern aus Dummheit.

„Die Beziehung zwischen meinen Kindern und mir hat sich wesentlich verbessert, als ich aufhörte zu kritisieren, sondern ihnen nur mehr Gutes sagte. Das ist scheinbar etwas sehr Funktionales im Umgang mit Kindern." (Prof. Fritz B. Simon)

Wir haben die Wahl, unsere höchste Absicht zu leben oder eben nicht. Schade, dass ich in diesem Moment nicht Ihre Charaktermerkmale hören kann, aber Sie können mir die Ergebnisse gerne per E-Mail zusenden. Ich würde mich sehr darüber freuen (cerny@till.at). Warten Sie damit aber noch ein bisschen – es kommt noch etwas nach …

Die Bedeutung des Namens

Namen sind die Begriffe, mit denen wir uns am meisten identifizieren. Wenn unser Name falsch ausgesprochen oder verunstaltet wird, trifft uns das sehr. „Der XY" (der Nachname der Person) als Formulierung gefällt uns gar nicht. Ebenso verhält es sich bei unseren Vornamen. Verniedlichungen wie Lieschen, Fritzi, Andi und so weiter passen vielleicht zu kleinen Kindern, aber nicht besonders gut zu erwachsenen Menschen. Wenn Erwachsene regelmäßig in ihrer kleinen Form gerufen werden, kann das darauf hindeuten, dass entweder die Person selbst oder die Umgebung denjenigen nicht erwachsen sehen will. Mit 30 noch Seppi oder Toni genannt zu werden ist schon merkwürdig. Es ist nur dann in Ordnung, wenn derjenige zustimmt. Einige Freunde nannten mich vor einigen Jahren oft Tommy, bis ich schließlich sagte: „Ich möchte gerne Thomas genannt werden." Das war ein wichtiger Schritt für mich und auch kein Problem. Der Name hat jedoch noch eine viel tiefere Bedeutung. Er ist Träger einer unbewussten Erwartung – Prophezeiung.

> Jeder Name hat eine Bedeutung, diese wirkt auf unser Unterbewusstes wie eine Erwartungshaltung und Aufforderung.

Unabhängig davon, ob wir die Bedeutung unseres Namens kennen oder nicht, unser Unterbewusstes kennt diese ganz genau, da wir kollektiv mit allem Wissen verbunden sind (C. G. Jung). Jedes Mal, wenn wir beim Namen genannt werden, bekommen wir eine Botschaft übermittelt, die tief in uns dringt. Der Name Thomas bedeutet beispielsweise „Zwilling", auf griechisch: Hermes, der Götterbote. Hermes überbringt Botschaften zu den Menschen – das tue ich auch. Wenn mich jemand Thomas nennt, so sagt er zu mir: „Hey du Götterbote!", was eine zu mir passende und angenehme Beschreibung ist.

Vielleicht kennen Sie das folgende Beispiel: In einem Experiment führte ein Team von Wissenschaftlern an einer Schule Intelligenztests mit den Schülern durch. Den Lehrern teilte man mit, dass man nun die „Klugen" und die „Dummen" in jeweils separate Klassen trennen würde. Tatsächlich mischte man die Klassen so durch, dass im Schnitt in jeder Klasse gleich viel „Kluge" wie „Dumme" untergebracht wurden. Nach zwei Jahren wiederholte man diesen Test, und – oh Wunder – die Klassen, welche als „die Klugen" eingestuft worden waren, obwohl sie gleichmäßig verteilt waren, schnitten bei den Tests wesentlich besser ab als die Klassen mit den „Dummies".

> Erwartungen prägen, fördern oder bremsen!

Erinnern Sie sich an die Schulzeit: Wenn jemand in einer Schulklasse eine Zuschreibung wie „der Schlimme" oder „der Gute" erworben hat, kommt er/sie nur schwer davon los. So kann man als „Guter" lange auf der Welle des Erfolges reiten und sich einiges erlauben. In Unternehmen funktioniert es genauso mit den Mitarbeitern – es ist der gleiche Effekt.

> Achten Sie auf Ihre Prophezeiungen (Zuschreibungen), die Sie sich selbst und anderen machen!

Ich habe es mir zum Ziel gemacht, Menschen in ihren höchsten Absichten und ihrer Entwicklung durch positive Botschaften zu unterstützen. So rede ich Leute in der Art und Weise an: „Ah, da kommt die liberale Botin" oder: „Du bist der, der andere motiviert!" Wenn man jemanden mit seinem akademischen Grad anspricht, was in Österreich ja immer noch sehr beliebt ist, wird man mit seiner Ausbildung identifiziert. Allerdings gibt es viele Doktoren und Ingenieure – es gibt aber nur eine „Sabine, die liberale Botin". Und ich bin „Thomas, der gefühlvolle Narr".

> Versuchen Sie, ungeeignete Zuschreibungen und Namen zu vermeiden wie: die Böse, der Abteilungsleiter, die Wütende, der Ängstliche, der Ungeschickte und so weiter.

Denken Sie daran, wie oft Sie Ihren Vornamen täglich hören. Sich mit der Bedeutung seines Vornamens zu beschäftigen ist deshalb sehr sinnvoll. Es gibt viele gute Bücher über Namensbedeutungen, schnuppern Sie einmal in eines hinein.

Eine Seminarteilnehmerin hieß von Geburt an Andrea, was „die Mannhafte" bedeutet. Die Beschreibung gefiel ihr überhaupt nicht, und sie passte auch nicht zu ihrem Wesen. „Ich will nicht mannhaft sein, ich spüre aber oft diese Erwartungshaltung von meiner Umwelt und den Druck zu Leistung dahinter!" Sie entschied sich für einen neuen Namen: „Johanna", was so viel wie „der Gott gnädig ist" bedeutet. Es war überraschend, wie viel Zustimmung sie von den anderen Seminarteilnehmern zu dieser Namensänderung bekam: „Der Name passt viel besser!" Claudia bedeutet zum Beispiel „die Lahme". Wer will da wen schwächen? Wer will da schwach sein?

Ich will Ihnen damit Folgendes vermitteln: Ändern Sie Ihren Namen, wenn er Ihnen nicht gefällt. Sie sind der Chef! Es entspricht sogar einer alten Tradition. In Stammeskulturen erhielt ein Stammesmitglied im Rahmen seiner Initiation oft einen neuen, passenden Namen: „Der mit dem Wolf tanzt" oder „Sitting Bull". Und auch spirituelle Meister geben ihren Schülern neue Namen, um sie in ihrer Entwicklung zu unterstützen. Im tibetischen Buddhismus werden zum Beispiel Männern Namenszusätze wie „Diamant" beziehungsweise „Ozean" gegeben, wobei die Ozeane in ihrer geistigen Entwicklung eher in die Welt hinaus-, die Diamanten eher in sich hineingehen sollen.

Vielleicht sind Sie mit Ihrem Namen nicht glücklich, finden es aber nicht notwendig, so weit zu gehen, ihn ganz zu verändern. Es ist aber auf alle Fälle möglich und sinnvoll, einen geeigneten Namenszusatz zu finden.

Übung – Namenszusatz

Ein sinnvoller Namenszusatz kann sich aus Ihrem Mission Statement, Ihren Kernwerten 2. Ordnung, den Talenten und/oder ihrem Beruf ergeben. Der Leiter der Organisationsentwicklung eines führenden Automotorenentwicklungsunternehmens hat als Kernwert 1. Ordnung „Weitblick". Er gab sich den Namenszusatz „der Bergführer". Der Vorstand eines großen Finanzdienstleistungsunternehmens entschied sich für den Zusatz „der Prediger", ein Jungunternehmer ist „der bunte Hund".

Überlegen Sie einmal: Welchen Namen oder Namenszusatz würden Sie gerne tragen? Vielleicht haben Sie jetzt einen spontanen Einfall – wenn nicht, macht es aber auch nichts, dann lassen Sie den Namenszusatz vorerst sein. Er kommt von selbst, oder auch nicht. Wie es auch ist, ist es gut.

Modul 5: Identitätsdiamant und Profession

Wir können die Ergebnisse in einer sehr übersichtlichen Darstellung zusammenfassen. Dieses Resümee hilft uns auch beim Finden einer geeigneten Profession, sofern diese nicht schon da ist. Ich nenne die Darstellung den *Identitätsdiamanten*. Er ist in sprachlicher Form die vielleicht bisher schönste Beschreibung Ihres Wesens und soll Ihnen zu nachhaltiger Klarheit verhelfen. Deshalb auch die Bezeichnung: wie ein Diamant – klar und wertvoll.

Der Identitätsdiamant als zusammenfassende Darstellung und Kreativitätsinstrument

Wozu brauchen wir den Identitätsdiamanten? Er hilft uns dabei, grundlegende, unseren Lebensweg betreffende Fragen zu beantworten, besonders dann, wenn wir an Wegscheidepunkten angelangt sind. Er kann als „Orakel" befragt werden, mit dem Unterschied, dass man nicht gleich eine Antwort erhält, sondern Fragestellungen – aber bekanntlich ist in einer guten Frage die Antwort bereits enthalten. Der Identitätsdiamant regt an, uns mit Fragen zu beschäftigen, die gezielt zu Antworten führen.

Er besteht aus vier Teilen, die auf einer Basis – dem Element – ruhen:

• an der Spitze: die Mission,
• der Charakter („was mir wichtig ist"),
• die Profession beziehungsweise Ihr(e) Beruf(e)
• und im Kern: das Talentschild.

Das Talentschild bezeichnet Ihre vier Talente beziehungsweise Schätze, die Ihnen die Umsetzung Ihres Mission Statements leicht und freudvoll werden lassen. Mission, Charakter, Profession und Talente werden von Ihrem Element getragen, da dieses in all Ihren Handlungen präsent ist.

Der Identitätsdiamant hat sich im Coaching und im beruflichen Alltag äußerst bewährt. Wann immer Sie Fragen zu grundlegenden und alltäglichen Themen Ihres Lebens haben, können Sie den Identitätsdiamanten zur Hand nehmen. Wie ein Spiegel hält er Ihnen die wichtigsten Eckpunkte vor, die Ihre Identität ausmachen, und hilft Ihnen, die Antworten zu finden, die Ihrem Wesen entsprechen. Besonders nützlich ist er, wenn es um Ihre Vision – Ihr konkretes Zukunftsbild – geht. Aber darauf kommen wir noch später zu sprechen.

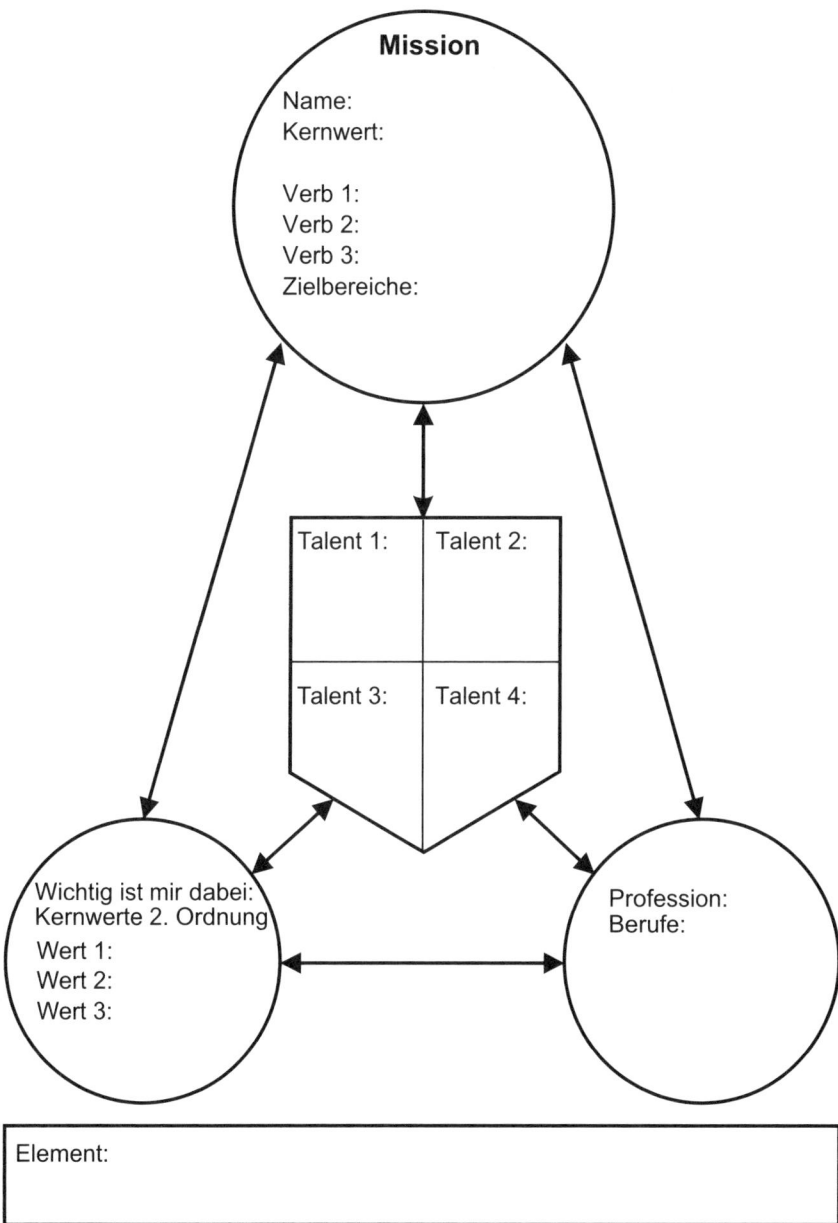

Bild 13: Syntax – der Identitätsdiamant

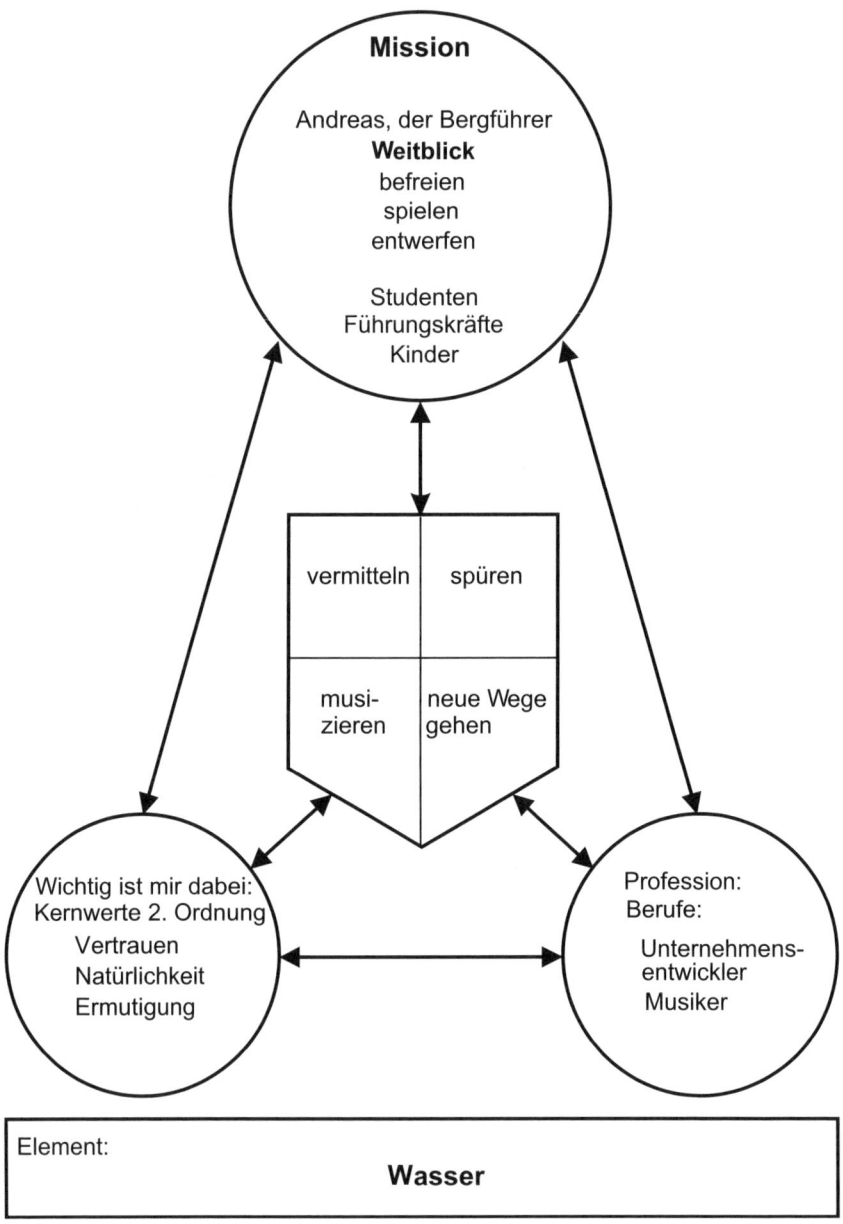

Bild 14: Identitätsdiamant – Beispiel

Natürlich versteht es sich von selbst, dass Ihre Identität in Wirklichkeit wesentlich komplexer, schöner und stärker ist, als es je eine Darstellung wiedergeben kann. Schließlich ist es nur ein Modell. Allerdings ist es bei der Identitätsarbeit sehr nützlich, da man, ähnlich einem Spiegel, darin einen Teil von sich erkennen kann.

Sie können nun in dem dafür vorgesehenen Leerformular Ihre Ergebnisse der vorherigen Übungen zusammentragen, wodurch Sie Ihren Identitätsdiamanten erhalten. Bild 14 zeigt, wie er zum Beispiel aussehen könnte.

Da die Darstellung nur mit etwas Phantasie einem Diamanten ähnelt, können Sie Ihre Ergebnisse auch in der Form darstellen, wie es Bild 15 zeigt. Durch die auffällige Ähnlichkeit mit einem Diamanten, der auf einer Plattform ruht, ist dieses Bild für Präsentationszwecke gedacht. Für Fragestellungen zu unserem Leben eignet sich die erste Darstellung (Bild 13) allerdings besser, da sie durch Pfeile die Verbindungen zwischen den Teilen ihrer Identität klarer aufzeigt. Bei den nun folgenden Übungen verwenden wir deshalb Bild 13.

Betrachten Sie nun das Ergebnis. Es stellt Ihr Wesen dar!

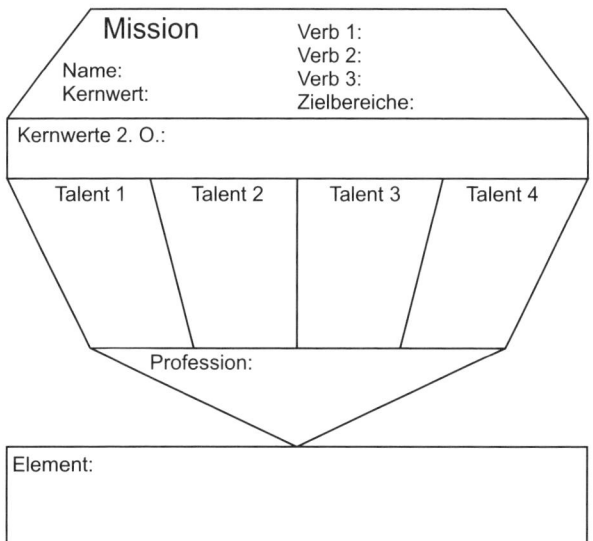

Bild 15: Diamantdarstellung für Präsentationen

Die Teile des Diamanten haben Sie mittels Freude, Leidenschaft und Mit-gefühl erarbeitet. Nun kommt an dieser Stelle öfters die Frage auf: „Was ist, wenn ich irgendetwas falsch gemacht habe?" Vertrauen Sie Ihren Fähigkei-ten! Es kann dabei nichts schief gehen. Im Diamanten sind nur schöne Sa-chen enthalten, was kann da falsch sein?

Wie können wir nun dieses „Orakel" befragen?

Sie formulieren eine Frage zu einer der Ecken, zum Beispiel zur Profession, unter Einbeziehung der gegenüberliegenden Ecken (Mission, Talente, Cha-rakter).

So könnte sich bei dem vorigen Musterbeispiel „Andreas, der Bergführer" zum Beispiel folgende Fragestellung ergeben:

„Durch welchen **Beruf** (Profession) kann ich **Weitblick** für **Führungskräfte entwerfen**, indem ich **neue Wege gehe** und dabei auf **Ermutigung** achte?"

Sie sehen hier, dass die Frage zur Profession aufgebaut wird durch einen Zielbereich, den Kernwert und einem Verb. Zusätzlich wird ein Talent und ein Wert aus dem Charakterbereich einbezogen. Diese Fragestellung gibt unserem Verstand nun eine interessante Aufgabe zur Reflexion unseres Be-rufsbildes.

Wir können auch eine Frage aus den Inhalten aller Ecken zur Vertiefung eines Themas formulieren.

Beispiel zur Vertiefung des Themas „Unternehmensentwickler" aus der Pro-fession:

„Wie kann ich als **Unternehmensentwickler Führungskräfte** zu mehr **Weit-blick befreien**, indem ich **vermittle** und dabei auf **Natürlichkeit** achte?"

Wieder sind neue Ideen entstanden. Jede Kombination ist möglich und auch sinnvoll. Da diese Fragen Verdecktes ans Tageslicht bringen sollen, ist selten eine perfekte Formulierung, nach deutscher Grammatik, möglich. Sinnvoll ist sie allemal!

Ein weiteres Beispiel zu einer Fragestellung bezüglich der Talente:

„Welches **Talent** soll ich als **Musiker** oder **Unternehmensentwickler** einset-zen, damit **Studenten Weitblick** erlangen? Wie kann ich dabei **Vertrauen** und **Natürlichkeit** wahren?"

Nun sind Sie an der Reihe, mit Hilfe der folgenden Übung Fragen zu Ihrem Identitätsdiamanten zu formulieren.

Übung – Der Identitätsdiamant als „Orakel" und Mittel zur Professionsfindung

Aus Tabelle 10 ergeben sich, wenn Sie die angegebenen Leerspalten entsprechend ausfüllen, einfache und dennoch nützliche Fragen für die Identitätsarbeit. Sie erhalten auf diese Weise eine Vielzahl von Frage-Varianten, die Sie dabei unterstützen sollen, Ihre Potenziale zu entdecken. Bei zwei Zielbereichen ergeben sich insgesamt 24 Varianten: vier (Talente) mal zwei (Zielbereiche) mal drei (Verben). Wir berücksichtigen der Einfachheit halber die Kernwerte 2. Ordnung nicht. Das können Sie in einem Folgeschritt tun. Setzen Sie nun die entsprechenden Wörter ein. Streichen Sie die Wörter „durch" und „für" nach Bedarf, und fügen Sie, wenn nötig, zusätzliche Bindewörter ein. Dann sollte eine korrekte Fragestellung zumindest dem Sinn nach möglich sein. Wie schon oben erwähnt, kommt es nicht auf die perfekte deutsche Formulierung an, sondern darauf, dass es für Sie Sinn macht.

Beispiele:

Wie kann ich **Jungunternehmer** zu **Wahrheit ermutigen,** indem ich **rede**?

Wie kann ich **Kinder** zu **Weitblick befreien,** indem ich **neue Wege gehe**?

Wie kann ich Unternehmer zu Identität begeistern, indem ich zeichne?

In einem Folgeschritt können Sie die drei Kernwerte 2. Ordnung noch hinzufügen. Jede Frage wird dreifach ergänzt durch den Zusatz:

- „Ich berücksichtige dabei ... (Kernwert 2. Ordnung)" oder
- „Wichtig dabei ist mir ... (Kernwert 2. Ordnung)".

Dies geschieht bei drei Werten dreimal pro Frage.

Beispiel:

Wie kann ich **Unternehmer** zu **Identität begeistern,** indem ich **zeichne**? Ich berücksichtige dabei Ehrlichkeit!

Wie kann ich **Unternehmer** zu **Identität begeistern,** indem ich **zeichne**? Ich berücksichtige dabei Würde!

Und so weiter.

Die Anzahl der möglichen Fragen wird dadurch noch vergrößert – ein Diamant hat eben viele Facetten. So können wir diese Fragestellungen als Kreativitätswerkzeug verwenden, um neue „Facetten" in unserem Leben entdecken zu können.

Wann immer Sie nun eine Frage zu klären haben, können Sie das Blatt Papier mit Ihrem Identitätsdiamanten zur Hand nehmen. Viele hängen sich dieses Blatt auch in ihrem Büro auf. Denn alles, was wir täglich sehen, hat eine starke Wirkung auf uns. Formulieren Sie aus dem Diamanten Fragen, bis Sie eine Idee zur Lösung einer aktuellen Problemstellung haben. Haben Sie dabei Geduld mit sich. Es kann auch durchaus hilfreich sein, andere um Stellungnahme zu den Formulierungen zu bitten.

Tabelle 10: Fragen zum Identitätsdiamanten

Frage	Zielbereich(e)	Kernwert 1. Ordnung	Verben	Satzteil	Talente (T) 1–4
Wie kann ich durch/für			Verb 1	indem ich	T1 ?
Wie kann ich durch/für				indem ich	T2 ?
Wie kann ich durch/für				indem ich	T3 ?
Wie kann ich durch/für				indem ich	T4 ?
Wie kann ich durch/für			Verb 2	indem ich	T1 ?
Wie kann ich durch/für				indem ich	T2 ?
Wie kann ich durch/für				indem ich	T3 ?
Wie kann ich durch/für				indem ich	T4 ?

Tabelle 10: *Fortsetzung*

Frage	Zielbereich(e)	Kernwert 1. Ordnung	Verben	Satzteil	Talente (T) 1–4
Wie kann ich durch/für			Verb 3	indem ich	T1 ?
Wie kann ich durch/für				indem ich	T2 ?
Wie kann ich durch/für				indem ich	T3 ?
Wie kann ich durch/für				indem ich	T4 ?
Wie kann ich durch/für			Verb 1	indem ich	T1 ?
Wie kann ich durch/für				indem ich	T2 ?
Wie kann ich durch/für				indem ich	T3 ?
Wie kann ich durch/für				indem ich	T4 ?

Tabelle 10: *Fortsetzung*

Frage	Zielbereich(e)	Kernwert 1. Ordnung	Verben	Satzteil	Talente (T) 1–4
Wie kann ich durch/für			Verb 2	indem ich	T1 ?
Wie kann ich durch/für				indem ich	T2 ?
Wie kann ich durch/für				indem ich	T3 ?
Wie kann ich durch/für				indem ich	T4 ?
Wie kann ich durch/für			Verb 3	indem ich	T1 ?
Wie kann ich durch/für				indem ich	T2 ?
Wie kann ich durch/für				indem ich	T3 ?
Wie kann ich durch/für				indem ich	T4 ?

So dreht sich unser Geist in eine konstruktive Richtung. Das Jammern ist gestoppt, und wir stellen uns Fragen, die auf eine Handlung abzielen. Halten Sie sich vor Augen, dass Sie irgendwohin wollen, auch wenn Sie das genaue Ziel oder die Richtung noch nicht kennen sollten. Diese lösungsorientierte Sichtweise hilft uns dabei, bessere Antworten zu bekommen.

In einer bestimmten Weise ziehen Sie durch das Erkennen Ihrer Identität auch Grenzen. Es ergibt sich dadurch eine bestimmte Bandbreite an Handlungsmöglichkeiten, in die es sinnvoll ist, hineinzuwachsen. Aus den vielfältigen Varianten der Fragestellungen können Sie leicht erkennen, wie viele Möglichkeiten des Handelns es in dieser Bandbreite gibt – genug für ein ganzes Leben. Wenn wir unseren Handlungsspielraum im Sinne eines Profils nicht festlegen, werden wir allzu leicht Spielball derer, die manipulieren wollen. Wer selbst kein Profil hat, dem wird eines aufgedrückt.

> Durch persönliche Begrenzung entsteht erst Teamarbeit. Menschen, die alles können wollen, gönnen anderen nichts und vertrauen niemandem.

Der Identitätsdiamant ermöglicht uns, eine Richtung zu wählen, die unsere Identität wahrt und unseren Wert erkennbar macht. Damit können Sie aus einer Unzahl von Entscheidungsmöglichkeiten, die es im Alltag immer wieder gibt, eine wählen, die Ihnen entspricht.

Ich habe zum Beispiel die Wahl, meine Mission (zu Identität zu begeistern, zu ermutigen und anzustoßen) in vielen Berufen zu leben: als Pädagoge, Unternehmensberater, Entwicklungshelfer, Trainer, Therapeut und so weiter. Entsprechend meinen Talenten und meinen Neigungen habe ich mich für den Beruf des Unternehmensberaters entschieden.

„Soll ich nun gleich kündigen?" „Soll ich alles hinschmeißen, ich habe doch Verpflichtungen und Verantwortungen?" Mit diesen Fragen beschäftigen wir uns im Folgenden.

Die Profession

Im vorigen Kapitel beschäftigten wir uns mit Fragestellungen, die uns mitunter dabei helfen sollen, eine geeignete Profession zu finden. Nun wollen wir uns damit auseinander setzen, ob man sich gleich einen neuen Beruf suchen soll, wenn man mit dem jetzigen unzufrieden ist, oder ob es nicht vielleicht ausreicht, in seinen bestehenden Job neue Qualitäten einzubringen.

„Profession" bedeutet laut Kluge: „öffentliche Angabe" oder „öffentlich bekennen". Man steht also gegenüber der Öffentlichkeit zu etwas, damit diese weiß, was man (für sie) tut.

Ein persönliches Mission Statement hilft uns bei der Entscheidung, einen geeigneten Beruf zu wählen. Natürlich sind die Konsequenzen dieser Entscheidung oft nicht leicht, weil man manchmal Grundlegendes verändern muss. Durch mein Mission Statement erkannte ich, dass mein erstes Unternehmen nicht die geeignete Form dafür darstellte. Somit verkaufte ich meine Anteile an der Firma und gründete die Till Eulenspiegel Unternehmensberatung. So einfach, wie das jetzt klingen mag, war es aber nicht. Tatsächlich war die Entscheidung eine sehr schwere. Die mühseligen Verhandlungen über den Anteilsverkauf, die Neugründung, die unzähligen bürokratischen Hürden und die menschlichen Aspekte einer Trennung waren äußerst anstrengend. Ich traf diese Entscheidung und akzeptierte die Konsequenzen.

Seine Mission kann man jedoch jederzeit und überall umsetzen, auch wenn die äußeren Rahmenbedingungen scheinbar nicht so ganz passen. So können Sie Ihre Mission auch leben, wenn Sie Ihrem bestehenden Arbeitsplatz dadurch eine „neue Qualität" geben. Je näher man seinem ureigensten Wesen ist, desto weniger muss man viel reden, um seine Absicht klarzulegen. Was meine ich damit: Wenn wir unsere Mission leben, ist uns unser höchster Wert (Kernwert 1. Ordnung) ständig bewusst und somit präsent. Wir repräsentieren in allen Lebenslagen und -bereichen unser ganzes Wesen – „Freiheit", „Freude", „Wahrheit", was auch immer unser Kernwert ist. Ebenso bringen wir unsere Talente verstärkt ein und reduzieren Tätigkeiten, die uns nicht liegen. Das gilt natürlich auch für den bestehenden Arbeitsplatz – an und für sich ist es unbedeutend, welchen Beruf man ausübt, wenn man ständig „selbst" ist. Und das wiederum sind wir, wenn wir unsere Mission leben.

Meiner Erfahrung nach verlassen im Rahmen des Mission Statement-Prozesses nur die Mitarbeiter das Unternehmen, die nicht hineinpassen. Das sind in der Regel nur sehr wenige, und sie gehen dann einen für sie besseren Weg. Die meisten Mitarbeiter jedoch nützen den Identitätsdiamanten, um sich im Unternehmen klar zu positionieren, eine neue Qualität einzubringen und selbstständiger zu handeln. In jedem Fall geschieht Positives.

Natürlich dürfen wir nicht vergessen, dass Dinge reifen müssen. Sie haben nun einige Übungen gemacht, die Tiefes in Ihnen berühren. Das Bewusstsein und das Unterbewusste rotieren, und es muss erst alles verarbeitet werden. Die Erfahrung zeigt, dass dieser Prozess sehr nachhaltig wirkt. So berichtete mir ein Bekannter über seine Erfahrungen mit einem Unternehmensberater, der unser Seminar vor drei Jahren besuchte: „Wir kannten den Kurt Bauer seit Jahren als seriös, ernst und durchaus sympathisch. Eines Tages kam er

völlig verändert in die Firma, er war nicht mehr der alte Kurt. Strahlend vor
Begeisterung steckte er uns alle an. Zwei Monate später hielt er selbst das
Seminar mit den Führungskräften des Unternehmens ab." Dies ist ein Beispiel für jemanden, der nach dem Mission Statement-Prozess zuerst seinen
bestehenden Beruf erweiterte und sich erst später für eine grundlegende Veränderung entschied. Kurt besuchte nach dem Seminar die Ausbildung bei
uns und ist inzwischen auch Berater für diesen schönen Prozess. Die Geschichte ist noch nicht zu Ende. Er war von der Methode so begeistert, dass
er sein Beratungsangebot erweiterte. Zum Zeitpunkt des Seminars „schlum-
merte" aber ein Teil seiner Mission noch in ihm, und er wusste noch nicht,
wie er diesen beruflich umsetzen könnte: seine Begeisterung und Talent für
Musik. Es dauerte noch zwei Jahre, bis die entsprechenden Vorstellungen
konkreter wurden. Nach und nach beschloss er, seine Tätigkeiten als Berater
zurückzustellen und mehr zu musizieren. Jetzt plant er, seine Internetkennt-
nisse mit dem Bereich Musik zu verbinden. Ich bin schon gespannt, was da
wächst. Kurzfristig könnte ich mich nun beklagen, dass ein guter Berater
unser Netzwerk wieder verlassen wird. Aber wie könnte ich das, wenn er
seiner Berufung folgt?

Folgende Ratschläge kann ich geben:

* Überlegen Sie zuerst, wie Sie eine „neue Qualität" in Ihren derzeitigen Beruf einbringen können, bevor Sie an weitere Schritte denken.
* Wenn es einen Beruf gibt, der sich wesentlich besser dafür eignet, Ihre
  Mission umzusetzen, dann besuchen Sie Kurse, lesen Sie Bücher, lernen
  Sie Menschen in diesen Bereichen kennen. Tun Sie alles, um in den Beruf
  beziehungsweise die Berufung hineinzuwachsen.
* Treffen Sie dann, im Bewusstsein der wichtigsten Konsequenzen, die Ent-
  scheidung. Jede Entscheidung hat auch einen Preis. Nur wenn Sie bereit
  sind, diesen zu zahlen, sollten Sie einen Schritt setzen.
* Man kann nicht alle Konsequenzen im Vorhinein kennen. Wie könnten
  wir sonst lernen. Deshalb ist jene Entscheidung weise, die Mut und Rücksicht abwägt, Rücksicht auf Bestehendes und Mut für Neues.
* Gute Entscheidungen integrieren Bestehendes (Altes) in etwas Neuem.
  „Turn old business into new!"

Da in meinen Seminaren und Beratungsgesprächen trotz der vorigen Ausführungen an dieser Stelle meist immer noch Unsicherheiten bestehen,
möchte ich zu einigen häufig gestellten Fragen Stellung nehmen.

▨ Häufig gestellte Fragen zum Mission Statement

Welche Hemmschwelle ist am größten?

Das Mission Statement und der Identitätsdiamant repräsentieren ein Selbstbildnis, das unsere Sehnsüchte, Talente und Werte enthält. Deshalb ist dieses Bildnis konstruktiv. Nach dem Motto: „Nun wird Alles gut!", ist man nach der Erstellung seines Mission Statements anfänglich restlos begeistert. Sehr bald schon aber können einige Hemmungen auftauchen. Die zwei häufigsten will ich kurz beschreiben.

Erste Hemmung: Ich habe Angst davor, meine Talente zu leben

Das klingt nun fast lächerlich, oder? Ich verfüge über Talente und habe Angst davor, dass diese entdeckt werden und Großes auf mich zukommt, davor, dass „es" tatsächlich geschehen könnte! Es gibt ein Spannungsfeld zwischen bisherigem und zukünftigem Selbstverständnis. Die Hemmung steht für unser schlechtes Gewissen, die gesellschaftliche Regel „Nicht aus der Reihe tanzen!" zu verletzen. Wir haben Angst vor dem Ausgeschlossenwerden, davor, dass wir nicht mehr konform sein könnten.

Stehen Sie zu Ihren Talenten und haben Sie keine Angst vor der Macht, die in Ihnen steckt. Sagen Sie „Ja" zu Ihrer Kraft! Beginnen Sie zu träumen, so als ob Sie schon alles lebten. Dann geschieht nur Gutes!

Diese Hemmung kann nur durch das Bekenntnis zur Macht und Kraft überwunden werden. So werden wir vom angepassten Kuscheltier zum Löwen, Bären, Adler oder Wolf.

Zweite Hemmung: Mein Kernwert 1. Ordnung hat einen Preis, und ich weiß nicht, ob ich diesen bezahlen will

Der Kernwert 1. Ordnung klingt anfänglich wunderbar. So vermehrt jemand zum Beispiel „Freiheit" in sich und seiner Umwelt. Mit der Zeit wird ihm aber der Preis bewusst, den er dafür zahlen muss. Wenn jemand Freiheit lebt, verzichtet er auf Sicherheit und bekennt sich zur Eigenverantwortung. Unser Kernwert 1. Ordnung kann tatsächlich unsere eigene größte Hemmung sein: Unsere Sehnsucht sagt „Freiheit", der Verstand schreit aber nach Sicherheit. Diese Schizophrenie kann sogar zum Vergessen des Mission Statements und zur Rückkehr zu den alten Selbstbildnissen führen. Wir sollten uns deshalb den Preis unserer Werte bewusst machen.

Worauf müssen wir verzichten, was müssen wir loslassen? Vielleicht ist uns das, was wir loslassen müssten, inzwischen sehr vertraut geworden. Meine Geschäftspartnerin Sabine sagte vor kurzem dazu: „Dieser Prozess ist kein Spaziergang!" In diesem Prozess packen wir die wesentlichen Themen unseres Lebens an. Dazu benötigen wir Mut und Klarheit. Der Gewinn dieser Entwicklung ist ein großer: Wir ernten Mut, Freude und Mitgefühl!

So hat ja jeder Wert seinen Preis. Ich will Ihnen ein paar Beispiele geben:

• Wer Wahrheit zu seinem Kernwert gewählt hat, wird vielleicht darauf verzichten, es allen recht machen zu wollen.
• Wer inneren Frieden als Kernwert hat, verzichtet vielleicht darauf, „es der Welt zeigen zu müssen".
• Wer sich für Ehrlichkeit entschieden hat, muss stark sein und die Schwäche ablegen. Ein Weg der Ehre ohne mentale „Waffen" ist nicht möglich. Wie könnte man die Ehre sonst verteidigen?

Kurt Bauer, der ausgezeichnete Musiker, von dem ich oben berichtete, schrieb dazu ein Lied mit dem Titel: „Nichts Gutes". Aus dem Liedtext:

„Meine Träume fliegen hoch. Ich weiß, ich will den Erdball umrunden. Ich will dies und das und das noch – vieles gibt es zu erkunden. Doch warum sitze ich immer noch herum? Warum sitze ich immer noch herum? Es gibt nichts Gutes, außer man tut es. Warum tue ich es nicht gleich …?"

Fragen Sie sich, worauf Sie verzichten müssten, wenn Sie Ihren Kernwert leben, und was der Preis dafür sein könnte? Sind Sie bereit dazu, mit den Konsequenzen zu leben?

Welcher Bereich lässt sich am einfachsten verändern?

Ich denke, dass sich am einfachsten Dinge, die unsere Person unmittelbar betreffen, verändern lassen: Packen wir uns selbst am Kragen und unterstützen wir dann andere, sofern diese es wollen.

Lao Tse sagte dazu:

„Wenn du das Land verändern willst, so verändere die Regionen. Willst du die Regionen verändern, so verändere die Gemeinden. Willst du die Gemeinden verändern, so verändere die Familien. Willst du die Familien verändern, so verändere dich selbst."

Was mache ich, wenn die Leute mein Mission Statement nicht verstehen und darüber schmunzeln?

Jemand, der an Profil gewinnt, wird für andere zur Gefahr. Ihr Mission Statement kann schon fast eine Zumutung für andere Leute sein, da es deren eigene Unbeweglichkeit aufdeckt. Schmunzeln und Unverständnis sind aber auch ein verstecktes Kompliment. Es wird nur anders ausgedrückt. Wir sollten uns daran gewöhnen. Der Preis einer integrierten Persönlichkeit ist es, die Konformität aufzugeben. Wir verlieren die Geborgenheit unter „Jammerern" und gewinnen die Gemeinschaft der „Starken". Der Nutzen der Jammerer, Opfer sein zu können, ist der, geschützt zu werden. Es finden sich immer „Führer" oder Organisationen, die bereit sind, andere zu schützen. Allerdings muss man dafür einen Preis bezahlen – die Aufgabe der Eigenverantwortung und der Freiheit. Diesen Schutz brauchen Sie nicht (mehr).

Wie lange wird es dauern, bis ich mein Mission Statement tatsächlich integriert habe und bis meine Umwelt die Veränderung wahrnimmt?

Hinter dieser Frage vermute ich den Wunsch nach Erlösung. „Wann wird es endlich so weit sein, bis ich anerkannt und glücklich bin?" Ich denke, der Prozess der Veränderung an sich ist das Freudvolle! Augustinus sagte dazu: „Zeit ist Illusion. Die Vergangenheit entsteht durch unsere Erinnerung und die Zukunft durch unsere Erwartungen und Hoffnungen." JETZT ist die Zeit zum Handeln und Glücklichsein – nicht morgen, übermorgen oder später. Unsere Lebenszeit ist viel zu wertvoll, um sie mit Warten und Leiden zu verbringen.

Werden sich Mission und Identität noch verändern?

Diese Frage wird am häufigsten gestellt. Damit, so nehme ich an, hängen die Unsicherheit, ob es etwas Stabiles gibt, und die Sorge um die absolute Richtigkeit der Mission zusammen. Gleich vorab: Selbstverständlich kann sich Ihre Mission verändern und damit Ihre Identität. Wenn Sie morgen aufwachen und Ihr Kernwert anstelle von „Wahrheit" nun „Freude" ist, dann ist das eben so. Der Vergleich unseres Wesens mit einem Gänseblümchen oder einer Eiche beziehungsweise die Vorbestimmtheit unserer Identität ist nur teilweise richtig.

Bei den einen verändert sich der Kernwert 1. Ordnung im Laufe der Zeit – vielleicht sogar plötzlich, sozusagen über Nacht –, bei den anderen bleibt er über die ganze Lebensspanne konstant.

Die Mission meiner Geschäftspartnerin mit dem Kernwert „Freiheit" war anscheinend zu Beginn ausschließlich für sie persönlich von Nutzen. Nachdem Sabine aber innerlich und äußerlich zu mehr Freiheit gekommen war, sie aber auch vielen JungunternehmerInnen mit ähnlichen Themen weiterhelfen konnte, ist nun „Integrität" ihr neues Thema. Die Verben ihres Mission Statements sind die gleichen geblieben.

Wenn jemand zum Beispiel gerade viel Unruhe erlebt, wird er vielleicht den Wert „innerer Friede" als Kernwert wählen. Nachdem diese Unruhe durch inneren Frieden abgelöst wurde, könnte nun ein anderer Wert Gewicht bekommen. Es mag ebenso sein, dass derjenige seine Erfahrungen nun gerne anderen zur Verfügung stellen will. Ein Mission Statement dient uns somit bei der Auseinandersetzung mit unserem Thema und als Richtschnur für unsere Tätigkeiten nach außen.

Nachdem wir jetzt noch nicht wissen, was uns in einem, zwei oder mehreren Jahren wichtig und wertvoll ist, sollten wir offen für Veränderungen bleiben. Ansonsten klammern wir uns an etwas, was schon längst passé sein könnte, und würden unter Umständen zu „Rechthabern" werden. Diese Gefahr ist nicht zu unterschätzen. Durch die Wiederholung unserer Selbstbeschreibung verfestigt sich in uns ein bestimmtes Selbstbildnis. Das Bild, welches wir durch den Identitätsdiamanten über uns gewonnen haben, ist zwar ein sehr konstruktives, sollte aber auch einer regelmäßigen Prüfung unterzogen werden. „Stimmt das für mich noch?", ist hier die Frage, die wir uns etwa einmal im Jahr stellen sollten. Wir sollten damit aber auch nicht übertreiben, denn wer sich ständig mit der Frage beschäftigt, grübelt andauernd. Und Grübeln führt wiederum zu Unentschlossenheit und Zaudern, was nicht im Sinne des Mission Statements ist. Wenn Sie Ihr Mission Statement jetzt gerade neu erarbeitet haben, sollten Sie das kritische Hinterfragen für ein Jahr zurückstellen und einfach erfahren, wie viel Kraft diese Form der Selbstbeschreibung für Sie haben kann.

Ich denke, dass die Frage: „Warum verändert sich ein Mission Statement?", nicht die wesentliche ist, vielmehr ist die Frage: „Wie ist es überhaupt möglich, dass etwas sich nicht verändert?", interessant. Denn da sich alles ständig verändert, bleiben auch unsere Werte nicht ewig konstant. Am einfachsten kann man das so beantworten: „Eine Mission ist nach einiger Zeit erledigt und der nächste Auftrag folgt!" Unsere innere Stimme entscheidet darüber.

Ich halte diese offene Sichtweise für ganz besonders wichtig. So vermeiden wir stocksteif zu werden und entwickeln uns weiter. Enttäuschend mag diese Betrachtungsweise für diejenigen sein, die hoffen, etwas absolut Stabiles in der Hand zu haben. Das Stabile ist die Veränderung an sich und unsere Fähigkeit, diese wahrzunehmen. Ein buddhistischer Meister sagt dazu: „Es gibt etwas zwischen unseren Ohren und hinter unseren Augen, das stabil beobachten, handeln und wahrnehmen kann!"

Hat eine Mission etwas mit missionieren zu tun?

Der Aspekt des Missionierens hat besonders in Europa eine negative Bedeutung bekommen. Viele negative Erfahrungen wurden mit Menschen gemacht, die sich einer Mission verschrieben haben. Jemand, der missioniert, wendet mitunter Gewalt an, wenn der andere nicht missioniert werden will. Das ist die eine Seite.

Die andere ist, dass wir uns nicht bekennen wollen. Auch hier haben wir Erfahrungen gemacht. Wenn sich jemand zu einer Position bekannte, und dadurch vielleicht nicht konform war, wurde er vor nicht allzu langer Zeit unter Umständen in ein Konzentrationslager gesteckt oder auf dem Scheiterhaufen verbrannt. Der Schluss, der nun daraus gezogen wird, nämlich keine Position zu beziehen und nichts mit Herz zu vertreten, halte ich für ebenso unklug. Dann wird alles langweilig. Wir befinden uns im Spannungsfeld zwischen Positionen und müssen immer wieder mittels unserer Gefühle werten. Ohne Wertung kommen wir zu keiner Entscheidung und werden zu farblosen Wesen ohne Profil und Kanten.

Im Gegensatz zu Missionaren und zu Duckmäusern sollte man den Unterschied zwischen anderen und einem selbst respektieren. Dies betonte ich immer wieder im Verlauf des Buches. Wir können Position mit Herz und Gefühl beziehen, allerdings sollten wir die Achtung vor anderen Wesen bewahren und akzeptieren, dass sie Dinge anders sehen. So tun wir aus unserer Sicht unser Bestes und glauben nicht, „Recht" zu haben. Wir bleiben dadurch offen für neue Erkenntnisse. Wie oft sind wir schon im Verlauf der Zeit von festen Meinungen abgekommen und klüger geworden.

Eine Mission hat deshalb nichts mit Missionieren im historischen Sinne zu tun. Wenn wir überhaupt von Missionieren sprechen, was ich vermeide, so geht es um das achtsame Handeln entlang einer stimmigen Richtschnur.

Sie könnten jetzt das Buch für zwei Wochen weglegen und Ihrer Umgebung Ihren Identitätsdiamanten kommunizieren! Experimentieren und beobachten Sie!

Bedeutung eines Mission Statements für Organisationen und Projekte

Kollektives Mission Statement

Die hier vorgestellte Methode des Identitätsdiamanten eignet sich für viele Bereiche unseres Lebens. Überall dort, wo wir eine Aufgabe haben, lohnt es sich, wenn wir uns Gedanken über die dahinter stehenden Wertvorstellungen, Wünsche und Sehnsüchte machen. In den vorigen Kapiteln betrachteten wir speziell das Thema unserer persönlichen Lebensaufgabe. Diese ist selbstverständlich das Wesentlichste für uns, und alle anderen Aufgaben sollten sich dieser zentralen Aufgabe unterordnen. Ansonsten geht der Gesamtkontext, der übergeordnete Sinn, verloren. Ich musste allerdings immer wieder feststellen, dass in Organisationen die Klärung dieses sehr persönlichen Themas vielen noch peinlich ist. Daher arbeite ich mit Organisationen oft zuerst an der Formulierung von allgemeinen Aufgaben. Solche Aufgaben können eine Projektaufgabe beziehungsweise Projektmission sein oder eine Unternehmensmission, welche den grundlegenden unternehmerischen Auftrag bezeichnet.

Interessanterweise wollen die meisten Klienten im Zeitverlauf dann auch das persönliche Thema anpacken. Die Art und Weise, wie wir uns dem Thema nähern, wirkt scheinbar wie eine „Einstiegsdroge". Bei besonders offenen Unternehmen beginne ich aber immer mit den individuellen Lebensaufträgen und Visionen. Erst dann widmen wir uns der Firmenmission und -vision und den daraus folgenden Subaufgaben. Denn das ist der logische Weg. Bei einem Wald wachsen auch zuerst nur einzelne Pflanzen, bevor er sich daraus zu einem Ganzen formt. Sie werden bemerkt haben, dass ich immer wieder den Vergleich mit Pflanzen wähle, da es dazu sehr viele passende Analogien gibt. So kann man ein Unternehmen eben gut mit einem Wald vergleichen, der aus unterschiedlichen Pflanzen besteht. Jede Pflanze hat seine Identität, und ebenso hat das Kollektiv sein eigenes Wesen.

Um zu sehen, wie sich Mitarbeiter in ein Unternehmen einfügen, beschrieb ich schon im vorigen Kapitel den Unterschied zwischen dem steirischen Mischwald und der kalifornischen Kakteenlandschaft. Eine steirische Eiche passt nicht in eine Kakteengegend. Sie würde unter der für Kakteen notwendigen Wasserknappheit leiden. Umgekehrt würden sich die Kakteen über die hohe Feuchtigkeit in einem Mischwald zu Recht beschweren. Deshalb ist es sinnvoll, die individuellen Identitäten in der Gruppe festzustellen und das Unvereinbare zu erkennen. In der konkreten Anwendung erkannte ein Chef, dass er als eine Art Kaktus ein Unternehmen aus lauter Eichen und Fichten führen sollte. Er forderte mehr Trockenheit zum Leidwesen aller. Es handelte sich dabei um ein österreichisches Unternehmen, das von einem amerikanischen Manager geführt werden sollte. Dabei entstanden tief greifende interkulturelle Kommunikationsprobleme.

Es wäre sinnvoll gewesen, zuerst zu klären, ob der Amerikaner überhaupt in das Unternehmen passt. Denn hätte man gewusst, dass der amerikanische Kaktus nicht optimal in den Mischwald passt, hätte man sich eventuell von vornherein für eine andere Führungspersönlichkeit entschieden. Das Beispiel zeigt, dass es Sinn macht, sich zuerst mit den Einzelidentitäten zu beschäftigen, bevor man das Unternehmen als Ganzes betrachtet. So wird die Basis für individuelles und kollektives Verständnis gelegt. Aber wie gesagt, einmal begonnen, wird man nach dieser Methode süchtig und man will mehr davon. Deshalb ist es eigentlich nicht so wichtig, wo man beginnt.

Die Unterscheidung zwischen Einzelidentität und kollektiver Identität ist sehr wesentlich. Identifizieren sich Mitarbeiter allein mit einem Projekt oder Unternehmen, das fehlschlägt oder sie nicht mehr benötigt, dann bleibt ihnen nicht viel. Vielen mittleren Managern geschah dies nach den großen Rationalisierungswellen in den letzten Jahren. Sie erlebten dadurch einen tragischen Identitätsverlust. Letztlich wird ein Mensch allein geboren und geht auch wieder allein. Mit allein meine ich nicht einsam. Jemand entscheidet allein eigenverantwortlich. Er steht zwar in Beziehung zu anderen, trägt aber die alleinige Verantwortung für sein Handeln, Denken und Reden. In der Zeit zwischen Geburt und Tod bezieht er sich mittels seiner Identität auf seine Umwelt und findet sich mit anderen zu gemeinsamen Aufgaben zusammen. Diese Aufgaben können sich, wie schon erwähnt, auf Unternehmen, Projekte oder auf zwischenmenschliche Beziehungen beziehen. Damit diese Beziehungen, in welchem Kontext sie auch stattfinden, gute Früchte tragen können, ist von Anfang an wichtig, die innere Aufgabe sowohl für Einzelpersonen wie auch Organisationen zu erfassen. Ist die innere Aufgabe geklärt, können äußerliche Handlungen, die für alle stimmig sind, mit Engagement angepackt werden. Das Wort Engagement bedeutet „Verlobung". Man verlobt sich mit einer Person, Sache oder Gruppe und ist deshalb engagiert.

Ich möchte dies anhand eines Projekts beschreiben. Das größte österreichische Unternehmen beauftragte mich, als externer Berater ein Projekt zu leiten. Ziel des Projekts war es, die Qualität der Kommunikation von Mitarbeitern zu Kunden wesentlich zu steigern und das Image des Unternehmens in der Öffentlichkeit zu verbessern.

Die Projektgruppe setzte sich aus 20 Mitarbeitern zusammen. Die Stimmung in der Gruppe war gegenüber dem Vorhaben sehr skeptisch. Aussagen wie: „Da kommt ohnehin wieder nichts heraus!", „Die da oben wollen uns wieder mehr Aufgaben zuschanzen!" und „Schön wäre es ja, aber glauben …", fielen der Reihe nach.

In der ersten Projektsitzung definierte ich mit der Gruppe die gemeinsame Aufgabe, die Mission für das Projekt. Ähnlich wie beim persönlichen Mission Statement verwende ich dabei Methoden, die den Kopf ausschalten und dem Gefühl den Vorrang lassen. Die Methode beschreibe ich hier nicht, es würde den Umfang des Buches wesentlich sprengen. Ich möchte nur auf das Ergebnis eingehen:

- Kernwerte 1. Ordnung: Glaube und Geborgenheit;
- Verben: improvisieren, annehmen, beeinflussen und bewältigen.

Die Begriffe kamen bei den Teilnehmern des Workshops, die alle noch nie mit Mission Statements und Identitäten in der Art und Weise zu tun hatten, schon etwas merkwürdig an. Sie stimmten den Inhalten aber voll zu. Bei genauerer Betrachtung der Bedeutung des Inhalts gingen dann allen „die Lichter auf": Was das Projekt am meisten braucht und vermitteln soll, sind Glaube und das Gefühl der Geborgenheit. Diese Werte sind nach innen für und durch die Mitarbeiter zu leben und auch für die Kunden im Außenverhältnis sichtbar zu machen.

Warum Glaube und Geborgenheit? Die Mitarbeiter glaubten nicht mehr an ernst zu nehmende Veränderungen, die vom Management ausgingen und fühlten sich, bedingt durch den eiskalten Sparkurs im Unternehmen, nicht mehr geborgen. Ähnlich ging es den Kunden. Meinungsumfragen zufolge fühlten sie sich nicht gut aufgehoben, wenn sie sich transportieren ließen und glaubten auch der Werbung des Unternehmens nicht mehr. Die Presse machte immer wieder zynische Scherze über das Unternehmen, und ein Skandalbericht reihte sich an den anderen. Die Antwort auf die Frage: „Wie können wir die Qualität der Kundenkommunikation verbessern?", konnten wir nach dem dreistündigen Workshop prinzipiell und damit wesentlich beantworten: „Wir müssen gegenüber den Mitarbeitern und den Kunden wieder Glaubwürdigkeit und Geborgenheit schaffen." „Wie sollen wir das tun?" „Durch Improvisieren, Annehmen, Beeinflussen und Bewältigen", so die Antwort. Die Mitarbeiter waren etwas verwirrt von dem Ergebnis, stimmten aber zu. Sie bekamen nun die Aufgabe, dieses Statement anderen im Unternehmen zu kommunizieren. Daraufhin geschahen eigenartige Dinge. So bekam ich den Anruf einer verstörten Teilnehmerin, welche die Projektmission bei einer zentralen Ausschusssitzung präsentierte und als Antwort erhielt: „Genau das versuchen wir seit Jahren zu bekämpfen. Den Mitarbeitern ging es – durch zu viel Geborgenheit – zu gut!" Dieser Augenblick verhalf mir, das zentrale Problem im Unternehmen zu erkennen: Man bekämpfte die hohen Kosten des Unternehmens, indem man die Geborgenheit angriff. Darunter litten das Betriebsklima und die Qualität der Kundenkommunikation. Es lag nun an mir, das Missverständnis aufzuklären: „Ihr könnt die hohen Kosten durchaus senken, aber bekämpft nicht die Verbundenheit des Systems, das ist seine Urstärke!"

Durch weitere Analysen stellte ich dann fest, dass man mit diesen Mitarbeitern alles Nötige für den Erhalt des Unternehmens machen kann, solange mit ihnen ehrlich und offen darüber gesprochen wird. Sie werden durch die Offenheit gewürdigt. Ihre Reaktion auf den Verlust der Verbundenheit und damit der Geborgenheit war Unglaube. Dieser Unglaube führte wiederum zu Qualitätsverlusten in vielen Bereichen. Das verursachte wahrscheinlich höhere Kosten als das mögliche Sparpotential bringen konnte.

Das Projekt wurde auf den Werten aus der Mission konsequent aufgebaut. Die Mitarbeiter brachten viel Begeisterung und Engagement ein, und das Projekt, an das anfänglich keiner geglaubt hatte, gewann im gesamten Unternehmen an Bedeutung. Gute fachliche Arbeit gepaart mit Einsatzbereitschaft für eine gemeinsame Sache führte deshalb zu Spitzenleistungen. Das Projekt wertete Kunden, Mitarbeiter, Gewerkschaft und Führungskräfte auf. Nur den Kunden allein aufzuwerten führt zur Selbstaufgabe des Systems.

Ich hätte dieses Projekt gleich mit Tätigkeiten wie Kundenbefragungen, Mystery Guest-Aktionen, Zielvereinbarungen, Mitarbeitergesprächen und so weiter angehen können, aber dann hätte der Saft gefehlt. Wir gaben den Betroffenen zuerst die eigentliche Würde und Bedeutung hinter den Aktionen. Durch den Bezug zur inneren Aufgabe konnten wir dann die eben genannten „Tools" mit Freude, Leichtigkeit und Kraft anwenden. Ich denke, dass es letztlich nur innere Aufgaben und dazupassende beziehungsweise unpassende äußere Tätigkeiten gibt. Tätigkeiten alleine sind wie Hüllen ohne Inhalte oder, nach Sokrates, „Windeier".

Somit hat auch ein Projekt eine Mission, eine innere Aufgabe und damit sein eigenes Wesen. Ein Unternehmen ist ja auch eine Art Projekt, nur mit längerfristiger Wirkung. Ich erkläre den Teilnehmern beim Erarbeiten einer Projekt- oder Unternehmensmission: „Das, was ihr gemeinsam vorhabt, ist anfänglich wie ein Baby. Es hat sein eigenes Wesen, das in euch seine Väter und Mütter hat." Man spricht von einem Unternehmen XY und verbindet damit, von den beteiligten Personen getrennt, Gefühle, Bilder und Zuschreibungen. Ich halte es deshalb für sehr sinnvoll, von einem eigenständigen Wesen zu sprechen. Ein Unternehmen besteht oftmals länger als seine Gründer, es organisiert sich als „Erwachsener" quasi selbst. Dieses Wesen hat auch seine innere Aufgabe sowie seine Probleme und Erfolge damit. Die

Verantwortungsträger für das Unternehmen sind dessen Väter und Mütter. Ihre Aufgabe ist es, die Identität zu erkennen und dem System als Ganzes zu dienen.

Wenn sich die Verantwortlichen als Väter und Mütter empfinden, wirkt sich dies positiv auf die Organisation aus. Diejenigen, die für einzelne Teilbereiche Verantwortung innehaben, ordnen sich dann gerne den „Führern" beziehungsweise den Gesamtverantwortlichen unter, da sie die Würde dieser Funktion anerkennen. Es herrscht ein Klima, in dem alle am gemeinsamen Wohlergehen mitarbeiten. Der Einzelne profitiert ebenso von einer derartigen Betrachtungsweise, da er Teil eines behüteten Systems ist.

Somit steht am Anfang jeder Aufgabe und jedes Unternehmens, deren inneren Sinn und Zweck zu beschreiben. Selbst für Seminare, die nach ein paar Tagen abgeschlossen sind, geht das gut und bringt viel. Trotz gleichen Seminarablaufs, hat so jede Gruppe „ihr" eigenes Seminar. Viele Kollegen bestätigten mir, dass die Teilnehmer etwas – nur für diese Gruppe gültiges – Spezielles verbindet. Jede Gruppe hat ein gemeinsames Thema. Deshalb definiere ich die innere Aufgabe in Kurzform sogar für eine Seminargruppe.

Betrachten wir nun, was die einzelnen Teile des Identitätsdiamanten für ein Unternehmen bedeuten.

Die **Mission** repräsentiert die grundlegende Aufgabe des Systems. Bei allen Tätigkeiten wird hinterfragt, ob sie zur Erfüllung dieser beitragen. Der strategische Spielraum wird dadurch sinnvoll eingegrenzt. Tätigkeiten und Zielgruppen, die nicht dazupassen, werden gestrichen.

Beispiel: Ein Klient von uns, ein steirisches Thermenunternehmen, hatte vor, seine Werbemaßnahmen gezielt auch auf italienische Gäste auszurichten. Das ist nahe liegend, da Italiener grundsätzlich gerne in Thermen gehen und bereit sind, dafür Geld auszugeben. So arbeitete man Marketingmaßnahmen und Sprachschulungen für das Personal aus. Leider scheiterte das ganze Vorhaben. Die Mitarbeiter boykottierten die Maßnahmen, da niemand verstand, warum man die „eigenartigen" Italiener als Kunden gewinnen sollte. „Man hat ja genug mit den anderen Kunden zu tun." Das System als Ganzes sah es nicht als seinen Auftrag, Italiener zu mehr Wohlbefinden zu verhelfen – die Mitarbeiter liebten sie nicht. Eine gute Dienstleistung ist dann nicht möglich.

Ähnliches geschah auch in der Kärntner Tourismusregion. Die Kärntner verloren ihre Liebe zu den Deutschen. Sie wollten ihr Geld, den Rest aber nicht, nach dem Motto: „Es geht uns gut, nur leider stört der Gast!" Nach und nach blieben die Deutschen aus, und die Kärntner begannen ob ihres harten Schicksals zu klagen, denn die deutschen Urlauber fuhren jetzt nach Spanien. Wie wir wissen, gibt es kein „Muss" in der Liebe. Aber gerade in der Tourismusindustrie kommt es auf die Echtheit der Freundlichkeit an. Gastfreundschaft kann deshalb nur begrenzt trainiert werden. Das Ausbleiben der Gäste und des Erfolgs ist dann die einzige Möglichkeit, um wieder das Prinzip „verdienen durch Dienen" zu respektieren. Hochmut und Stolz widerstreben diesem Prinzip, es kommt zu Fall.

Beispiele zeigen die Bedeutung eines inneren Auftrages für Unternehmen auf. Man kann sich Marktforschungen, Personaltrainings und Werbebudgets ersparen, wenn von vornherein keine echte Sehnsucht hinter den Maßnahmen steckt. Die Sehnsucht nach Geld bewegt keinen Gast in ein Hotel. Gute Bezahlung für echte Dienste ist die natürliche Folge.

Die hier erwähnte Therme entdeckte schließlich mit unserer Hilfe ihre Kernwerte 1. Ordnung: Vertrauen und Wohlbefinden. Bei Unternehmens-Mission Statements entstehen manchmal zwei Kernwerte. Das ist durchaus möglich, da Unternehmen zwei Themen gleichzeitig bearbeiten können. Einzelpersonen sollten jedoch nur einen Kernwert haben. Es ist gut für sie, nur ein Thema zu fokussieren, da sonst leicht Verwirrung entstehen kann.

Die Therme erkannte schnell, dass es innere Konsequenzen hat, diesen Auftrag umzusetzen. Denn Stress und gefährliche Krankheiten machten sich in der Führungscrew breit. Daher die Botschaft: „Sorgt zuerst für euch und schützt euer Wohlbefinden. Schafft dies miteinander auf einer Vertrauensbasis." Mission Statements sind zuallererst Aufträge an sich selbst. Erst dann können andere davon profitieren und es entsteht auch für neue Zielgruppen Raum.

Diese Erkenntnis hatte Schutzmaßnahmen der Führungscrew zur Folge. So konnte bis dato zum Beispiel jeder Lieferant, Werber oder wer auch immer auch ohne Voranmeldung zu den Chefs in den Verwaltungsbereich vordringen. Dadurch war natürlich immer Hochbetrieb. Nur hält es kein Mensch aus, wenn er über einen längeren Zeitraum ständig unterbrochen wird. Als Schutzmaßnahme überlegte man sich, eine Abschottungsvorrichtung zu installieren und die Einführung von bestimmten Zeiten, in denen Lieferanten kommen konnten.

Im Außenverhältnis wollte man dem bisherigen Ruf einer Abenteuer- und Spaßtherme entgegenwirken, da dies das Gegenteil von Wohlbefinden und Vertrauen für Gäste ist. So konzentrierte man sich auf den Ausbau des Wellness- und Erholungsbereichs – das Image in der Öffentlichkeit veränderte sich nach und nach.

Die Formulierung eines gemeinsamen Auftrages führt zu unzähligen Qualitätsverbesserungsmaßnahmen in allen Unternehmensbereichen.

Dazu sagte ein Leiter der Organisationsentwicklungsabteilung eines Motorenentwicklungsunternehmens:

„Durch unser Abteilungs-Mission Statement gelang es uns, die Qualität unserer Arbeit erheblich zu steigern. Wir können nun den wesentlichen Unternehmensbedürfnissen mittels passender Zielsetzungen und proaktiven Projekten entgegenkommen."

Der zentrale Punkt bei einem Projekt- oder Firmen-Mission Statement ist die Bündelung der Sehnsüchte der Verantwortungsträger. Nur diejenigen, die Verantwortung übernommen haben, sollen bei der Formulierung mitwirken, die anderen haben nichts zu sagen. Das klingt schon etwas hart, aber nur so ist gewährleistet, dass etwas für alle Stimmiges herauskommt. Die Verantwortungsträger erarbeiten das Statement, die anderen fügen sich ein. Da die anderen in der Regel auch dankbar sind, dass jemand auf das „Baby" schaut, machen sie mit. Ich formuliere das so: „Jeder, der bereit ist, für „das Ganze" Verantwortung zu übernehmen, sollte bei der Formulierung des Statements mitmachen." „Das Ganze" kann bei einem Abteilungsstatement auch die Abteilung sein. Es hängt somit vom Kontext ab. Was bedeutet das?

Verantwortung bedeutet, auf einen bestimmten Bereich im Sinne von Aufmerksamkeit und Initiative zu schauen. Man sieht das Papier am Boden, bemerkt in der Zeitung einen relevanten Artikel und gibt ihn weiter – kurz: es fallen einem auch die kleinen Dinge auf, die von Interesse oder Bedeutung sein könnten. Der Bereich kann eine Abteilung, das gesamte Unternehmen oder ein Projekt sein. Dieses Band der Loyalität findet man häufig in mittelständischen Betrieben, wenn der Chef loyal zu den Mitarbeitern ist und nicht nur die finanzielle Verantwortung trägt, sondern auch für seine Leute sorgt. Die Leute erwidern dies durch echtes Engagement. Ich unterscheide zwei Kategorien von verantwortlichen Mitarbeitern. Die einen fokussieren sich voll auf ihre Arbeit, fühlen sich aber lediglich für ihre Abteilung verantwortlich. Bei Abteilungsstatements sollen sie mitmachen. Die anderen übernehmen, neben ihrer üblichen Funktion, Verantwortung für das Unternehmen als Ganzes.

Die Unterscheidung in Bezug auf die Verantwortungsbereitschaft der Mitarbeiter hilft beim Aufbau eines Strategieteams. Dieses Team entwickelt gemeinsam mit dem Chef die Strategie für das gesamte Unternehmen. Die planerische Intelligenz steigt somit enorm an, das System kann sich entwickeln.

Meiner Erfahrung nach melden sich genau so viele Leute für die Gesamtverantwortung, wie es gut für das System ist. Die Chefs lernen durch diese Schritte Vertrauen zu den Mitarbeitern zu gewinnen. Diese wiederum entwickeln durch die Einbindung Selbstvertrauen und ebendieses befähigt sie, „kluge" Handlungen ausführen zu können. Der Chef beginnt mehr und mehr zu delegieren. Die Strategieentwicklung geschieht dann wie von selbst, da das System durch derartige Strukturen gestärkt wird. Es entsteht eine spiralartige Entwicklung nach oben. Natürlich kommt bei solchen Prozessen auch die Frage nach der Beteiligung der Mitarbeiter an Erfolg und Verlust auf. Weltweit ist eine Tendenz in diese Richtung als logische Entwicklung der freien Marktwirtschaft zu bemerken – die zukünftigen Shareholder sind die Mitarbeiter.

Fassen wir zusammen:

- Um einen Sinnkontext zu schaffen, sollte jegliche Maßnahme einer inneren Aufgabe zugeordnet sein beziehungsweise aus ihr heraus entstehen. An der Formulierung sind die „Verantwortungsträger" beteiligt.
- Kollektive Mission Statements zeigen zuerst die Notwendigkeit einer inneren Veränderung des Systems auf. Die inneren Bedürfnisse werden anerkannt und das System wird gestärkt.
- Die innere Veränderung unterstützt die Ausrichtung nach außen entlang der Mission. Die Mission engt den komplexen strategischen Handlungsspielraum qualitativ und konstruktiv ein.

Die **Kernwerte 2. Ordnung** beschreiben den Stil eines Unternehmens. Diese Werte sind Handlungsrichtlinien nach innen und nach außen – „Wie gehen wir mit unseren Kunden, Mitarbeitern und Lieferanten um?" Üblicherweise werden bei klassischen Leitbildern pro Gruppe (Mitarbeiter, Kunden, Lieferanten und so weiter) unterschiedliche Verhaltensrichtlinien definiert. Ich denke, dass dies zu Widersprüchlichkeiten führt. Wieso sollte denn ein Mitarbeiter anders behandelt werden als ein Kunde?! „Der Kunde ist König!", so lautet eine weit verbreitete Floskel. Diese Einstellung führt zu einer asymmetrischen Beziehung zwischen Mitarbeitern und Kunden. Ich halte diese ungleichwertige Form der Beziehung nicht für sinnvoll. Die Mitarbeiter eines Unternehmens sind auch wichtig. Sowohl Kunden wie auch Mitarbeiter sind für den Erhalt des Unternehmens notwendig. Deshalb gelten meiner Meinung nach dieselben Werte für alle. Die konkrete Ausprägung kann unterschiedlich sein.

Beispiel: Ein Kernwert 2. Ordnung eines meiner Klienten ist Transparenz. Dieser Wert wird gegenüber den Kunden in Form einer transparenten Abrechnung erfüllt. Bei den Mitarbeitern wird darauf geachtet, dass sie Entscheidungen der Geschäftsführung immer nachvollziehen können. Lieferanten wird Einblick in die Prozesse des Unternehmens gewährt, sodass diese in der Lage sind, ihr Angebot zu verbessern und anzupassen.

Das **Element** ist das Grundmaterial des Unternehmens und wirkt sich auf alle Aktionen aus. Ist ein Unternehmen zum Beispiel überwiegend Erde, würde ich davon abraten, eine Feuer-Marketingstrategie anzuwenden. Es würde nicht zum Stil des Unternehmens passen. Einer meiner Klienten gründete zum Beispiel ein EDV-Dienstleistungsunternehmen. Das Unternehmen ist erdig, so werden beim Marktauftritt und den Dienstleistungen auf Seriosität und Zuverlässigkeit geachtet. Eine feurige Marketingaktion wäre zum Beispiel, alle möglichen Unternehmen „kalt" – ohne Vorwarnung – und hartnäckig anzurufen. Dadurch würde das Unternehmen sein Erd-Image verlieren, denn es simuliert „Feuer" und ist deshalb unglaubwürdig. Vielmehr sollte ein erdiger Betrieb auf Empfehlungsmarketing setzen, denn da liegt seine Stärke.

Somit beschreibt das Element auch die Grundstärke des Unternehmens, die sich in allen Details bemerkbar machen sollte.

Die **Profession** stellt die Branche(n) dar, wie zum Beispiel Unternehmensberatung, Werbeagentur und so weiter.

Die **Talente** eines Unternehmens sind deren Kernkompetenzen, wie zum Beispiel gestalten (von Räumen), formen (von Polymeren), realisieren (von Bauprojekten), drehen (von Metallteilen) und so weiter. In Klammer fügte ich zur Erläuterung den Tätigkeitsbereich dazu. Die Talente sollten jedoch für sich alleine stehen. Dadurch bleibt Raum für Kreativität. Man könnte so zum Beispiel fragen: „Wie können wir unser Talent des „Formens" auch in anderen Bereichen erfolgreich anwenden?"

Ich hoffe, Ihnen damit die Bedeutung kollektiver und individueller Mission Statements für unseren Arbeitskontext und dessen Zukunft vermittelt zu haben.

Auswirkungen auf die Führung

Ergänzend möchte ich nun die besondere Rolle der Führungskraft beleuchten. Diese steht durch die zunehmende Individualisierung der Gesellschaft bereits in einem dreifachen Spannungsfeld. Bei dieser Ausführung gehe ich allerdings davon aus, dass die Führungskraft ihre Identität bereits als solche abgeklärt hat. Sie würde ansonsten in einem vierfachen Spannungsfeld stehen. Aus meiner Sicht ergeben sich die drei Hauptspannungsfelder aus den unterschiedlichen Interessenlagen der betroffenen Gruppen beziehungsweise

Individuen. Ich unterstelle drei allgemeine Interessen beziehungsweise Intentionen, um die Ausführungen zu vereinfachen:

- die Interessen der Eigentümer in Bezug auf das System „Unternehmen" (Maximierung des Return on Investment);[24]
- die Interessen des Systems als Kollektiv in Bezug auf die Umwelt – der Markt (Unternehmenssicherung);
- die Interessen der einzelnen Mitarbeiter in Bezug auf das Unternehmen (Selbstverwirklichung).

Die Führungskraft hat nun die Aufgabe, diese Interessen zu einem sinnvollen Miteinander zu verknüpfen. Hat der Manager nur die Interessen der Eigentümer im Sinn, so wird er bei zunehmendem Wunsch der Mitarbeiter nach Selbstverwirklichung Probleme bekommen, gute Mitarbeiter zu finden oder zu halten. Hat er nur die Einzelinteressen der Mitarbeiter im Fokus, so könnten der Markt und die Eigentümer zu kurz kommen. Der Markt würde dies mit Nachfragerückgang, die Eigentümer mit Demission des Verantwortlichen beantworten.

Sind die Interessenlagen zu unterschiedlich, steht der Manager ziemlich unter Druck. Einerseits will er seine Macht erhalten, andererseits soll er es allen recht machen. Die Schizophrenie der Führungsetage ist vor allem bei größeren Unternehmen weit verbreitet. Man neigt dazu, unklare und doppeldeutige Botschaften oder Weisungen weiterzugeben. Das ist im Sinne des Machterhalts sehr sinnvoll. „Achtet auf die Kundenorientierung aber gebt wenig Geld dafür aus!", so lautet eine häufig verwendete Doppelbotschaft. Sie folgt dem Muster: „Macht dies, aber auch das!"

Mitarbeiter können diese widersprüchlichen Handlungsanweisungen nur schwer ausführen. Eigenverantwortliche Mitarbeiter profitieren jedoch davon, indem sie nun tun und lassen können, was sie wollen. Teilweise handeln sie im Sinne des Unternehmens und der Kunden, teilweise missbrauchen sie die Situation. Deshalb ist dieses Muster durchaus funktional für beide Seiten – Mitarbeiter und Chefs. Probleme ergeben sich jedoch mit dem Markt, da diese Unternehmenskultur kaum qualitative Dienstleistungen und Produkte hervorbringen kann. Das Unternehmen könnte nachhaltig gefährdet werden.

Manager haben mit dieser Entwicklung nur selten ein Problem. Sie sind kreativ im Darstellen von Ergebnissen und die meisten Unternehmen überleben die durchschnittlich vierjährige „Amtszeit" von Managern. Die Beschrei-

---

[24] Selbstverständlich ist es möglich, dass die Eigentümer abgesehen von der Rendite auch andere Intentionen haben.

bung dieser Kultur trifft besonders auf große Unternehmen zu, kleine können sich derartige Spiele nur kurzfristig leisten.

Wenn der „Chef" auch Eigentümer ist, wie es bei Klein- und Mittelbetrieben häufig der Fall ist, steht dieser meist nur in einem zweifachen Spannungsfeld aus Mitarbeiter- und Marktinteressen. Bei dieser Unternehmensform ist es leichter, die Interessen zu verbinden.

Nachfolgend möchte ich einige Empfehlungen für Führungskräfte formulieren:

Der Manager beziehungsweise die Führungskraft sollte alle Leute zusammenbringen, die auf das Unternehmen wesentlich einwirken: Eigentümer, Mitarbeiter, Gewerkschaftsvertreter und vielleicht einige repräsentative Kunden. In dieser Zusammenkunft sollte es gelingen, eine gemeinsame Aufgabe für das Unternehmen zu formulieren. Jeder Betroffene sollte dieser Aufgabe zustimmen. Somit ist ein gemeinsamer Auftrag formuliert. Bevor dies nicht geschehen ist, hat es eigentlich keinen Sinn, seinen Job als Manager anzutreten. Denn man bleibt immer wieder im Verlauf der Dinge – in dem oben beschriebenen Dilemma – stecken. Ich konnte bei Beratungsaufträgen immer wieder feststellen, dass die geplanten Maßnahmen nicht nachhaltig zum Ziel führten, wenn die gemeinsame Aufgabe (beziehungsweise Auftrag oder Mission) unklar war. Die gewünschten Veränderungen wurden durch das Spannungsfeld der Interessen in Frage gestellt und ad absurdum geführt, da Machtspiele den Sinn des Unternehmens ersetzten. Im Film „Smaragdwald" (von John Boorman) wurde ein Häuptling dazu aufgefordert, seinen Leuten etwas zu befehlen. Er antwortete: „Wenn ich meinen Leuten etwas befehle, was nicht ihr Wunsch ist, dann bin ich nicht mehr länger ihr Häuptling!"

Keine Entscheidung ohne klaren Auftrag, der für alle Betroffenen stimmt! Die dafür benötigte Zeit wird allemal eingeholt.

So kann die Führung alle anderen Maßnahmen diesem Auftrag des Unternehmens unterordnen und proaktiv entscheiden, und hat dabei den „Segen" aller Beteiligten. Das Verhaltensmuster der Schizophrenie wird durch Entscheidungskraft ersetzt. Die Frage: „Wie können die Führungskräfte zu Verantwortung gebracht werden?", wird umformuliert zur Frage nach der gemeinsamen Aufgabe, dem kollektiven Mission Statement.

Die Personalentwicklung, sofern dies nicht ebenso die Aufgabe der Führung ist, kann dann die Mitarbeiter passend zu der Aufgabe entwickeln. Entwickeln bedeutet in diesem Zusammenhang: die „richtigen" Mitarbeiter, die zum Unternehmen passen, zu erkennen. Der Identitätsdiamant hilft bei diesem Prozess. So könnte es in der Phase der gesellschaftlichen Individualisierung die Hauptaufgabe der Personalentwicklung sein, die Identität der Mitarbeiter zu erarbeiten und die dahinter steckenden Potentiale zu verstärken.

Mit Freude las ich in diesem Zusammenhang einen Artikel, der über die zukünftige Ausrichtung der Österreichischen Bundesbahnen (ÖBB) berichtete. Die Bundesministerin für Infrastruktur, welche die Eigentümervertreterin der ÖBB ist, meinte dazu: „Die ÖBB soll wieder kundenfreundlicher und -orientierter werden! ... Wir müssen den Kunden wieder lieben!" In den letzten Jahren war „allein" die Aufgabe des Sparens im Vordergrund gestanden. Dadurch kamen die Interessen der Kunden und der Mitarbeiter zu kurz. Sparen alleine für sich ist als übergeordnete Aufgabe ungeeignet. Es fehlt der Sinnkontext.

Auswirkungen auf das Marketing

Zur Abrundung des Themas möchte ich noch die Bedeutung des Mission Statement-Prozesses für das Marketing erläutern.

Für den nachhaltigen Erhalt eines Unternehmens ist dessen Imagebildung von besonderer Bedeutung. Das Image hilft den zueinander in Beziehung stehenden Personen mittels eines kompakten Gefühls- und Zuschreibungsbündels, rasch handeln zu können. So helfen uns Aussagen wie zum Beispiel: „Das sind Keiler", den Stil eines Unternehmens bildlich zu beschreiben. Wir können entscheiden, ob wir mit einem Keilerunternehmen etwas zu tun haben wollen oder nicht. Ebenso helfen positive Zuschreibungen dabei, eine Empfehlung weiterzugeben. „Die sind sehr fair und kompetent", drückt unsere unternehmensbezogenen Erfahrungen und Gefühle aus, die für andere eine Entscheidungserleichterung sein können.

Die bewusste Imagebildung ist deshalb für ein Unternehmen besonders wichtig. Agenturen verdienen damit jährlich beachtliche Summen. Als problematisch betrachte ich, dass die meisten Images von den Werbeagenten selbst erstellt werden, ohne die Stimmigkeit dieser überprüft zu haben. So kommt es vor, dass Werbungen geschaltet und Prospekte gedruckt werden, die gar nicht zu dem jeweiligen Unternehmen passen, was unter anderem dazu führt, dass der Kunde im persönlichen Kontakt Überraschungen erlebt – oft werden seine Erwartungen enttäuscht. Es wurde ihm im symbolischen Sinne eine „Liebhaberin" versprochen, und er bekam eine „Putzfrau" oder umgekehrt.

Auf der anderen Seite beklagen sich Werbeprofis immer wieder darüber, dass sich die meisten Firmen über ihr Profil nicht im Klaren sind, und es deshalb schwierig für sie sei, sich ein passendes Image „aus den Fingern zu saugen".

Das Mission Statement, wie es hier beschrieben ist, hilft ungemein. Es verhilft zu klaren Zielwerten und der Formulierung des Charakters, und somit ist es für Werbeleute eine wahre Freude, darauf aufzubauen. Die Wahl der Farben, Worte und Metabotschaften werden durch diesen Rahmen sinnvoll eingegrenzt. Die Werbekommunikation passt schließlich zum ganzen Unternehmen, die Mitarbeiter identifizieren sich damit, und die „richtigen" Kunden kommen ohne Enttäuschungen zu Dienstleistungen und Gütern, die ihren Sehnsüchten und Wünschen entsprechen.

Letztlich kaufen wir „Gefühle", selbst wenn wir ein konkretes Produkt haben wollen. Der Beziehungsaspekt steht bei einer Vielzahl von Kaufmöglichkeiten im Vordergrund. Die Art des Beziehungsangebots beschreibt den Charakter (Kernwerte 2. Ordnung) des Unternehmens. Die Qualität des Produkts wird durch den Kernwert 1. Ordnung beschrieben.

So viel zu den möglichen Anwendungen und Bedeutungen des Mission Statements für den kollektiven beruflichen Kontext. Im folgenden Kapitel wenden wir uns im Detail den individuellen Auswirkungen des Mission Statement-Prozesses zu. Der darauf folgende nächste Schritt ist die Vision.

Teil 2

Die Vision

Von der Mission zur Vision

Unterscheidung Mission – Vision

„Eine Vision ist der bewusst gewordene Wunschtraum einer veränderten Umwelt und Innenwelt."

Diese Definition kommt von Prof. Dr. Hans Hinterhuber, einem Wirtschaftsprofessor von der Uni Innsbruck, und ist meiner Meinung nach die genaueste. Ich ergänzte diese durch den Begriff „Innenwelt".[25] Denn oft wollen wir nicht nur im Äußeren etwas verändern, sondern auch etwas in unserem Inneren. Die vermeintlichen Grenzen der Umwelt können durch Veränderungen unserer Denkweise und unseres Wahrnehmungsraumes deutlich überschritten werden.

Es herrscht eine allgemeine Unklarheit, die eine Unterscheidung zwischen Mission und Vision schwer fallen lässt. Manager und Berater verwechseln die Begriffe scheinbar willkürlich und stiften dadurch Verwirrung. Man spricht von Vision und meint Mission und umgekehrt. Bis dato gab es kaum brauchbare Definitionen.

Vor einigen Jahren konnten nur sektenhafte und überbetont idealistische Unternehmen mit dem Begriff Mission etwas anfangen. Und den meisten Führungskräften trieb es vor zehn Jahren noch die Schamesröte ins Gesicht, wenn sie öffentlich über das Thema Visionen sprachen. Sie bekamen das Etikett „Träumer" aufgeklebt. Finanzwirtschaftliche Ziele (Umsatz, Cashflow und ROI) waren die einzig „anständigen" Ausdrücke.

Diesbezüglich fand in den letzten Jahren ein Umdenken statt. Man erkannte, dass Visionen einen wesentlichen Teil zum Wachstum eines Unternehmens beitragen können, da sie Menschen unmittelbar ansprechen. Visionen sind die Basis für Ziele. Sie sind geeignetere Auslöser für innere Motivation als bloße Finanzziele. Menschen können mit Visionen ihre Handlungen an ganzheitlichen Bildern, die sie begeistern, aktiv ausrichten.

Dieses Umdenken drückt sich in der Entwicklung der Balanced Scorecard aus. Diese bezieht neben Finanzzielen auch Entwicklungsziele für Mitarbeiter, Gesellschaft und Kunden in die Strategieentwicklungen von Unterneh-

---

[25] Damit meine ich die Welt der Gefühle, Gedanken, Einstellungen, Haltungen, Werte und so weiter.

men ein. Die unternehmerische Balanced Scorecard verwende ich in abgewandelter Form zur persönlichen Visionsdarstellung („private balanced scorecard"). Manager integrieren dieses Wissen immer mehr in ihren Alltag.

▨ Die Mission ist die Ausgangsbasis für die Vision.

Das Wort Vision wird heute bereits ohne Scheu verwendet. Mit dem Thema Mission wird es, davon bin ich überzeugt, in ein paar Jahren ebenso sein. Inzwischen werden diese Ausdrücke von vielen Beratern und Managern ganz selbstverständlich verwendet. Sie werden modern! Die Mission ist die Ausgangsbasis für die Vision, weshalb man sich mit ihr wertneutral auseinander setzen muss.

Ich möchte der semantischen Verwirrung entgegenwirken und klare Definitionen geben. Das Wissensfeld um die zwei Bereiche Mission und Vision hat meinem Forschungsstand nach keine ersichtlichen Grenzen, und wir „kratzen" derzeit erst an den oberen Schichten dieses Feldes. Ich arbeite seit vielen Jahren an diesen Themenbereichen und sehe in ihnen Impulse für alle Wissenschaften. Ausgangspunkt ist das Bewusstsein, Sehnsüchte und Intuition als etwas tatsächlich auf unser Leben Wirkendes anzuerkennen. In der Zukunft werden neue theoretische Modelle folgen und ich freue mich auf die noch zu erwartenden Entwicklungen.

Ich will den Unterschied zwischen Mission und Vision zuerst anhand eines Beispieles darstellen: Stellen Sie sich eine Eiche vor. Spontan fällt Ihnen vielleicht ein Bild von einem hochgewachsenen Baum ein. Eine Eiche ist sie jedoch bereits als Samenkorn. Alles Potenzial befindet sich – beim kleinen Bäumchen und mächtigen Baum – im Kern. Der Weg zur zukünftigen Form besteht aus dem Wachsen zu einem Zukunftsbild – der Vision. Es bleibt aber immer eine Eiche, unabhängig davon, ob die Äste mehr nach links oder nach rechts wachsen beziehungsweise der Baum etwas größer oder kleiner wird.

Ähnlich unabhängig von der möglichen Endform ist die Mission. Sie beschreibt das „Sein", die Vision das „Werden". Wir neigen dazu, das Werden mit dem Sein zu verwechseln. So glaubt man üblicherweise, dass jemand das „ist", was er geworden ist. Das ist aber ein Fehlschluss und führt dazu, die Potenziale des Seins nicht erkennen zu können. Auch führt es dazu, ein falsches Selbstbildnis über sich zu bekommen. Denken wir an das Beispiel der amerikanischen Eisenbahnen. Sie wuchsen zu einem der bedeutendsten wirtschaftlichen Faktoren Amerikas an und zerfielen ebenso wieder. Sie meinten über sich selbst: „Wir sind ein Eisenbahnunternehmen!", und mussten zusehen, wie die Konkurrenz des Flugverkehrs immer größer wurde. Hätten sie das Selbstverständnis gehabt: „Unser Auftrag ist es, Güter und Menschen zu transportieren", hätten sie sich auch zu einer Fluggesellschaft weiterentwickeln können. Ein System kann sich beim Wandel der Bedingungen selbst zerstören, wenn es ein falsches Bild von sich hat. Wir wissen nur eines verlässlich: Alles verändert sich ständig.

Eine Mission spiegelt den Kern eines Systems (ein Mensch, eine Organisation oder eine Familie) wider.

Definition Vision im Vergleich zur Mission

Die Mission einer Person oder Gruppe ist ihr Auftrag beziehungsweise ihre innere Aufgabe. Die Mission zeichnet sich durch ihren abstrakten Charakter aus und kann deshalb in jeder Situation als Angelpunkt für Entscheidungen verwendet werden.

Sie ist ein Bündel aus individuellen und/oder kollektiven Sehnsüchten und kann nicht intellektuell konstruiert werden, weil dann die erforderliche Identifikation fehlt. Die Mission ist im Gegensatz zur Vision ohne Zeitcharakter und beschreibt das SEIN.

Die Mission wird durch Werte und Verben abstrakt beschrieben. Missionen sollten ausschließlich konstruktive Inhalte aufweisen, da sie sonst zerstörerische Kräfte entwickeln.

Eine Vision ist der bewusst gewordene Wunschtraum einer veränderten Um- und Innenwelt. Sie hat im Gegensatz zur Mission einen Zeitcharakter. So ist die Verwirklichung der Vision abhängig von der Trägheit beziehungsweise Geschwindigkeit des jeweiligen Systems und den Umweltbedingungen. Die Mission als Wurzel unseres Seins wird bildlich in die Zukunft projiziert, wobei die Projektionen abhängig von den Veränderungen der inneren und äußeren Bedingungen sind.

Wir können uns dies anhand des Identitätsdiamanten so vorstellen: Projizieren wir durch eine Facette des Diamanten ein Bild auf eine beliebige Fläche, entstehen abhängig von der Form, der Farbe des Steins und dem Projektionswinkel unterschiedliche Bilder.

Diamanten sehen in ihrer Rohform manchmal wie Kieselsteine aus. Glaubt nun jemand, der dem Wesen nach ein Diamant ist, er sei ein Kieselstein, wird er zur Projektionsfläche für andere. Nur wenn er sein Wesen erkannt, die Schlacken beseitigt und an sich geschliffen hat, wird er in der Lage sein, proaktive Bilder – Visionen – entstehen zu lassen. Die Methode „Identitäts-

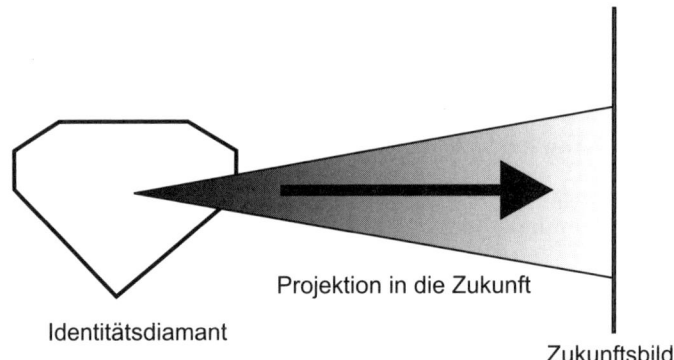

Identitätsdiamant

Projektion in die Zukunft

Zukunftsbild

Bild 16: Identitätsdiamant und Vision

diamant" unterstützt beim Schleifen. Wir bekommen ein neues Selbstverständnis, das uns hilft, unsere Visionen und Zukunftsvorstellungen zuzulassen.

Ein Diamant ist klar und wertvoll. Aktivität und Strahlkraft stehen anstelle von Passivität und Depression. Das Schleifen am Diamanten meint hier natürlich keinen militärischen Schliff, sondern drückt den Bewusstwerdungsprozess aus. Dabei fallen Verkrustungen des Diamanten beziehungsweise falsche – weil unwesentliche – Vorstellungen über uns selbst ab.

Falsche Vorstellungen entstehen durch unzutreffende Selbstbeschreibungen. Da Selbstbeschreibungen durch Kommunikation entstehen, ist es sehr bedeutend, sich selbst ins „rechte Licht" zu rücken und die Inhalte des Identitätsdiamanten zu vermitteln. Wir kommunizieren mit uns selbst und unserer Umwelt. Erst beim Hinaustragen unserer wahren Identität in die Welt entstehen wie von selbst Glücksgefühle – der Diamant beginnt zu strahlen. Immer wieder berichten Klienten über derartige Erlebnisse, und genau deshalb liebe ich meine Tätigkeit, bei der ich meine innere Aufgabe lebe.

Rückmeldungen von Leuten, die begonnen haben, ihre Identität zu erfassen:

„Ich bastelte am Sonntag an meinem Talentschild! Mir geht es sehr gut mit meiner Mission. Ich fühle mich wie ausgewechselt."

„... zum ersten Mal in meinem Leben weiß ich, wer ich bin und wo ich hinmöchte ..."

„Danke für das Glitzern in den Augen!"

„Ein Mission Statement bringt die PS auf den Boden!"

„Mit deiner Führung und Art, die Dinge zu analysieren, bin ich zu absoluter Klarheit gekommen. Für die Erfahrung, wie schön die Dinge werden, wenn sie klarer gesehen und erlebt werden, danke ich dir von ganzem Herzen. Ich werde viel stärker als bisher die Menschen um mich herum anstoßen, für sich nach mehr Freiheit zu trachten."

Die Funktionsweise von Visionen – das Trigon der Macht

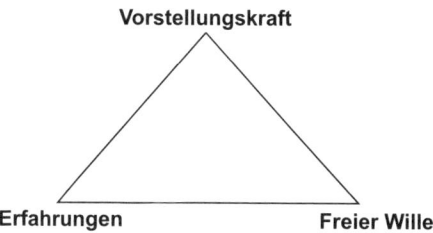

Bild 17: Trigon der Macht

Das Trigon der Macht soll in einfacher Form darstellen, wie Visionen funktionieren. Unsere Vorstellungskraft und unseren freien Willen benötigen wir, um uns Visionen ausmalen zu können. Unsere Erfahrungen können uns dabei blockieren oder fördern. Das Trigon stellt das Spannungsfeld von freiem Willen, Vorstellungskraft und Erfahrungen dar. Das Spannungsfeld dieser Kräfte ermöglicht die leichte Umsetzung unserer Visionen oder aber bedingt deren Scheitern.

Es geht hier um Macht, die Fähigkeit „etwas machen" zu können. Macht im Sinne von Gewalt und Manipulation ist die negative Ausprägung dieses Potenzials. Weiter unten folgen detaillierte Ausführungen zu diesem wichtigen Thema. Zuerst möchte ich aber auf die Wechselbeziehungen im Trigon eingehen. Die nun folgenden Ausführungen sollen uns zu konstruktiven Gestaltern unserer inneren und äußeren Machtbeziehungen machen. Unsere Vorstellungskraft und unser freier Wille sind die Instrumente dazu.

Wenn jemand etwas will, aber keine genaue Vorstellung davon hat

Das Modell „Trigon der Macht" drückt Folgendes aus:

Wenn jemand etwas will (freier Wille), aber keine Vorstellung hat, wie er es bewerkstelligen soll, bestimmen alte Vorstellungen und Erfahrungen automatisch seine Handlungen. Das Fortsetzen seiner bisherigen Muster ist vorprogrammiert.

Beispiel: Ein Jungunternehmer, den ich betreue, stammt aus einer Arbeiterfamilie in einer ehemals stahlverarbeitenden Region. Er will mit künstlerischen Ideen – mit Kunstwerken, Objekten und Einrichtungsgegenständen zur Unternehmensentwicklung – die Identität von Unternehmen stärken. Ein Satz wurde ihm von klein auf eingetrichtert: „Lehne dich ja nicht zu weit aus dem Fenster!", eine Regel, die für Arbeiter in Industriebetrieben lange große Bedeutung hatte. Für jemanden, der neue Ideen mutig umsetzen will, ist diese Aussage ein Bremsklotz, da er sich sogar weit herauslehnen sollte, nämlich im Sinne von etwas wagen! Sein mitgegebener Erfahrungshintergrund eignet sich somit nicht für die Umsetzung seiner Träume. Kann er sich nicht über diesen Satz hinwegsetzen, wird es ihm kaum gelingen, seine Visionen zu leben.

Alte ungeeignete Erfahrungen

Manchmal hindern uns Erfahrungen daran, unsere Visionen umzusetzen. Mit ungeeignet meine ich hier Erfahrungen, die unseren Träumen entgegenwirken Bei einem Seminar sagte eine Teilnehmerin zu mir: „Ich arbeite, bin Alleinerzieherin und möchte (freier Wille) mehr Zeit für mich haben. Aber das geht nicht (Vorstellungskraft)!" Ich antwortete: „Ich darf dich korrigieren – du kannst es dir nur nicht anders vorstellen." Wahrscheinlich hatte sie es bisher nicht anders erlebt (Erfahrungen).

Das Trigon zeigt hier den Ausweg: Wenn wir ungeeignete Erfahrungen in uns gespeichert haben (egal ob selbstgemachte oder im systemischen Sinn übernommene), können wir mittels unserer Vorstellungskraft den Weg für neue Erfahrungen bahnen. Unsere Vorstellungskraft kann Enormes bewirken. Wenn sie konträr zum freien Willen ist, setzt sie sich gegenüber dem freien Willen durch.

Vieles ist möglich, wenn wir uns innerlich ein Bild kreieren können. Das bedeutet: Wir stellen uns zukünftige Abläufe glaubhaft vor. Glaubhaftigkeit ist deshalb nötig, da wir nicht jedes Detail vorhersehen können. Der Glaube gibt der Vorstellung die nötige Kraft, Unsicherheiten zu überwinden. Dies betrifft unsere und die Unsicherheit derer, die von der Veränderung betroffen sind.

In der Schule hatte ich einen wunderbaren Turnlehrer, Reinhard Scheucher. Er ist ein begnadeter Sportler und ein sehr ermutigender Pädagoge. Auf dem Schulschikurs war ich in der Gruppe der guten Schifahrer, die von ihm geführt wurde. Er brachte uns zu einer Lifttrasse, die in uns Schrecken auslöste. Obwohl wir gute Schifahrer waren, waren wir uns dieser Strecke nicht ganz sicher. Da wir aber keine „Memmen" sein wollten, stürzten wir uns hinunter. Kurz danach war die ganze Truppe über die Lifttrasse verteilt – ein Schi da, ein Stock dort und stöhnende Laute überall. Reinhard fuhr an uns in bewundernswertem Stil sicher und gelassen vorbei. Im Tal angekommen, sagte er zu uns: „Wir starten gleich den zweiten Versuch, nur diesmal mit einer Vorbereitung." Daraufhin erklärte er uns die Funktionsweise des „Innergamings", eine Technik, die Ingemar Stenmark als Erster erfolgreich angewendet hatte: Bevor er einen Wettkampf bestritt, stellte er sich hin und fuhr die Strecke im Kopf gedanklich durch. Er konnte so bis auf eine Zehntelsekunde genau die tatsächliche Fahrt planen. Heute machen das alle Spitzensportler in jeglicher Disziplin, ob beim Bobfahren, beim Tennisspielen oder Klettern. Ganz selbstverständlich werden alle Details durchgespielt. Wir taten es auch, und beim zweiten Mal stürzte keiner von unserer Gruppe.

Auch mein ehemaliger Geschäftspartner und ich führten keine Besprechung oder Verhandlung mit Lieferanten, ohne dies vorher durchgespielt zu haben. Die Vorstände dieser Unternehmen waren meist unvorbereitet, da sie 26-jährige „Grünschnäbel" als Verhandlungspartner erwarteten. So gelang es uns, besonders gute Konditionen auszuhandeln. Dies, obwohl unsere Partner uns überlegen waren. Mangelnde Überlegenheit wegen fehlender Erfahrungen kann durch Vorstellungskraft kompensiert werden.

Zusammenfassend: Wenn wir etwas wollen, es uns aber nicht vorstellen können, setzen sich unsere alten Erfahrungen durch. Wir bekommen dann Sätze zu hören wie: „Ich hab es dir doch gesagt, dass das nicht so leicht ist."

Dazu eine Übung:[26] Schreiben Sie spontan ein Beispiel auf, wo Ihr Wollen im Gegensatz zu Ihren übernommenen beziehungsweise bisherigen Erfahrungen steht. Dazu sei angemerkt, dass wir jedes Problem positiv zu Wollen umformulieren können. Beispiel: Ich habe keine Zeit zum Lesen! – Ich will mehr Zeit zum Lesen! Oder: Keiner ruft bei mir an! – Ich will bekannter werden, sodass Menschen bei mir von selbst anrufen!

---

[26] Vgl. Insa Sparrer, Mathias Varga von Kibed: Ganz im Gegenteil, 2000.

Diese positive Form ist lösungsorientiert und deshalb geeigneter, Veränderungen bei uns oder in unserem Umfeld vornehmen zu können.

Wir können dies mit Hilfe der folgenden Struktur gleich ausprobieren.

Übung – Problem-Lösungsbeschreibung

Problem:

_____

Fragen dazu:

Schritt 1 – Beschreibung des Problems beziehungsweise der Lösung:

Wer hat das Problem?

_____

Ist es Ihr eigenes Anliegen?

_____

Spielen andere Erwartungen eine Rolle?

_____

Wohin soll es gehen?

_____

Was soll anders werden?

_____

Woran würde ich merken, dass das Problem verschwunden ist?

_____

Woran würden es die anderen merken, dass ich mein gewolltes Ziel erreicht habe?

_____

Nachdem Sie diese Fragen beantwortet haben, formulieren Sie Ihren Wunsch in der Form:

Ich will:

1. _____

2. _____

Schritt 2 – bisherige Erfahrungen mit dem Thema abklären:

Was sind meine bisherigen hinderlichen Erfahrungen mit dem Thema?

Schreiben Sie Beispiele dazu auf, wie es zu den Erfahrungen gekommen ist:

1. _____

2. _____

3. _____

4. _____

Übernommene Erfahrungen und von wem vermutlich übernommen (Eltern, Großeltern, Schule, Gesellschaft und so weiter):

übernommene Erfahrung	von wem
1.	
2.	
3.	
4.	

Wofür sind diese alten Erfahrungen bis jetzt gut gewesen (verdeckter Gewinn)? Es gibt kein Problem, das nicht bis jetzt auch einen Nutzen gebracht hat. Man sollte sich des Nutzens beziehungsweise bisherigen verdeckten Gewinns bewusst sein, da man ansonsten vielleicht das Tafelsilber wegwirft. Durch diesen Prozess würdigt man das Alte. Ohne dieser Würdigung ist es fast unmöglich, neue Wege zu beschreiten. Durch Ablehnung entsteht sogar eine unbewusste Bindung an das Alte, denn nichts ist an und für sich „schlecht" und ohne Nutzen. Man sieht diesen nur oftmals erst viel später. Der Hass bindet und die Liebe macht frei! Diese Bindung erfolgt durch unsere negativen Gefühle zu dem Objekt. Viele unserer Ressourcen werden dadurch blockiert und erst durch eine positive Umdeutung frei.

Wir sehen so lange in die Vergangenheit, bis zu allem ein positiver Kontext gefunden wird. Erst dann werden wir frei für Neues.

Nutzen der bisherigen eigenen Erfahrungen:

1. _____

2. _____

3. _____

4. _____

Nutzen der übernommenen Erfahrungen:

1. _____

2. _____

3. _____

4. _____

Schritt 3 – Hindernisse und deren Nutzen:

Welche Hindernisse gibt es, die mich von meinem Ziel fern halten? Inwieweit übernahmen diese Hindernisse bisher auch eine Schutzfunktion?

Hindernis	Schutzfunktion
1.	
2.	
3.	
4.	

Schritt 4 – ungenutzte Ressourcen:

Welche ungenutzten Ressourcen legen die Hindernisse bei mir frei?

Welche meiner Fähigkeiten könnte mir behilflich sein, um an mein gewolltes Ziel zu gelangen?

Was könnte ich weglassen, um dadurch Freiraum zu gewinnen?

1. _____

2. _____

3. _____

Schritt 5 – die „größere" Aufgabe:

Einzelne Probleme und deren Lösung sind meist der Zwischenschritt zu einer größeren, der nächsten Aufgabe. Diese anfänglich noch nicht bekannte Aufgabe ist jedoch ein wichtiger Teil des jetzigen Problems.

Was wird der nächste Schritt nach der Lösung des Problems sein?

Womit muss ich fertig werden, wenn ich bei der Lösung des ersten Problems erfolgreich gewesen bin?

Zu welcher übergeordneten Aufgabe könnte das Problem gehören?

1. _____

2. _____

3. _____

Diese Methode der Bearbeitung unserer Probleme und Wünsche wenden wir konkret bei der Formulierung unserer Vision an. Greifen Sie deshalb bei den Übungen zur Vision auf dieses Kapitel zurück.

Wenn man sich etwas vorstellt, es aber nicht will

Das Trigon sagt aber noch mehr aus: Wenn wir eine Vorstellung von etwas haben, es aber gar nicht wollen, wird es langfristig nicht gelingen.

Aus der Medizin wissen wir, dass unser Immunsystem auf Nicht-Wollen reagiert. Stehen wir in der Früh auf mit dem Gedanken: „Um Gottes Willen, was für ein Tag kommt auf mich zu! Fünf mühselige Besprechungen!", wird unser Immunsystem geschwächt. Die Wahrscheinlichkeit, ohne Kraft zu sein und krank zu werden, steigt.

Ebenso kann sich das Nicht-Wollen so auswirken, dass man ungeschickt wird und das Angestrebte vielleicht sogar verhindert. Zum Beispiel: Beim Abwaschen ist man nicht bei der Sache und lässt ein Glas fallen. Oder: Als ich einmal zu einem Klienten in eine andere Stadt fahren sollte, mich aber stattdessen viel lieber ausgeruht hätte (ich hatte schlecht geplant), fuhr ich jemandem mit dem Auto bei erster Gelegenheit beim Abbiegen auf. Ich musste zu Hause bleiben.

Es stellt sich nun die Frage: „Ist es immer so? Nicht-Wollen führt doch nicht immer zu Schwierigkeiten?" Dazu kann man sagen, dass die negativen Auswirkungen manchmal erst viel später eintreten. Die Wirkungen von Ursachen sind manchmal zeitverzögert.

Mit dem gewonnenen Verständnis über die Zusammenhänge von Wille,
Vorstellungskraft und Erfahrungen können wir unser Leben machtvoll gestalten. In diesem Zusammenhang entstehen neue Erfahrungen, die in unserem Erfahrungsspeicher eingetragen werden. In einer zukünftigen ähnlichen
Situation ist eine neue Gewohnheit abrufbar, und sie hilft uns in der gleichen Sache „wie von selbst". So ist zum Beispiel das erste Vorstellungsge-
spräch viel schwieriger als das folgende und die erste Unternehmensgrün-
dung wesentlich härter als die zweite. Das Prinzip funktioniert für positive
und negative Erfahrungen gleich. So kann ein älterer Mensch immer leichter
Schönes erleben, beziehungsweise immer tiefer in Verstrickungen geraten.
So ist das Leben! „Je öfter man etwas tut, desto öfter tut man es."

Zusammenfassende These:

> *„Die Vorstellungskraft ist der Anfang der Schöpfung. Man stellt sich vor,*
> *was man will;*
> *man will, was man sich vorstellt, und am Ende erschafft man, was man*
> *will." (George Bernard Shaw)*

An dieser Stelle wird immer wieder gefragt: „Ist das positives Denken?" Die
Bewegung des positiven Denkens brachte viel Gutes, provozierte allerdings
auch Skepsis. Leute, die sich einredeten, dass alles gut ist, machten dann
doch wieder schlechte Erfahrungen. Das ist so zu erklären: Wenn wir uns
etwas naiv suggerieren, ohne ein tiefes Verständnis dafür zu haben, dann
greifen immer wieder alte Vorstellungen und Erfahrungen in unser Erleben
ein. Nur Einsicht, echtes Verstehen, verändert nachhaltig unsere Realität.
Ich bin der Überzeugung, dass Herz und Kopf verbunden zu einer realitäts-
nahen Sichtweise führen – dann geschieht Veränderung.

Unsere Vorstellungskraft ist wie ein Muskel, der trainiert werden kann.
Wenn wir uns das vorstellen, was wir wollen, können wir neue Erfahrungen
machen, die uns mehr und mehr unterstützen. Alte Erfahrungen können dabei hinderlich oder förderlich sein. Förderlich sind alte Erfahrungen dann,
wenn sie als notwendiger Lernschritt gesehen werden.

Dazu noch ein Beispiel: Als Unternehmer ist es für mich von Vorteil, in einer
Unternehmerfamilie groß geworden zu sein. Allerdings bekam ich auch eine
hinderliche Erfahrung mit: „Wenn du vor 18 Uhr nach Hause gehst, wirst
du es zu nichts bringen. Ein Unternehmer arbeitet immer." Diese Program-
mierung entspricht meinem Wesen überhaupt nicht. Es dauerte lange, diesen
Glaubenssatz von mir zu lösen. Wie oft saß ich deshalb die Zeit nur pflichtbewusst ab, bis ich erkannte, dass mein Erfolg auf einem anderen, meinem
eigenen Prinzip der Freiheit beruht. Dadurch wurde ich stark, erkannte aber

auch den Nutzen von Disziplin. Durch diese kann man in kurzer Zeit sehr große Schritte machen.

> Die Möglichkeiten in unserem Raum sind enorm groß. Unsere Vorstellungskraft entscheidet über Erfolg.

Ausgangsbasis jeder Vision ist ein Denkhorizont der unbegrenzten Möglichkeiten, den wir mit unserem Wollen verbinden.

In allen folgenden Übungen zum Thema Vision stellen wir uns deshalb immer wieder diese KRAFT-Fragen:

Übung – Was würde ich tun wenn …?

Stellen Sie sich nun folgende Fragen:

Wenn ich unbegrenzt Zeit, Mittel und Ressourcen hätte, was würde ich dann tun?

Wenn ich Mut wie ein Löwe, Vertrauen wie ein Elefant und Zuversicht wie ein Narr hätte, wie würde ich mich dann entscheiden?

Dann würde ich das spontan tun:

_____

_____

_____

Wenn ich das gemacht habe, was dann?

_____

_____

_____

Und was folgt danach?

_____

_____

_____

Tun Sie das!

Diese Fragen helfen uns dabei, einen weiten Horizont in unserem Denken zu erlangen. Sie geben Anstoß zu einem „realeren" Denken.

Über Machtbeziehungen

Wer seine Visionen verwirklichen will, braucht Macht. Macht ist unser Potenzial, „etwas machen" zu können, und begegnet uns in allen Lebensbereichen. Macht ist an und für sich neutral. Erst unsere Erfahrungen damit führen zu einer Bewertung. Im Allgemeinen ist der Begriff Macht negativ besetzt, da wir Menschen kennen, die ihre Macht missbraucht haben. „Nein, ich brauche keine Macht", ist dann die Aussage von jemandem, der diesen Begriff einseitig negativ sieht. Aber wer will schon ohnmächtig sein? Je fähiger wir werden, Macht im positiven Sinne zu entfalten, desto mehr Möglichkeiten zur Gestaltung unseres Lebens haben wir. Wer ohnmächtig ist, ist wie eine Wand, die als Projektionsfläche für andere dient. Wer sich ständig beeinflussen lässt, ist unfähig, seine Zukunft selbst zu gestalten. Beeinflusst werden wir von Menschen, Dingen und unkritisch übernommenen Regeln.

Der Systemiker Fritz B. Simon gab mir dazu in Gesprächen viele Anstöße. Ich kenne nur wenige, die in einer vergleichbar präzisen Form Dinge beschreiben. Es folgt ein Beispiel für Ohnmacht.

Der Systemtheoretiker Bateson sagte zu jemandem nach einem Treffen mit Milton Erricson:

Bateson: „Ich habe das Gefühl, Milton will mich manipulieren!"

Gesprächspartner: „Wie kommst du darauf?"

Bateson: „Er hat mich gefragt, ob ich mit ihm essen gehe."

Bateson fühlte sich manipuliert, weil er aus lauter Höflichkeit nicht Nein sagen konnte. Somit hatte Erricson Macht über ihn.

Für Externe erscheint es oft so, als würde es eine Ursache-Wirkungs-Beziehung geben:[27] „Geh da rüber und hol die Akte!" Der andere geht und holt die Akte. Oder der Befehl: „Jugoslawien, liefere Milošević aus!" Es gibt aber keine instruktive Ursache-Wirkungs-Beziehung. Entscheidend ist vielmehr die Frage: „Wie kommt jemand dazu, autonom eine Entscheidung zu treffen, das zu tun, was ein anderer sagt?"[28]

Letztlich entsteht eine Machtbeziehung, wenn es jemandem gelingt, die Möglichkeiten eines anderen einzuschränken oder zu erweitern. Der andere trifft jedoch autonom die Entscheidung, sich einschränken oder erweitern

---

[27] Zitat: Fritz B. Simon, Heidelberg 2001.
[28] Zitat: Fritz B. Simon, Heidelberg 2001.

zu lassen. Macht hat deshalb derjenige, der vom anderen weniger will. „Wer will was von wem?", ist die Frage zur Machtklärung.

Es hängt somit von den Werten und Zielen der Beteiligten ab, wie die Machtbeziehung gestaltet ist. Damit es zu einer Machtbeziehung kommt, ist die Zustimmung beider notwendig. Diese Zustimmung wird oft unbewusst gegeben, und man spricht dann von Manipulation. So entstehen die Begriffe Täter und Opfer.

Wenn einer die Machtbeziehung verändern will, kann es zu Eskalationen kommen. Erst dann werden Zeichen der Macht mitunter mit Gewalt gesetzt. Die gesellschaftliche Sanktionierung der Gewaltanwendung eines physisch Stärkeren ist deshalb sehr sinnvoll. Psychische Gewaltanwendung wird zum Beispiel durch den Konsumentenschutz geregelt. Man geht davon aus, dass der Konsument schwächer als ein Unternehmen ist.

Es gibt zwei Zugänge zum Thema Macht:

• Ich kenne die Werte und Ziele von mir und dem anderen.
• Ich habe etwas versprochen oder mir wurde etwas versprochen.

Wenn man jemandes Ziele und Werte kennt, kann man ihn manipulieren. Man kann ihm dabei helfen, seine Ziele zu erreichen, oder es verhindern. Der erste Zugang erklärt, warum es für Unternehmen wichtig ist, Mitarbeiter austauschbar zu halten. Sie wollen unabhängig vom Einzelnen sein. Der Mitarbeiter hätte sonst Macht über das Management. Dies trifft bei Experten zu. Sie können unersetzlich werden und das Fortbestehen der Organisation gefährden.

Sobald man jemandem etwas versprochen hat, hat dieser Macht über einen. Der zweite Zugang erklärt, warum es manche vermeiden, sich zu verlieben. Sie wollen anderen keine Macht durch eine Bindung geben.

Es gibt zwei Möglichkeiten, Macht anzuwenden:

Möglichkeit eins

• Ich bin in der Lage, andere einzuschränken.
• Ich schränke mich ein.
• Ich lasse mich einschränken.

Möglichkeit zwei

• Ich kann die Möglichkeiten anderer erweitern.
• Ich kann mich erweitern.
• Ich lasse mich erweitern.

Macht ist ein Merkmal all unserer Beziehungen. Beziehungen können zu Dingen, Personen, Gruppen, Werten oder Haltungen aufgebaut werden. Wir können den Handlungsspielraum einer Person einengen oder erweitern. Wer will also mehr vom anderen?

▨ Jemand ist dann in einer Machtposition, wenn er nichts will.

Aus diesen Ausführungen können wir nun einige negative und positive Schlüsse ziehen.

Negative Schlüsse

* Wenn wir meinen, nur in einer bestimmten Firma arbeiten zu können, sind wir von der Willkür des Managements abhängig.
* Wenn wir nur eine Möglichkeit zur Zukunftsgestaltung sehen, sind wir den zeitlichen Umweltbedingungen ausgeliefert.
* Wenn wir unser Glück von äußeren Dingen abhängig machen, geben wir unsere Macht vollends ab. Gandhi lieferte dazu ein gutes Beispiel. Er sagte zu den Engländern: „Ihr könnt mich quälen, mir die Knochen brechen und mich bis aufs Blut foltern, aber meine Einstellung könnt ihr mir nicht nehmen." Er nahm die Macht der Engländer über das körperliche Wohlbefinden einfach nicht an. Er bewertete die Freiheit höher als sein körperliches Wohl.
* Wenn wir uns über jemanden oder etwas ärgern, geben wir ihm Macht über uns.

Positive Schlüsse

* Wenn wir uns in unseren Beziehungen so verhalten, dass die Möglichkeiten beider Seiten anwachsen, werden beide mächtiger. Ich denke, dass dies der Schlüssel zu guten Partnerschaften ist.
* Wenn wir uns dessen, was wir wollen, bewusst sind, können wir uns entscheiden, welche Machbeziehungen wir eingehen wollen. Durch unsere aktive Entscheidung bleiben wir frei, uns zukünftig anders entscheiden zu können.
* Wenn wir in der Lage sind, in einer bestimmten Situation unter mehreren Gefühlen wählen zu können, sind wir sehr mächtig. „Wenn wir heute streiten, so erfahre ich das als eine Form des vielseitigen Austauschs in unserer Beziehung!" – so könnte eine Erweiterung unserer Sichtweise aussehen.

Es ist eine romantische Illusion, Macht aus unserem Leben verdrängen zu können. Sie ist ein Merkmal unserer alltäglichen Beziehungen. Sie zu verleugnen, ist naiv. Letztlich können wir nur in Beziehung zu unserer Um- und Innenwelt leben. Wir fliehen durch die Unfähigkeit zur Gestaltung unserer Umwelt in unsere Innenwelt oder zu anderen Umwelten (Partnerwechsel, Berufswechsel – „Dort werde ich dann glücklicher sein"). Was aber, wenn wir dort auch nicht glücklich sind, was dann?

In Bild 18 versuche ich, dieses Thema in Form von Beziehungen zwischen unserer Um- und Innenwelt darzustellen. Die Umwelt besteht aus dem „Du", das sind die anderen Menschen, und dem „Es", den Dingen. Die Innenwelt besteht aus unseren Werten, Zielen, Haltungen und unserem Wollen. Die Länge der Doppelpfeile repräsentiert unseren Raum an Möglichkeiten – das ist Macht. Ich führte symbolisch einen Beobachter oder auch ein „Über-Ich" ein. Diese Position steht für die Fähigkeit zu beobachten, was geschieht, ohne dabei identifiziert zu werden. Um unsere Einzelperson herum ist eine Grenze, ab welcher wir nach außen wirken.

Bild 19 zeigt, was geschieht, wenn der Beobachter mit seiner Innenwelt (Werte, Wollen et cetera) verschmolzen ist. Es gelingt ihm nicht, Abstand davon zu nehmen. So glaubt man zum Beispiel: „Ich bin meine Gefühle." Es entsteht eine Abhängigkeit, die nicht nützlich ist, da unsere Gefühle situationsbedingt sind.

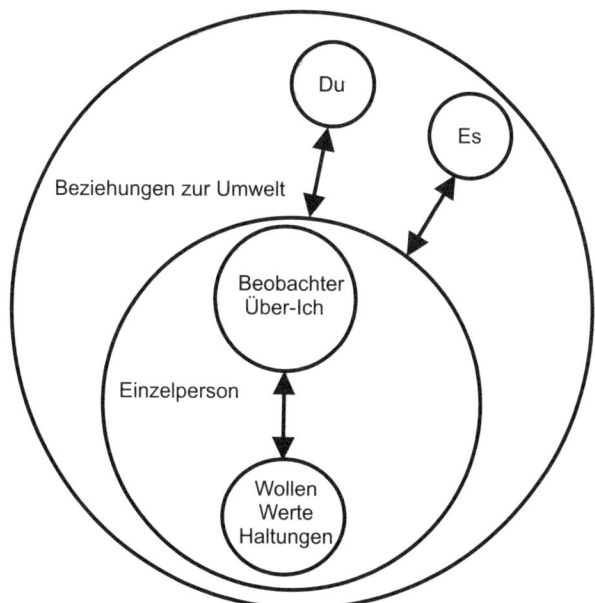

Bild 18: Macht

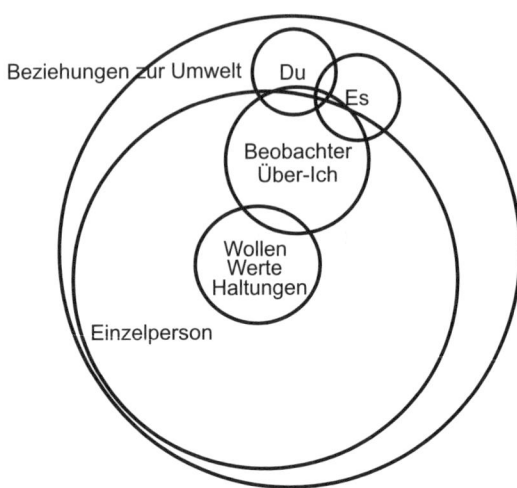

Bild 19: Eingeengte Macht

Verschmilzt die Einzelperson mit dem „Es" – den Dingen – glaubt sie zum Beispiel, dass ihr Auto einen Teil ihres „Ichs" symbolisiert. Ihr Selbstwert hängt davon ab, wie hoch der Prestigewert des Fahrzeugs ist. So kommt es dann vor, dass die Person sogar Selbstmord verübt, weil ihr Auto nach einem Unfall nur mehr Schrott ist.

Verschmilzt der Beobachter mit einem „Du", glaubt er zum Beispiel, eine untrennbare Einheit mit seinem Partner beziehungsweise seinen Kindern zu bilden. Steht die Partnerschaft vor dem Bruch, denkt er, sein Leben gehe nicht mehr weiter.

Mit Hilfe dieses Modells können wir Eskalationen in unseren Beziehungen gut erklären. Durch Einengung unserer Wahlmöglichkeiten auf ein Gefühl, einen Wert, eine Person oder eine Sache, fühlen wir uns existentiell bedroht und handeln mitunter überstürzt.

Bateson (obiges Gespräch) fühlte sich manipuliert, da er nur eine Variante als Reaktion auf eine Einladung zum Essen für möglich hielt. Nämlich höflich mit „Ja" zu antworten.

Andere Beispiele für Einengungen:

- „Du bist meine einzige Liebe!" Das wirkt sehr belastend auf den Partner.
- „Die Firma ist mein Leben!" Die armen Arbeitskollegen und Kunden!
- „Ich bin Österreicher!" Und alle anderen sind Idioten?

Dies heißt nun nicht, dass wir keine Bindungen mehr eingehen sollen. Wir sollten sie mit dem Bewusstsein eingehen, mehrere Optionen zur Verfügung zu haben. Diese Fähigkeit zur Distanz benötigen wir zum Beispiel in Konfliktsituationen, die uns einengen.

Die hier verwendeten Methoden zeigen lediglich einen möglichen Weg zur Identitätsbestimmung auf. Selbst unsere Mission ist lediglich eine Variante. Ihre Abstraktheit macht sie für den alltäglichen Gebrauch nützlich, aber auch da sollten wir uns der Einengung bewusst sein. „Die einzig gute Mission" kann leicht zum Dogma werden. Dogmen verkrusten den Diamanten.

Nun aber gehen wir zum Handwerkszeug über.

Individuelle Vision: Vom Defizit in den Überschuss

Die Gestaltung der individuellen Vision bedarf mehrerer Schritte, die wir hier einzeln in den folgenden Modulen 6 bis 9 betrachten werden.

Die hier gewählte Vorgangsweise entstand aus der Beratungstätigkeit für Start-up-Unternehmen. Das Ergebnis wird in einer Private Balanced Scorecard als Ziel- und Wegbeschreibungssystem zusammengefasst. Bild 20 stellt den Visionsprozess von unten nach oben dar.

Man kann die Vision grob in zwei Teile, in die Defizit- und die Überschussvision teilen. Wir befinden uns solange im Defizit, solange unsere Grundbedürfnisse nicht befriedigt sind, wir innere Spannungen und Konflikte mit uns herumtragen und Rollenerwartungen ungeklärt sind.

In der Defizitvision beschäftigen wir uns daher mit Bedürfnissen und dem Ausgleich von Defiziten. Wir wollen vielleicht mehr Zeit, mehr Freunde oder mehr Geld. Diese Sehnsüchte betreffen uns persönlich, selbst wenn andere, zum Beispiel unsere Familie, auch davon profitieren. Mit dieser Vision setzen wir uns zuerst auseinander. Wir starten den Prozess der Visionsfindung mit der Erhebung unseres Zustandes.

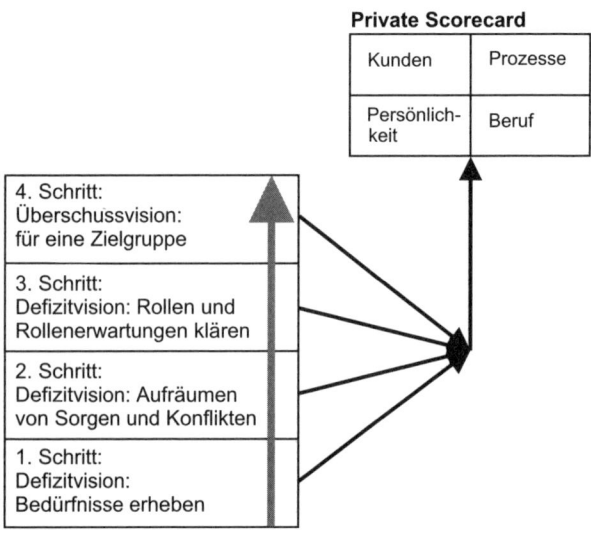

Bild 20: Visionsschritte

Im zweiten Teil beschäftigen wir uns mit „Überschüssen", die wir für unsere Umwelt einsetzen können. Die Unterscheidung berücksichtigt somit unseren Zustand. Wer müde und ausgelaugt ist, hat keine Energie für andere zur Verfügung. Eine Vision, die rein zur Befriedigung unserer eigenen Bedürfnisse dient, führt im Endeffekt zum Gefühl von Sinnlosigkeit. Wenn wir aber unsere Bedürfnisse befriedigt haben, mit unseren Konflikten umgehen können und unsere Rollen geklärt haben, entsteht Überschuss für andere.

Um das zu verstehen, wollen wir drei Stufen der Entwicklung unterscheiden: Schüler, Lehrer und Meister. Der Schüler arbeitet in erster Linie an einem Thema, um zu wachsen. Die meiste Energie braucht er für sich selbst. So verhält es sich auch bei Kindern: Sie dürfen nehmen, und wenn sie erwachsen sind, können sie etwas von ihrem „Überschuss" weitergeben. Der Schüler entwickelt durch Selbsterfahrung ein neues Denken und sammelt erste, hoffentlich positive Erlebnisse.

Der Lehrer ist noch kein Meister in allen Belangen. Er hat so viele positive Erfahrungen mit dem Thema, in dem er die Meisterschaft erlangen will, gemacht, dass er motiviert ist, diese zu kommunizieren. Damit kann er auch vorprogrammierten Enttäuschungen bezüglich seiner Person vorbeugen. Er ist kein Meister, verfügt aber über einige Werkzeuge, die ihn befähigen, Wissen adäquat weiterzugeben und sich zu entwickeln. Der Lehrer lernt durch das vorgetragene Thema ebenso viel wie die Schüler. Er hat noch einiges zu lernen, besitzt aber bereits genug Glaubwürdigkeit, um Wissen weiterzugeben.

Ein Meister ist schließlich, wer ein Thema vollends lebt. Er strahlt Integrität aus und kann seinen Überschuss dazu verwenden, für andere da zu sein. Ein Meister ist bedürfnislos und dient. Er braucht keine Bewunderung mehr. In dem Moment, wo sie aber da ist, verwendet er diese Kraft, um sie zur Entwicklung seiner Mitmenschen beziehungsweise Umwelt sinnvoll einzusetzen.

Die von mir verwendeten Begriffe haben eine symbolische und keine religiöse Bedeutung. Ich erwähne diese drei symbolischen Entwicklungsstufen deshalb, weil gerade im Trainingsgeschäft viele „Gurus" hervorgekommen sind, die aufgebaute Erwartungen nicht erfüllen können. Sie stellen scheinbar perfekte Menschen dar – weil sie aber noch nicht perfekt sind, kommen sie mit der Zeit unter starken Erfolgsdruck, dieses Image zwecks Werbewirksamkeit aufrechtzuerhalten. Einer von diesen Gurus brach während eines Vortrages, vollgepumpt mit Aufputschmitteln, erschöpft zusammen. Nur ein Meister ist wirklich in der Lage, mit den kraftvollen Energien einer bewundernden Masse demütig umzugehen. Zu schnell glaubt man von sich: „Ich bin so ein toller Kerl!", bis schließlich das aufgeblasene Ego durch den

Körper oder öffentliche Skandale in die Schranken gewiesen wird. Lehrer neigen dazu, sich selbst als die Ursache der Bewunderung zu sehen. Letztlich ist die Bewunderung aber ein Spiegel dessen, was wir alle in uns selbst finden können (Motivation, Glück, Begeisterung, Fähigkeiten und so weiter).[29]

Man beachte deshalb bei jedem Thema, auf welcher persönlichen Entwicklungsstufe man sich gerade befindet: Schüler, Lehrer oder Meister!

Im folgenden Modul 6 beginnen wir nun mit dem Erarbeiten der Defizitvision, um später schrittweise zur Überschussvision zu gelangen.

---

[29] Zur Veranschaulichung dieser Thematik, wählte ich den Namen „Till Eulenspiegel" für unsere Beratergruppe. Was tut ein Eulenspiegel? Er führt Menschen hinters Licht, damit ihnen ein Licht aufgeht.

Modul 6: Bedürfnisse erkennen

Wir starten den Prozess der Visionsfindung, indem wir uns unsere Bedürfnisse bewusst machen. Bedürfnisse zeigen den Wunsch nach Veränderung in unserem Leben auf. Es geht dabei um aktuell empfundene Defizite. Die Inhalte des Identitätsdiamanten können dafür eine sinnvolle Basis geben. Der Kernwert 1. Ordnung ist meist unser wichtigstes Bedürfnis. Die Kernwerte 2. Ordnung repräsentieren Bedürfnisse, die unsere Beziehungen betreffen. Die Talente reflektieren unsere Bedürfnisse nach bestimmten Aktivitäten. Zeichnen sie dazu nochmals den Identitätsdiamanten auf einem Extrablatt auf.

Im Folgenden werde ich Übungen zur Bedürfniserhebung bringen. Wir unterscheiden zwischen drei Bedürfnisarten.

Soziale (seelische) Bedürfnisse

„Was brauche ich, um mich verbunden und geborgen zu fühlen?"

Unsere Bedürfnisse nach Verbundenheit und Geborgenheit geben uns den nötigen Rückhalt für äußerliche Aktivitäten. So könnten hier die Themen Familie, Gemeinschaft und Freundschaft bearbeitet werden. Beispiele dafür sind folgende Bedürfnisse: „Ich möchte mehr Zeit für meine Familie haben" oder: „Ich hätte gerne einen Lebenspartner" oder: „Ich möchte einmal pro Woche einen Freund treffen" und so weiter. Da es sich hier um Bedürfnisse des Verbundenseins handelt, können hier auch spirituelle Sehnsüchte eingebracht werden, wie beispielsweise nach Kontakt zu einer religiösen Gemeinschaft.

Materielle (körperliche) Bedürfnisse

„Welche materiellen Umweltbedingungen brauche ich, um mich zu entfalten?"

Hier geht es um Bedürfnisse nach Ernährung, Bewegung, Wohnraum und Regeneration. Dazu benötigen wir entsprechende finanzielle Mittel. Geldwünsche können aber auch für sich alleine stehen. Zum Beispiel: „Ich will eine Million verdienen!" An dieser Stelle ist es wichtig, seine Sehnsüchte wertfrei zu betrachten.

Mentale (geistige) Bedürfnisse

■ „Was möchte ich gerne tun, um mich geistig zu entwickeln?"

Mentale Bedürfnisse repräsentieren unsere Sehnsucht nach geistiger Entwicklung. Der Wunsch nach Zeit für den Besuch von Kursen, dem Lesen von Büchern und intellektuellem Austausch steht hier im Vordergrund, zum Beispiel: „Ich möchte mich weiterbilden und lesen. Dazu brauche ich einen Tag pro Woche", aber auch: „Ich benötige jeden Tag 30 Minuten, um zu meditieren."

Es geht bei der Bedürfniserhebung zur Visionsfindung um **Ihre** persönlichen Bedürfnisse! Unterscheiden Sie deshalb bei jedem Bedürfnis, ob es tatsächlich Ihr Anliegen ist, oder ob Sie etwa Erwartungshaltungen des Partners, der Firma oder der Gesellschaft verinnerlicht haben.

Strengen Sie sich bei der Erhebung Ihrer Bedürfnisse nicht allzu sehr an. Spontaneität und Intuition führen Sie zu einem Ergebnis. **Sprechen Sie Ihre Wünsche einfach aus, wie vor Weihnachten!** Wie bei einem Brainstorming ist es gut, so wie es kommt! Träumen Sie wieder!

Für die folgenden Übungen empfehle ich zumindest einen zeitlichen Rahmen von vier Stunden. Gehen Sie zum Beispiel wandern oder ziehen Sie sich an einen schönen Ort zurück. Sie brauchen dafür Distanz von Ihrem Alltag. Diese Übung können Sie mit den weiteren Übungen zu einem wunderschönen Visions-Wochenende verbinden. Auch könnte der Geschäfts- oder Lebenspartner miteingebunden werden. Zuerst macht jeder die Übung für sich, anschließend kommunizieren Sie Ihre Bedürfnisse und fügen gemeinschaftliche Bedürfnisse hinzu (Familienbedürfnisse und Geschäftsbedürfnisse). Ihre Partnerschaft (Familie oder Unternehmen) kann man als eigenes Wesen mit Ansprüchen betrachten! So haben Sie eine konstruktive Methode, mit den Bedürfnissen umzugehen.

Formulieren Sie Ihre Bedürfnisse als Wünsche: „Ich will ..." oder: „Ich wünsche mir ..."

Übung – Bedürfnisse

In dieser Übung formulieren wir das Bedürfnis, eine lösungsorientierte Formulierung, die bemerkbare Veränderung und eine Maßnahme.

Beispiele:

* Weiterbilden; ich will Zeit zum Lesen; ein Buch schreiben; vier Stunden pro Woche.
* Gesundes Essen; ich will fit sein und länger leben; gesundes Zahnfleisch und keine Erkältung; Büro in die Gegend eines Vollwertlokals verlegen.
* Austausch; ich will in eine konstruktive Gemeinschaft; neue Freunde; Gruppen suchen.
* Herausforderung; ich will einen Job, der mich anregt; ich würde weniger nörgeln; neuen Job suchen.
* Und so weiter ...

Verwenden Sie dazu unbedingt die Übung: „Problem-Lösungsbeschreibung", die wir im Kapitel „Die Funktionsweise von Visionen – das Trigon der Macht" verwendet haben.

Tabelle 11: Bedürfnisse

Bedürfnis:	Lösungsorientierte Formulierung:	Bemerkbare Veränderung – Ziel:	Maßnahme:
Soziale (seelische) Bedürfnisse:			

Tabelle 11: *Fortsetzung*

Bedürfnis:	Lösungsorien-tierte Formulie-rung:	Bemerkbare Veränderung – Ziel:	Maßnahme:
Materielle (körperliche) Bedürfnisse:			
Mentale (geistige) Bedürfnisse:			

Modul 7: Aufräumen von Sorgen und Konflikten

Die Dinge in meinen Leben, die mich belasten, werden bereinigt.

Sorgen sind nur Konflikte, die ich nicht wahrnehmen will.

Konflikte gehören zu unserem Leben dazu und treten immer wieder ganz selbstverständlich auf. Jedes Mal, wenn wir handeln, entstehen Spannungen beziehungsweise Konflikte. Befinden wir uns im Fitnessstudio und wollen eine Hantel heben, so entsteht Spannung, ein Konflikt für unseren Körper. Da wir über Spannung und Entspannung zu mehr Muskelkraft gelangen, ist dieser Konflikt von uns bewusst herbeigeführt.

Einige der Konflikte führen wir bewusst herbei, um daran zu wachsen, andere entstehen unbewusst. Jene Konflikte, die wir negativ bewerten, verdrängen wir. Deshalb entstehen Sorgen: „Ich sollte mal wieder zum Zahnarzt", „Meine Oma wird mich enterben, wenn ich sie nicht bald besuche!", „Meine Freundin beklagt sich darüber, dass wir zu wenig Zeit miteinander verbringen!", „Meine Firma hat bald keine Aufträge mehr!", „Meine Mitarbeiter …!" Dies sind alles normale Konflikte, die zu Sorgen werden, wenn wir ihnen nicht gegenübertreten. Konflikte gibt es eben, ob wir es wollen oder nicht! Die Bedingungen dafür sind irgendwann von uns geschaffen worden. Der Wunsch, etwas nicht haben zu wollen, entsteht aus mangelndem Lebenswillen. Zum „ganzen" Leben gehören aber, wie wir wissen, beide Seiten einer Medaille, Freud und Leid, Licht und Schatten. Es gibt keinen Erfolg ohne Misserfolg, keinen Tag ohne Nacht, keine Berge ohne Täler. Wenn wir nur das scheinbar Gute annehmen wollen, reduzieren wir die Möglichkeiten des Lebens auf 50 Prozent. Wir werden irgendwann zu Menschenfeinden, Mauerblümchen oder Kuscheltieren.

Übung – Sorgen und Konflikte

Wenn der Kopf vor Sorgen rotiert

Wenn Ihr Kopf voller Sorgen ist, gehen Sie spazieren. Konzentrieren Sie sich auf das bloße Gehen, ähnlich einer Zenmeditation. Beim Auftreten des linken Fußes denken oder sprechen Sie: „Ja zum Leben", beim rechten: „Danke zum Leben." Am Anfang reichen fünf bis zehn Minuten für diese Übung. So lernen wir, zum ganzen Leben „Ja" zu sagen und nicht nur zu 50 Prozent.

Vorbeugen von unnötigen Sorgen und Konflikten

Wir machen uns unsere Sorgen bewusst, indem wir sie aufschreiben – allein das entlastet uns schon. Dabei können wir uns gleich mögliche Maßnahmen ausdenken und festhalten: die Oma anrufen, Kunden akquirieren, Freundin zur Oper einladen, einen Zahnarzttermin ausmachen, Mitarbeitergespräch planen uns so weiter. Beachten Sie dabei, dass es immer mehr als nur eine Variante zur Lösung gibt. Weiter unten verwenden wir dazu auch das Tetralemma.

Stellen Sie sich folgende Fragen und notieren Sie die Ergebnisse in Tabelle 12:

• Was will ich reduzieren?
• Was will ich überhaupt nicht mehr?
• Mit welchen Menschen habe ich Konflikte, die belasten?

Achten Sie gleich von Anfang an auf eine lösungsorientierte Formulierung! Verwenden Sie dazu unbedingt die Übung: „Problem-Lösungsbeschreibung", die wir im Kapitel „Die Funktionsweise von Visionen – das Trigon der Macht" verwendet haben. Wiederholen Sie diese für jede Sorge oder jeden Konflikt. So haben Sie eine konstruktive Methode, mit Ihren Problemen umzugehen.

Es folgen wieder Beispiele für Sorge, lösungsorientierte Formulierung, bemerkbare Veränderung und Maßnahme:

• Ich will kein Übergewicht mehr; ich will sportlich sein; 75 kg; regelmäßig Laufen.
• Ich will weniger Stress; ich will entspannter sein; Blutdruck von 140; eine halbe Stunde täglich meditieren.
• Weniger Streit mit Freundin; ich will, dass wir uns verstehen; kein Fernsehen; zuhören und ausdrücken.
• Kein Geldmangel mehr; ich will mehr Kunden gewinnen; 6000 Euro/Monat; Marketingmaßnahmen.
• Und so weiter ...

Tabelle 12: Sorgen- und Lösungstabelle

Sorge/Konflikt:	Lösungsorientierte Formulierung:	Bemerkbare Veränderung – Ziel:	Maßnahme:
Was soll weniger werden?			

Tabelle 12: *Fortsetzung*

Sorge/Konflikt:	Lösungsorientierte Formulierung:	Bemerkbare Veränderung – Ziel:	Maßnahme:
Was soll überhaupt nicht mehr sein?			
Welche Konflikte mit Personen machen mir Sorgen?			

▨ Modul 8: Rollen und Erwartungen klären!

Der dritte Schritt im Visionsfindungsprozess dreht sich um Rollen und die damit verbundenen Erwartungen. Jeder Mensch hat mehrere Rollen: Vater-/Mutterrolle, Bruder-/Schwesterrolle, Partnerrolle, Geschäftsführerrolle, Vereinsobmannrolle und so weiter. Mit Rollen ist ein Bündel an Erwartungen verbunden. Diese Erwartungen steuern ganz maßgeblich unser Verhalten. So kann jemand in seiner Geschäftsführerrolle der Superstar sein, in seiner Rolle als Familienvater jedoch ein Versager.

Wenn wir in unterschiedlichen Rollen sehr unterschiedlich wirken, deutet dies auf eine unklare Identität hin. Ein Gefühl der Zerrissenheit entsteht. Wenn man jedoch in jeder Situation sein eigenes Selbst wahrt, wirken die natürlichen Spannungen der Rollen stimulierend. Die Umwelt weiß, wer wir sind und was sie von uns erwarten kann. Dazu ist es aber nötig, dass wir in allen Rollen – trotz unterschiedlicher Verhaltensweisen – ein einheitliches Bild abgeben. Das Bild entspricht unserem Wesen, das durch den Identitätsdiamanten dargestellt wird. So vermeiden wir merkwürdige Erlebnisse, wenn wir uns in einem beruflichen Kontext befinden und gleichzeitig unser privater Partner anwesend ist. Wir können dann von uns sagen:

▨ „Ich bin immer der Gleiche in allen Situationen."

Je mehr Rollen wir bewusst oder unbewusst zustimmen, desto mehr Forderungen haben wir zu erfüllen. Rollen helfen dabei, komplexe Verhaltensmuster in Beziehungen zu bündeln und zu abstrahieren. Intuitiv nehmen wir die damit verbundenen Verpflichtungen wahr. Zu viele Rollen erzeugen Druck. Angeblich kann man nicht mehr als sieben Rollen effektiv und bewusst managen.[30] Mir persönlich reichen schon drei Rollen (Vater, Partner und Berater), die anderen Rollen gestalte ich nicht bewusst, sie laufen nebenher. Was meine ich damit?

Als ich 26 Jahre alt war, hatte ich meinen Höhepunkt an Rollenmanagementleistung erreicht. Ich war Präsidiumsmitglied einer Partei, Geschäftsführer eines jungen Unternehmens, Freund, Partner, Sohn, Student und Bruder. Damals begann ich, mit meinen Rollen aufzuräumen. Ich legte meine Funktionen in der Partei nieder und baute neue Rollenerwartungen als Bruder, Sohn und Freund auf. Beides waren spannende Vorgänge, die mir nicht leicht fielen.

---

[30] Vgl. Stephen R. Covey: Der Weg zum Wesentlichen, 1999.

Meinen Freunden kommunizierte ich ein neues Bild von Freundschaft: „Ich bin ein treuer Freund, allerdings bin ich keiner, der sich wöchentlich meldet. Es kann sein, dass ich mich nur alle drei Monate blicken lasse. Ich bin aber da für euch, wenn ihr mich braucht." Dadurch verlor ich ein paar Freunde, die echten blieben. Ebenso stand ich als Bruder nicht mehr jeden Tag telefonisch zur Verfügung. Das war ein harter Bruch, aber er ließ meine Schwester und mich reifen. Die Rolle als Sohn veränderte ich durch ein dramatisches Gespräch nach einem Mittagessen. Nachdem meine Schwester und ich lange Zeit Sorge für das psychische Wohlergehen meiner Eltern getragen hatten, entschied ich mich, dieses Missverhältnis zu bereinigen. Es ist eine Anmaßung von Kindern, sich zu überheben, indem sie glauben zu wissen, was für ihre Eltern gut ist. Ich sagte also zu ihnen: „Ich bin euer Sohn – ich bin der Kleine, ihr die Großen. Für meine Sorgen seid ihr da – für eure Sorgen bin ich nicht da. Dieses Ungleichgewicht gleiche ich aus, indem ich für die Sorgen meiner Kinder da bin." Nach einer kurzen Anspannung wandelte sich unser Verhältnis sehr zum Guten.

▨ Spielen Sie die Rollen, die Sie wollen, und diese dann gut.

Eine Klärung findet statt, wenn Sie jene Rollen, denen Sie bewusst Aufmerksamkeit schenken (etwa wie in meinem Fall: Vater, Partner, Berater), von den Rollen unterscheiden, die Sie ohne Erwartungen einfach laufen lassen (Bruder, Freund et cetera).

Sie haben nun die Möglichkeit, in den folgenden Übungen Ihre Rollen neu zu überdenken. Nehmen Sie sich dafür mindestens einen halben Tag Zeit, da die Konsequenzen dieser Übung oft weit reichend sind.

Ein Beispiel speziell für Frauen (Frauen akkumulieren oft Rollenerwartungen bis zur totalen Selbstaufgabe): Auf einem Seminar in Amerika lernte ich ein Pastorenpaar kennen. Sie war eine attraktive, selbstbewusste und sportliche Frau, der man die „Pastorenfrau" nicht ansah. Sie erzählte mir, dass es für sie eine der wichtigsten Schritte war, vor die 2000-köpfige Gemeinde zu treten und zu verkünden: „Ich habe diese Talente: …, aber eines habe ich nicht: Ich kann nicht gut zuhören, das aber können die … und die … sehr gut." Sie definierte öffentlich ihre Rolle neu und beugte damit falschen Erwartungen nachhaltig vor. Kurzfristig gab es zwar Enttäuschungen, mittelfristig ein würdiges Selbstverständnis.

▌ Sobald wir etwas öffentlich kundgeben, steigt die Wahrscheinlichkeit, dass es sich erfüllt – eine selbsterfüllende Prophezeiung.

In allen Übungen geht es immer wieder um den Faktor Zeit. Visionen benötigen Zeitressourcen, die schnell verbraucht sind. Je mehr Zeitressourcen verschwenderisch eingesetzt werden, desto schneller scheint die Zeit zu vergehen. Viele von uns kennen das Phänomen: „Je älter ich werde, desto schneller vergeht die Zeit." Dieser Effekt hat zwei Ursachen:

• Zeitverschwendung mit Belanglosem und
• Verlust an Lebenswille.

Verschleudern wir unsere Zeit überwiegend mit Belanglosem, vergeht sie scheinbar schneller, da unsere Wahrnehmung keine Highlights hat. Solche Highlights sind für unsere Wahrnehmung wie Staudämme für den Lauf der Zeit. Für eine bestimmte Zeit verbleiben wir, beispielsweise bei einer Herausforderung, im Jetzt. Wir können die Zeit verlangsamen, wenn wir viele Glanzlichter bewusst in unser Leben einbauen. Die Umsetzung unserer Mission bewirkt eine Art Dauer-Highlight.

Die zweite Ursache entsteht durch unsere Tendenz, den schönen Erlebnissen nachzulaufen und die schlechten zu verdrängen. Es kommt in unserer Wahrnehmung zu einer Beschleunigung der Zeit, weil wir selten im Jetzt verbleiben können. Es entsteht Stress, da unsere Erwartungen und Hoffnungen auf bessere Zeiten kein Verweilen erlauben. Ich bezeichne dies als mangelnden Lebenswillen, weil wir nur einen Teil – den guten – unseres Lebens erleben wollen.

So leben viele Manager das Leben von Montag bis Freitag wie einen Ritt auf einem Motorrad mit 240 Stundenkilometern. Das Wochenende ist die kurzfristige Erlösung für zwei Tage. Dann geht es wieder mit Vollgas weiter. „Keine Zeit, muss gehen, muss gehen auf Wiedersehen!", so sagt der Hase aus „Alice im Wunderland".

Verwenden Sie für die Rollenklärung unbedingt die Übung: „**Problem-Lösungsbeschreibung**", die wir im Kapitel „Die Funktionsweise von Visionen – das Trigon der Macht" verwendet haben. Wiederholen Sie diese für jede Rolle und jedes Rollenziel. So haben Sie eine konstruktive Methode, mit Ihren Problemen umzugehen.

Es folgen Beispiele für unterschiedliche Rollen (Rolle; Rollenproblem; lösungsorientierte Formulierung; bemerkbare Veränderung – Ziel; Maßnahme):

• Vaterrolle; die Kinder respektieren mich nicht; ich wünsche mir ein besseres Verhältnis zu meinen Kindern; Kinder kommen auf mich zu; nicht kritisieren, sondern anerkennen.

- Freundrolle; ich bin immer nur der Starke; ich will auch über meine Probleme reden können; meine Freunde fragen mich, wie es mir geht; ich kommuniziere meine Bedürfnisse.
- Berufsrolle; ich werde ständig als „ordentlicher" Projektleiter gesehen; ich will auch als „Kreativer" angesehen werden; ich werde in die Produktentwicklung einbezogen; proaktiv Vorschläge der Geschäftsführung präsentieren.
- Und so weiter ...

Übung – Rollenklärung

Welche Rollen will ich in Zukunft spielen und welche nicht?

Gewünschte Rollen   **Unerwünschte Rollen**[31]

Tabelle 13: Rollen

Rollenproblem:	Lösungsorientierte Formulierung:	Bemerkbare Veränderung – Ziel:	Maßnahme:
Rolle 1:			

---

[31] Optisch hilft es, die Wörter des rechten Blocks im Nachhinein durchzustreichen.

Tabelle 13: *Fortsetzung*

Rollenproblem:	Lösungsorientierte Formulierung:	Bemerkbare Veränderung – Ziel:	Maßnahme:
Rolle 2:			
Rolle 3:			
Rolle 4:			

Modul 9: Überschussvision

Die ersten drei Übungen ermöglichen uns die Gestaltung einer Zukunft, in der wir angenehm leben können. Wir beugen so zukünftigen Konflikten vor, die uns nur unnötig aufhalten oder in etwas verstricken, das wir gar nicht tun wollen.

Damit haben wir Raum dafür, etwas Sinnvolles für andere zu tun, etwas bei anderen zu verändern. Damit kommen wir zur Überschussvision. Die besten Voraussetzungen dafür, etwas gerne für andere zu tun, sind gegeben, wenn wir folgende Sätze aus unserem Inneren heraus sagen können:

„Ich tue etwas gerne und gut."

„Ich tue etwas für Menschen, an denen mir etwas liegt."

Unsere *Zielbereiche*, die wir im Mission Statement-Prozess definiert haben, stehen für die Menschen, für die wir gerne etwas tun möchten beziehungsweise bei denen wir etwas verändern möchten. Sie sind die Ausgangsbasis für die Überschussvision.

Ihre Zielbereiche beziehungsweise Zielgruppen (siehe Identitätsdiamant) sind:

_____

_____

_____

_____

Je mehr Zielbereiche Sie haben, desto mehr Arbeit wartet auf Sie!

Beachten Sie dabei: Die Zielbereiche in Ihrem Identitätsdiamanten bezeichnen vielleicht auch *Tätigkeitsfelder* wie zum Beispiel „Bildung". Der Unterschied: Bei Zielgruppen tun wir etwas **für** jemanden, zum Beispiel für Jungunternehmer, bei Tätigkeitsfeldern tun wir etwas **durch** diese Felder, wie beispielsweise durch Bildung. Nun können Sie durch dieses Tätigkeitsfeld etwas für einen Zielbereich tun, zum Beispiel tun Sie vielleicht durch Bildung etwas für Jungunternehmer.

Wenn Sie sich die Frage stellen, ob Sie durch oder für einen Bereich etwas tun sollen, können Ihnen Ihre Talente behilflich sein. Sprechen Sie bei Gelegenheit darüber auch mit einem professionellen Coach oder Karriereberater.

Was können Sie nun bei Ihren Zielbereichen verändern? Ihr Kernwert 1. Ordnung hilft Ihnen dabei, die zu Ihnen passende Richtung einzuschlagen.

Beispiel: Mein Kernwert 1. Ordnung ist „Identität", meine Zielgruppen „Jungunternehmer und Unternehmer". Meine Verben: begeistern, ermutigen und anstoßen. Ich entschied mich dafür, Menschen dafür zu begeistern, dass sie sich selbstständig (ständig selbst) machen und sich treu bleiben (Identität).

Daraus entstand meine Grob-Vision: „Ich träume von einer Welt, in der Menschen ihre Sehnsüchte beruflich und privat umsetzen. Dies tun sie als „selbstständige" Mitarbeiter in Unternehmen oder als Unternehmer – jeder nach seiner Fasson! Dazu will ich einen wesentlichen Beitrag leisten."

Die Vorstellungskraft ist für die Vision, wie schon erwähnt, ein wesentlicher Faktor. Zu hohe und überzogene Vorstellungen können uns unnötig unter Druck setzen. So definierte ich den deutschsprachigen Raum als Tätigkeits-feld, da ganz Europa als Tätigkeitsbereich vorerst zu groß erschien – und Entwicklung braucht Zeit!

> Die Reichweite unseres Tätigkeitsbereichs hängt ab von unseren Zeit-ressourcen und unserer Kraft beziehungsweise Vorstellungskraft.

Ich rate Ihnen, Ihre Visionen nur so weit zu malen, wie Ihre Vorstellungs-kraft reicht. Stellen Sie sich dazu folgende Fragen:

- Ist meine Vision durch Intuition entstanden oder ist sie ein rein rationales Konstrukt?
- Spornt sie mich an und fordert sie mich heraus?
- Kann ich zu dieser Vision stehen, wenn ich darüber vor einer Menge spreche?

Es gelten nach wie vor die Kraft-Fragen:

- „Wenn ich unbegrenzt Zeit, Mittel und Ressourcen hätte, was würde ich dann tun?"
- „Wenn ich Mut wie ein Löwe, Vertrauen wie ein Elefant und Zuversicht wie ein Narr hätte, wie würde ich mich dann entscheiden?"

Die Fähigkeit, in die Zukunft zu sehen, ist mit unserer Sehfähigkeit ver-gleichbar. Wir können kurzsichtig oder weitsichtig sein. Im einen Fall kön-nen wir uns Dinge nur auf kurze Zeit-Distanzen vorstellen, im anderen se-hen wir das Naheliegendste nicht.

Wie können wir uns nun ein reales Zeitziel für unsere Vision setzen? Unsere Vorstellungskraft hilft uns dabei, den Zeitbezug der Vision gemäß herstellen zu können. Wenn wir uns etwas gut vorstellen können, sollten wir es ange-hen. Mit „vorstellen" meine ich die Fähigkeit, den Weg bis zur Vision durchzuspielen, wie ein Sportler vor der bevorstehenden Herausforderung. Mut, kombiniert mit Respekt, ergibt dann ein ausgewogenes Bild. Fehlt uns jedoch diese Vorstellungskraft und damit der Glaube an die Umsetzbarkeit, sollten wir die Vision noch im „Sehnsuchtsraum" lassen und uns mit kleinen Visionszielen begnügen.

Im Sehnsuchtsraum tragen wir den Wunsch nach der Konkretisierung einer Vision in uns, malen aber noch keine konkreten Bilder. Zu schnell entstehen rationale Konstrukte, denen wir in der Umsetzungsphase nicht folgen können. Dies ist der Fall, wenn sich beispielsweise ein Jungunternehmer überhöhte Ziele setzt und damit in der Öffentlichkeit nicht glaubwürdig wirken kann. Er gleicht einem Autofahrer, der mit 180 Stundenkilometern in eine Nebelwand fährt. Wenn der Weg noch unklar ist, empfiehlt es sich, jene Dinge anzugehen, die direkt „vor der Nase" liegen. Langjähriges Planen ist nur sinnvoll, wenn wir reale Vorstellungen davon haben.

Wünschen können wir uns jedoch alles, was uns gut erscheint. Der Wunsch ist die Vorstufe zur Vision. So kann in uns das Verlangen entstehen, einen bestimmten Berg zu erklimmen. Der Zeitpunkt der Besteigung ist aber noch nicht planbar, da wir noch nicht die körperlichen Voraussetzungen dafür besitzen. Deshalb trainieren wir so viel wie möglich, geben unser Bestes, und früher oder später kommt der Zeitpunkt, wo wir uns realistisch vorstellen können, den Berg zu besteigen. Dann erst beginnen wir, eine Route zu planen, und der Wunsch wird zur konkreten Vision. Es anders zu machen wäre nicht sehr sinnvoll. Aus dem i+ Modell können wir dies gut ablesen (Tabelle 14).

Einer meiner „Mentoren", ein charismatischer und weiser Sechziger, sagte zu mir: „Jeder Wunsch hat enorme Wirkungen. Da wir uns oft nicht über die Konsequenzen unserer Wünsche bewusst sind, ist es besser, allgemeine Wünsche zu machen wie zum Beispiel: „Mögen alle glücklich sein!" [32]

Jungunternehmern und Privatleuten empfehle ich deshalb:

1. den Zeithorizont für die Planung auf ein Jahr relativ genau zu überlegen,
2. zwei Jahre grob durchzuspielen (offen für neue Erkenntnisse bleiben),
3. die Mission als zeitunbestimmte Sehnsuchtsformulierung in den Raum zu stellen. *Das sind meine speziellen „allgemeinen" Wünsche für die Umwelt und mich.*

Die Inhalte der Vision fließen in die Private Scorecard[33] ein und zeigen:

unsere Bedürfnisse, Veränderungen bestehender Konfliktbedingungen, Rollen und die Überschussvision.

So ergibt sich ein komplettes und reifes Bild von der Zukunft!

---

[32] Buddhistischer Segenswunsch.
[33] Private Scorecard: zusammenfassende Darstellung unserer Ziele.

Tabelle 14: i+ Modell und Vision

I+ Stufe	Reifegrad	Themengebiete	Handlungsempfehlungen
Stufe 1: Sehnsucht	Ich ersehne mir etwas	Mission	Sei aufmerksam, beobachte Inneres und Äußeres!
Stufe 2: Träume	Ich träume davon	Missionsausarbeitung, Start des Visionierens	Nimm dir die Zeit zum Träumen!
Stufe 3: Wünsche	Ich wünsche es	Kommunikation der Mission, konkretere Überlegungen zur Vision	Kommuniziere mit deiner Umwelt, finde reife Mentoren und Coachs!
Stufe 4: Ziele	Ich kann es mir vorstellen	Vision ist gereift, konkrete Zielsetzung	Plane mit Vernunft! Wäge Mut und Respekt ab!
Stufe 5: Entscheidung	Ich handle	Umsetzung	Tu es einfach ohne zu grübeln!

Übung – Überschussvision

Nehmen Sie nun Stellung zu folgenden Fragen, denn dadurch wird die Vision klarer! Stehen Sie dazu am besten auf und stellen sich ein konkretes Gegenüber vor, das Ihnen diese Fragen stellt.

Was hat sich in ___ Jahren/Monaten durch bzw. für Ihre Zielbereiche

_____

_____

_____

verändert, wenn Sie Ihre Identität (Mission, innere Aufgabe) gelebt haben?

_____

_____

_____

Wie macht sich das bei Ihren Zielbereichen bemerkbar?

Stellen Sie sich vor, Sie befragen diese in _____ Jahren/Monaten. Was sollten die Antworten darauf sein?

_____

_____

_____

Wenn man nun Ihre Freunde dazu befragt, wie könnten diese das bemerken, woran sehen diese einen Unterschied? Stellen Sie sich vor, ich würde Ihre Freunde anrufen und danach fragen, was sich verändert hat?

_____

_____

_____

Stellen Sie sich vor, Sie werden in _____ Jahren/Monaten von einem großen Fernsehsender interviewt. Die Übertragung findet live statt. Man stellt Ihnen die Frage: „Wie haben Sie das gemacht?" (Sie haben nur eine Minute Zeit zum Sprechen!)

_____

_____

_____

Welche Talente halfen Ihnen besonders bei der Umsetzung und wie?

_____

_____

_____

Welche Hindernisse habe Sie dabei bewältigt und welche Erfahrungen machten Sie dabei?

_____

_____

_____

Was hat sich dabei in Ihrem Leben verändert? Woran würden das Ihre Bekannten sehen können?

_____

_____

_____

Was müsste geschehen und wie können Sie dazu beitragen, damit sich gar nichts verändert? (Diese Negativ-Frage hilft uns dabei, unseren Beitrag zum Aufrechterhalten des Ist-Zustandes zu erkennen.)

_____

_____

_____

Was müsste geschehen und wie können Sie dazu beitragen, damit das Erwünschte eintrifft?

_____

_____

_____

Nachdem Sie Ihre Vision „als ob" durchgespielt haben, können Sie nun Experimente damit machen. Wählen Sie regelmäßig einen Tag aus, welchen Sie so durchleben, als ob sich Ihre Vision bereits erfüllt hätte. Beobachten Sie an diesen Tagen sehr aufmerksam die Reaktionen Ihrer Umwelt und notieren Sie diese.

Beobachtungen:

_____

_____

_____

Modul 10: Drei mögliche Wege für Visionen

Das Kapitel „Nützliche Indikatoren für intuitives Handeln" bildet bereits den Ausgangspunkt der nun folgenden Ausführungen. Die dort dargestellte Sichtweise über die „echten" Gefühle veränderte vieles bei der Nachbetreuung unserer Klienten. Durch die Anwendung dieser Prinzipien ist die Beratungspraxis nun wesentlich effektiver. Ziel jedes Coachings ist es, den Klienten bei seiner Mission und der Umsetzung der Vision zu unterstützen.

Wir empfehlen unseren Klienten, sich bei der Umsetzung ihrer Vision einer Wegqualität besonders zu widmen. Wir unterscheiden den Weg der Freude, den des Muts und den des Mitgefühls. Wenn wir uns einem dieser Themen widmen, beschäftigen wir uns gleichzeitig mit unserer größten Hemmung. Haben wir diese Hemmung überwunden, steht uns nicht mehr viel im Weg.

Fast jeder Mensch trägt eine Art Rucksack, dessen Gewicht auf seinen Rücken drückt. Je nach Gewicht des Rucksacks beziehungsweise Stärke des Rückgrats, gehen wir aufrecht oder gebeugt durchs Leben. Im Rucksack befinden sich unsere Komplexe und damit Hemmungen, die sich aus falsch verarbeiteten Erfahrungen ergeben. Daraus entstehen wiederum störende Gefühle wie Wut, überheblicher Stolz, Schuldgefühle, unbegründete Angst und Trauer.

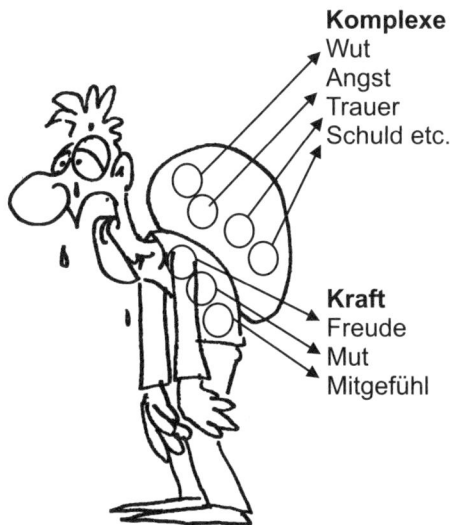

Komplexe
Wut
Angst
Trauer
Schuld etc.

Kraft
Freude
Mut
Mitgefühl

Bild 21: Komplexe und Kraft

Im Urwesen des Menschen – und damit ihm eigen und zugehörig – liegen die drei Grundgefühle Freude, Mut und Mitgefühl. Probleme entstehen dadurch, dass wir uns selbst nicht sehen können. Denn würden wir das können, würden wir jemanden sehen, der eigentlich Freude, Mut und Mitgefühl verkörpert.

Wozu sollten wir dann etwas mitschleppen, was uns ständig plagt? Wie kommt es dazu? Wenn wir tatsächlich Freude, Mut und Mitgefühl sind, ist es eigentlich ein Wunder, dass wir so oft wütend und traurig sind.

Dafür verantwortlich sind mitunter die Lügen unserer Vergangenheit. Über eine lange Strecke der Erziehung brachte man uns bei, wie wir uns verhalten sollen:

Wir fühlen uns …

… schuldig, wenn wir in bester Absicht etwas falsch gemacht haben.

… traurig, weil wir nicht das tun sollen, was uns leicht fällt.

… wütend, weil wir immer brav und lieb (im Sinne von falscher Bescheidenheit) sein sollen.

… ängstlich, weil man keine Fehler machen darf.

… stolz, wenn wir über andere gestellt werden, weil der Stärkere der Bessere ist.

Ich überzeichne hier ein wenig, um es drastischer darzustellen. Natürlich wurden wir auch gefördert und unterstützt, wie wäre es sonst möglich, dass wir bis zu diesem Punkt gekommen sind. Wir haben viel mehr Positives von unserer Umwelt erhalten als Negatives. Sonst hätten wir gar nicht überlebt. Ein Danke somit an alle!

Wie hilft uns diese polare Darstellung weiter? Wir erkennen, dass Störgefühle beziehungsweise Komplexe nur angelernt sind. Die dahinter stehenden „echten" Gefühle sind in uns von Natur aus angelegt. Diese Erkenntnis ist wunderschön und befreiend, denn: Wenn wir uns etwas Unechtes angelernt haben, können wir es leicht ändern.

Stellen Sie sich vor, dass Sie jeden Tag einen Umweg bei Ihrer Fahrt zur Arbeit machen. Nun stellen Sie fest: Es gibt eine viel bessere Strecke. Sie fahren ab jetzt diesen Weg!

Ab und zu wird uns die Gewohnheit noch dazu bringen, doch in die alte Richtung zu fahren, aber nach einiger Zeit legt sich das.

Ist das Schönfärberei? Ihre innere Stimme soll darüber entscheiden, ob Ihnen dieses Weltbild besser gefällt als eines, das von Schlechtem und Schwachem ausgeht. Es ist bloß unser Rucksack.

Jedes Mal, wenn wir eine Erfahrung machen und diese nicht richtig verarbeiten, steigt das Gewicht im Rucksack. So entsteht ein Komplex und damit eine Gewohnheit, es in der nächsten Situation ähnlich zu verarbeiten. Wir verarbeiten eine Erfahrung „falsch", wenn wir uns dadurch wütender, ängstlicher, schuldiger, stolzer oder trauriger als vor dieser Erfahrung fühlen.

Ein Beispiel dazu: Ein Mitarbeiter eines Beratungsunternehmens machte einmal eine schlechte Erfahrung mit seinem Chef. Sein neuer Chef konnte zwar nichts dafür, dennoch versuchte er ihm immer wieder Vorwürfe wegen „damals" zu machen. Das führte zu Spannungen und Streit, bis tatsächlich eine Situation entstand, die der alten ähnlich war. Er meinte: „Schon wieder das Gleiche!" Tatsächlich glaubte er nicht, dass „die da oben" etwas zum Guten verändern wollen. Man tendiert dazu, falsch verarbeitete Erfahrungen zu wiederholen – gute ebenso. Dies geschieht so lange, bis man zu einer mitfühlenden, mutigen und freudigen Person wird. Nur: Wir sind schon mutig, freudig und mitfühlend, wir müssen diese Seiten an uns nur entdecken.

> Entwickeln bedeutet nichts anderes als: „auswickeln", was bereits vorhanden ist.

Eine falsche Verarbeitung oder Interpretation entsteht, wenn man sich selbst oder einem anderen eine schlechte Absicht unterstellt. Doch wenn wir genau hinsehen, gibt es keine schlechten, sondern nur dumme Absichten – sie entstehen aus Unverständnis heraus (man versteht etwas nicht oder jemand beziehungsweise etwas wird falsch verstanden).

> Unterstellen Sie vorsichtshalber sich und allem beziehungsweise allen anderen immer eine gute Absicht!

Das fällt sehr schwer, weil wir nicht immer alle Zusammenhänge kennen.

Unsere Erfahrungen in unserer Beratungspraxis haben gezeigt, dass es sinnvoll ist, einen Aspekt der Persönlichkeit (Freude, Mut oder Mitgefühl) besonders hervorzuheben und zu betrachten. Die anderen Aspekte entwickeln sich dann automatisch.

Für welchen Aspekt oder Weg entscheiden Sie sich nun, den Weg der **Freude**, des **Mutes** oder des **Mitgefühls**?

Hier eine kleine Entscheidungshilfe:

- Leute mit viel Stress und Sorgen wählen gerne den Freudenweg des Loslassens.
- Leute ohne klare Richtung wählen den Weg des Mitgefühls, um „etwas Sinnvolles" zu tun.
- Klienten, die zum Beispiel schwach im Marketing oder in der Selbstdarstellung sind, wählen den Weg des Mutes.

Auf jedem einzelnen Weg können wir wiederum drei Stufen der Entwicklung unterscheiden: Anfänger (Schüler), Fortgeschrittene (Lehrer) und Meister. Alle drei Stufen sind zu absolvieren. Überspringen geht nicht, das wäre Selbstbetrug.

Um das verständlich zu machen, beschreibe ich in Tabelle 15 die Stufen der drei Wege.

Tabelle 15: Beschreibung der Stufen der drei Wege

Stimmige Aussagen zu den Stufen und den Wegen!			
Stufe	Weg der Freude	Weg des Mutes	Weg des Mitgefühls
Anfänger	Ich tue, was mir Freude bereitet!	Ich nehme mir, was ich brauche, es ist genug für alle da!	Ich will etwas Sinnvolles tun!
Fortgeschrittener	Ich will Freude in allem entdecken!	Ich muss mich nicht beweisen!	Ich diene!
Meister	Alles ist Freude!	Ich handle, wenn zu handeln ist.	Ich bin da für euch!

Übung – Weg der Freude

Glaubenssätze

Spontan entscheide ich mich für den Weg der/des _____.

Ich glaube, mich auf der Stufe eines _____ zu befinden.

Schreiben Sie nun die Glaubenssätze auf, die Sie bis dato daran gehindert haben, diesen Weg zu gehen.

Beispiele für möglicherweise hindernde Glaubenssätze:

* Ohne Fleiß kein Preis!
* Wer vor 17 Uhr aus dem Büro geht, ist faul und verliert seine Chancen!
* Übermut tut selten gut!
* Lehne dich ja nicht zu weit aus dem Fenster!
* Das Geschäftsleben ist ein harter Kampf!
* Das Leben ist kein Honiglecken.
* Zeit zum Träumen habe ich nicht.

Ihre hindernden Glaubenssätze:

_____

_____

_____

Formulieren Sie diese Glaubenssätze in für Sie konstruktive um (passend zu Ihrem Weg).

Beispiele für konstruktive Umformulierungen:

* Was mit Freude gemacht wird, wird gut (Freude).
* Ich tue, was vor der Nase liegt (Freude).
* Mut tut gut (Mut).
* Ich stelle mein Licht nicht unter einen Schemel, sondern darauf (Mut)!
* Verdienen durch Dienen (Mitgefühl).
* Ich nehme mir, was ich brauche, es ist genug für alle da (Mut).
* Alles hat seine Zeit (Freude).

Jetzt sind Sie dran:

_____

_____

_____

Ich will Sie mit den nachfolgenden Anregungen und Übungen in Ihrer gewählten Wegqualität unterstützen. Wir lernen wesentlich effektiver durch Handeln, als durch das bloße Erkennen. Die Übungen sind Empfehlungen. Jeder sollte für sich entscheiden, ob diese für ihn passen.

Weg der Freude

Meiner Erfahrung nach wählen gestresste Menschen meist den Weg der Freude. Freude kommt zu kurz in ihrem Leben, was sich durch Hilferufe mittels körperlicher und psychischer Symptome äußert wie hoher Blutdruck, Verspannungen, Steifheit und Schlafstörungen. Das generelle Prinzip, das hier anzuwenden ist, lautet: Der Freude durch (zeitlichen) Freiraum auf die Sprünge helfen!

Wie schon öfters erwähnt, entsteht Freude durch loslassen und sich Zeit nehmen. Die meisten Menschen nützen das Wochenende dafür. Allerdings ist bei Anfängern des Freudenwegs zu bemerken, dass sie die erste Zeit zum Entspannen brauchen. So wird das Wochenende genutzt, um zu schlafen und nichts zu tun. Bei Singles führt dies in ihrem Umfeld kaum zu Problemen. Bei Menschen mit Familie jedoch schon. Auch die Familie will Aktivität mit uns erleben. So entsteht Spannung wiederum durch Rollenerwartungen.

Ich empfehle deshalb den Aspekt der Freude bereits in den beruflichen Alltag einzubauen. Am Wochenende ist dann Zeit für spielerische Freude mit den Lieben vorhanden. Für uns scheint dies jedoch ein fast grundsätzlicher Widerspruch zu dem zu sein, wie wir uns unserer Arbeitswelt vorstellen. Arbeit wird allgemein als anspannende Tätigkeit verstanden, und das Loslassen hat kaum Platz. Mit diesem gesellschaftlichen Widerspruch muss man lernen, zu leben. Das erfordert Mut und Durchsetzungskraft.

Die Umsetzung könnte zum Beispiel so aussehen: Wir kommunizieren unserer Umwelt, dass wir an einem bestimmten Tag in der Woche für zum Beispiel vier Stunden keine Anrufe oder Aufgaben entgegennehmen. In dieser Zeit machen wir nur Dinge, die uns Freude machen: ein Buch in der Arbeit lesen, das Büro aufräumen, sich organisieren oder einfach nur Luft schnappen. Ich halte den Mittwoch für sinnvoll, weil an diesem Tag schon meist genug Spannung aufgebaut ist. Eine Entspannung gibt dann Kraft für die restliche Woche. Selbstverständlich könnte man dem auch täglich eine Stunde widmen. Hauptsache ist, dass Sie sich Zeit ausschließlich dafür nehmen und dies auch der Umwelt, den Kunden und Arbeitskollegen ganz bestimmt vermitteln. Wir sehen hier ein Beispiel dafür, wie man sich durch das Beschäftigen mit einem Thema automatisch mit anderen auseinander setzen muss. In diesem Fall führt der Weg der Freude auch zu mehr Mut.

„Wie soll das funktionieren – ich muss ständig erreichbar sein?", so die erstaunte Frage vieler Klienten. „Ganz einfach, tun Sie es!", so meine Antwort. Das Verhaltensmuster „ständig greifbar sein zu müssen" drückt unser mangelndes Selbstwertgefühl aus. Wer diese Haltung vertritt, kann seiner Umwelt nachhaltig nicht dienlich sein. Ich weiß schon, dass uns tausend Gründe einfallen, warum das nicht gehen soll, und ich könnte unzählige Antworten darauf formulieren. Das Muster will sich bestätigen. Wer den Weg der Freude gewählt hat, kommt nicht umhin, das gewohnte Verhaltensmuster durch geplanten kommunizierten Freiraum zu unterbrechen.

In der Tierwelt gibt es ein schönes Beispiel für Musterunterbrechung: Es gibt eine Raupenart, die sich durch kollektive Schlangenbildung von einem Futterplatz zum anderen fortbewegt. Wenn die erste Raupe zufällig auf die letzte stößt, laufen die Raupen so lange im Kreis, bis irgendetwas diese tödliche Spirale unterbricht. Dies kann zum Beispiel ein Stück Holz sein, das ein Beobachter zwischen die Raupen legt. Die erste anstoßende Raupe sucht dann einen neuen Weg – der Bann ist gebrochen. In ähnlicher Form können wir dieses Phänomen überall in unserem Alltag finden. Unterbrechungen sind meist tief greifende Ereignisse wie der Herzinfarkt, die Depression oder der Unfall. Damit es erst gar nicht dazu kommt, ergreifen wir die Chance, proaktiv zu sein, und warten nicht auf die „Erlösung". Nehmen Sie sich Zeit für Freudvolles, unterlassen Sie, was Ihnen keine Freude bereitet. Zur Erledigung unserer Pflichten haben wir noch immer genug Raum.

Ich verordne Führungskräften diese Zeit in meiner Funktion als Coach. So fällt ihnen die Umsetzung leichter, da sie wie von einem „Arzt" verschrieben wurde. Die Effekte dieser Verschreibung sind außerordentlich stark und positiv. Die Umwelt ist anfänglich erstaunt, nimmt jedoch bald deren stärkere Präsenz in der verbleibenden Zeit wahr. Zunehmend wird man die Erfahrung machen, dass diese Zeit ein kostbarer Raum für Kreativität und Freude, die Schätze in unserem Alltag, wird.

Einleitung zum Weg der Freude

Wenn Sie sich nun einen zeitlichen Freiraum geschaffen haben, können Sie diese Zeit mit einer zehnminütigen Atemmeditation einleiten. Dazu setzen Sie sich auf einen Stuhl, stellen beide Füße flach auf den Boden, die Hände liegen auf den Knien und der Kopf bleibt aufrecht. Nun konzentrieren Sie sich auf den Atemstrom an der Nasenspitze und beobachten, wie er kommt und geht. Beim Ausatmen fokussieren Sie Ihre Aufmerksamkeit auf den Atem, beim Einatmen lockern Sie die Konzentration. Gefühle, Gedanken und Geräusche lassen Sie vorbeiziehen, ohne an ihnen festzuhalten.

Für den Anfänger reichen fünf Minuten aus. Es ist es ohnehin schwierig, eine Sekunde ohne Gedanken zu bleiben. Mit der Zeit schätzt man diese Übung und will mehr Raum dafür. Auch hier gilt: Je mehr man etwas tut, desto mehr tut man es. In diesem Fall erfrische und stärke ich mich. Das ist auch für unser Unternehmen gut. Eine weitere Übung kann angeschlossen werden. Diese macht uns klar und freudvoll.

Die Vase und ihre Reinigung

Wir stehen auf und schließen die Augen. Wir stellen uns vor, dass wir eine Vase sind. Wir nehmen die Form, Farbe und Größe wahr. Nun stellen wir uns vor, wie wir mit etwas Wasser gefüllt werden. Die Höhe des Wasserstandes ist Ihnen überlassen.

Wir beginnen nun, die Vase zu reinigen, indem wir das Wasser zum Spülen verwenden. Bewegen Sie sich tatsächlich in kreisförmigen Bewegungen so, dass das Wasser den Schmutz in der Vase löst. Wenn der ganze Schmutz im Wasser gebunden ist, schütten wir das Wasser aus uns heraus. Tun Sie das wieder mittels körperlicher Bewegungen. Die Augen bleiben dabei geschlossen.

Die Vase ist nun gereinigt, und wir stellen uns vor, dass von oben weißes Licht in uns hineinfließt. Dies geschieht so lange, bis wir randvoll sind. Lassen Sie sich dabei Zeit. Zum Abschluss setzen wir uns einen passenden Deckel auf. Wir verweilen eine Zeit lang, um zu spüren, wie sich das anfühlt. Anschließend öffnen wir die Augen und können uns nun der „Zeit der Freude" widmen.

Diese einleitende Übung kommt uns anfänglich vielleicht seltsam vor. Viele meiner Klienten lernten sie mit der Zeit schätzen. Man geht mit neuer Frische an die Aufgaben heran.

Die Wahl eines zeitlichen Freiraums ist der erste Schritt für Anfänger auf dem Weg der Freude. Fortgeschrittene, welche gute Erfahrungen damit gemacht haben, können diesen Weg auf alle Bereiche ausweiten. „Ich möchte an allem Freude haben, nicht nur in einem bestimmten Zeitraum!", so lautet der Wunsch eines Fortgeschrittenen. Um dies zu erlangen, muss die Sichtweise wesentlich verändert werden. Man beginnt den zeitlichen Freiraum in einen allgemeinen zu verwandeln, der immer da ist. Das heißt, man empfindet Freude auch bei Handlungen, die man normalerweise nicht als freudig erlebt.

Meine Geschäftspartnerin Sabine hatte eine große Abscheu vor der Buchhaltung. Es war für sie, und ich kann das nachempfinden, eine der gräulichsten Tätigkeiten. Als Windtyp hat sie auch keine besondere Veranlagung dafür. Zu meinem Erstaunen entschloss sie sich, die Buchhaltung unseres Unternehmens für ein Jahr zu übernehmen. „Um diesen Aspekt lieben zu lernen", so sagte sie. Etwas skeptisch war ich schon, da ich vom Training des „Nichtvorhandenen" nicht überzeugt bin. Sabine ist ein typischer Freudetyp im fortgeschrittenen Stadium und erfuhr tatsächlich Freude, auch in dieser Tätigkeit. Sie gab die Buchhaltung nach vollzogener Übung allerdings wieder an jemanden ab, der sie grundlegend liebt. Sabine erlernte dadurch die Fähigkeit, auch an ungeliebten Tätigkeiten Freude zu empfinden. Ich folge ihrem Vorbild beim Putzen und Zusammenräumen.

Was geschieht nun dabei? Freiraum ist ein Konstrukt unseres Geistes. Wenn wir lernen, unsere Gedanken, Gefühle und Handlungen zu beobachten, ohne an ihnen festzukleben, können wir jederzeit Freude, die in uns ja angelegt ist, empfinden. Sie entfaltet sich, sobald Freiraum vorhanden ist. Für einen Anfänger ist es der „Zeitraum", für den Fortgeschrittenen der Freiraum an sich. Viele Menschen haben aber Angst vor freiem Raum. Sie glauben, die Gefühle und Gedanken sind sie selbst, was aber nicht logisch ist. Da sich unsere Gefühle und Gedanken ständig ändern, können wir diese nicht sein, ansonsten wären wir ja ständig jemand anderer. Wir sind der, der die Gefühle und Gedanken hat, beobachten und nutzen kann. Wir sind deshalb frei!

Die Fortgeschrittenen auf dem Weg der Freude lernen deshalb, ihre Gefühle und Gedanken zu beobachten und zu fühlen, wie sie es wollen. Es ist eine gute Übung, diese Einstellung im Alltag anzuwenden, zum Beispiel beim Abwaschen, Buchhalten, Saugen und so weiter. Für diese Übung eignen sich Tätigkeiten, die wir nicht gerne machen und welche nicht besonders anspruchsvoll sind.

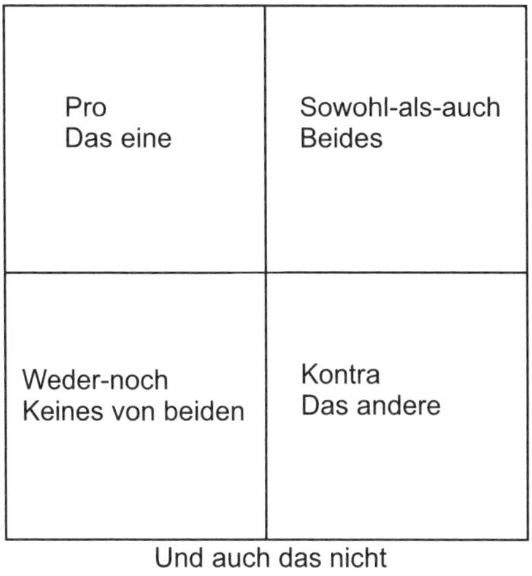

Pro Das eine	Sowohl-als-auch Beides
Weder-noch Keines von beiden	Kontra Das andere

Und auch das nicht

Bild 22: Tetralemma

Die damit verbundene Fähigkeit ist die des Querdenkens. Querdenken heißt, mehr als eine Variante sehen zu können. Sehen wir nur eine Variante des Denkens oder des Fühlens, entsteht eine Enge, das Gegenteil von Raum und damit von Freude. Unsere Fähigkeit, Raum zu schaffen, ist unmittelbar mit Freude verbunden. Das meiner Meinung nach geeignetste Werkzeug dazu ist das von Varga von Kibed entwickelte Tetralemma.

Das Tetralemma (Bild 22) hilft uns dabei, mehrere Möglichkeiten zur Gestaltung einer Situation zu entdecken. Konflikte, Streitereien und Kriege entstehen durch das Festhalten an einer Sichtweise. Wenn wir in einer Situation alle vier Seiten des Tetralemmas betrachten, steigt die Wahrscheinlichkeit, Freiraum für Entscheidungen zu gewinnen. Solche Entscheidungen betreffen Situationen wie zum Beispiel die Buchführung und unsere Möglichkeit, verschiedene innere Haltungen gegenüber dieser Tätigkeit einzunehmen. Es betrifft aber auch Entscheidungen, die unsere äußeren Handlungen betreffen. Nur allzu oft glauben wir, nur eine Wahl zu haben, was zu Mangel an Raum und somit an Freude führt. Wir wenden das Tetralemma an, indem wir uns eine beliebige Situation vorstellen, die in uns ein Gefühl der Einengung hervorruft. Mit der Übung zum Tetralemma können wir ein Dilemma von mehreren Seiten betrachten.

Übung – Tetralemma

Wir stellen gegenüber:

Das eine – das, an dem wir bis jetzt festhalten, unsere scheinbar einzige Wahl:

_____

_____

Das andere – das Gegenteil von dem „Einen":

_____

_____

Wir überlegen uns ein „Beides" beziehungsweise „Sowohl-als-auch":

_____

_____

Wir überlegen uns ein „Keines-von-beiden" beziehungsweise „Weder-noch":

_____

_____

Und schließlich das „Und-auch-dies-nicht":

_____

_____

Es folgt ein Beispiel für erweiterte Möglichkeiten in einem Dilemma:

„Ich bin an meinem Arbeitsplatz unglücklich. Soll ich kündigen oder bleiben?"

Das eine: Ich bleibe an dieser Arbeitstelle und verändere nichts!

Das andere: Ich kündige und suche mir eine neue (bessere) Arbeit.

Beides: Ich kündige und bleibe!?

Diese Sichtweise erscheint uns merkwürdig und widersprüchlich. Was könnte das bedeuten?

Vielleicht heißt es, den bestehenden Arbeitsplatz zu verlassen und eine neue Stelle im Unternehmen zu suchen, die besser zu mir passt?

Keines von beiden: Weder kündigen noch bleiben? Wie soll das denn funktionieren?

Vielleicht innerlich zu kündigen und so tun als ob?

Vielleicht innerlich Distanz zu meiner Tätigkeit gewinnen und das Schöne beziehungsweise die Chancen an meiner derzeitigen Arbeit entdecken?

Und auch dies nicht: Weder kündigen noch bleiben und auch das nicht? Jetzt wird es spannend! Vielleicht bedeutet das: Ich bleibe noch etwas und gehe dann?

Ein weiteres Beispiel:

„Ich ärgere mich immer, wenn Maria zu spät kommt!"

Das eine: Ich ärgere mich (und tue nichts anderes).

Das andere: Ich ärgere mich nicht (und tue nichts).

Diese Variante ist schwierig. Es würde von uns verlangen, dass wir das Ärgern ersatzlos streichen können. Es könnte bewirken, dass die Anlassgeberin für unseren Ärger (Maria) über diese Reaktion verwundert ist. Manchmal stellt unsere Verärgerung die notwendige Anerkennung für jemanden dar. Das „Nicht-Ärgern" könnte einen notwendigen Routinebruch für beide Seiten bewirken, nach dem Motto: „Stell dir vor, jemand beleidigt dich und du reagierst gar nicht darauf!" – Wir steigen erst gar nicht in das Spiel ein und kommen dadurch in eine sehr machtvolle Position.

Beides: Ich ärgere mich und tue etwas.

Ich könnte mir zum Beispiel überlegen, ob ich Maria kündige (wenn ich der Chef bin), oder auch selbst kündige (wenn Maria die Chefin ist). Es ist aber auch die Chance, meine Werthaltung auszudrücken: „Es ist für mich wichtig, wenn du pünktlich bist. Ich betrachte das als Ausdruck deiner Wertschätzung."

Keines von beiden: Ich ärgere mich nicht und tue etwas.

Diese Möglichkeit zeigt vielleicht auf, dass es möglich ist, anstelle des Ärgerns etwas Neues auszuprobieren. Der Ärger ist somit ein Helfer zur Erweiterung meiner Reaktionsmöglichkeiten. „Ärgere dich nicht und handle!", ist der Leitspruch.

Und auch dies nicht: Diese Variante fordert unsere Kreativität voll heraus.

Mir fiel dazu Folgendes ein: „Ich vereinbare keinen Termin mit Maria, dann kann sie auch nicht unpünktlich sein." Diese Möglichkeit deutet auf die Veränderung der Bedingungen der Beziehung zwischen Maria und mir hin.

Vielleicht ist es möglich, dass wir eine neue Form gestalten, in der Pünktlichkeit keine Wichtigkeit hat?

Diese Beispiele veranschaulichen uns, dass wir mehr als eine Handlungsvariante haben. Mitunter kommen oft humorvolle Lösungen dabei heraus, an die wir im Vorfeld noch nicht gedacht haben. Die hier gebrachten Varianten für die zwei Beispiele sollen weder „richtig" noch „falsch" sein, es geht dabei um die Erweiterung unserer Sichtweise. In einem anderen Zusammenhang mögen ganz andere Lösungen herauskommen. Es ist deshalb notwendig, das Tetralemma immer wieder mit Kreativität und Humor zu durchlaufen. Wir können damit jede beliebige „Enge" erweitern.

Dieses Kreativitätswerkzeug hilft Fortgeschrittenen in ihrer Sichtweise.

Zusammenfassend gilt für den Weg der Freude:

• Anfänger entscheiden sich für zeitlichen Freiraum.
• Fortgeschrittene wählen den Freiraum in all ihren Handlungen, Denkweisen und Gefühlen.

Übung – Weg des Muts

Mut und Selbstvertrauen sind sehr stark miteinander verbunden. Wenn wir uns selbst vertrauen, scheuen wir Herausforderungen nicht – das ist Mut.

Selbstvertrauen entsteht dann, wenn man Schritte setzt, deren Ausgang man nicht kennt. Um derartige Schritte zu wagen, braucht man Mut. Daraus lässt sich folgern: „Mut entsteht, indem man sich Herausforderungen stellt und die damit verbundene Angst überwindet. Wie schon erwähnt, helfen unsere Sehnsüchte dabei, geeignete Herausforderungen zu finden. Wir bemerken zum Beispiel das Aufkommen von Sehnsucht nach einer Beziehung zum anderen Geschlecht und gehen auf einen Menschen aktiv zu. Angst ist der natürliche Begleiter, sie deutet auf einen notwendigen Schritt hin. Ohne Angst findet demnach auch kein Wachstum an Mut statt. Damit ist nicht die Angst im Zusammenhang mit einer Lebensgefahr gemeint. Meiner Erfahrung nach verwenden wir die Überlebensangst oft als Ausrede, um einen Schritt nicht zu tun.

Wer sich für den Weg des Muts entschieden hat, übt diesen Weg mit Herausforderungen. Die Übungen helfen dabei, die gewonnenen Erfahrungen in den Alltag zu übertragen.

Eine Übung hat sich als überaus effektiv gezeigt. Ich verwende sie für mich selbst und meine Klienten.

Übung – Fünf Euro

Sie nehmen fünfmal zwei Euro und gehen in die belebteste Straße Ihrer Stadt. In Wien gehe ich zum Beispiel in die Kärntner Straße. Dann verschenken Sie an fünf Personen je zwei Euro. Das sollten keine „Sandler"[34] oder Obdachlose sein, sondern ganz normale Menschen. Das heißt, sie gehen zu einer Person, die ihnen spontan ins Auge fällt und sagen zum Beispiel: „Ich möchte Ihnen zwei Euro schenken!" So verfahren Sie weiter, bis Sie fünfmal zwei Euro verschenkt haben. Ganz einfach!

Am nächsten Tag oder nach einer längeren Pause drehen Sie die Übung dann um. Sie gehen auf jemanden zu und sagen: „Sie würden mir eine Freude bereiten, wenn Sie mir zwei Euro geben würden!" Das machen Sie, bis Sie wieder fünfmal zwei Euro in der Tasche haben. Es kommt nicht auf die Formulierung an, sondern auf Ihre Haltung.

Wenn ich diese Übung vorstelle, ernte ich jedes Mal großes Erstaunen. Lachen, Unverständnis, Erschrecken oder Begeisterung sind die Reaktionen. Diese einfache Übung lehrt uns wie keine andere, mutig zu uns zu stehen. Durch das Geben und Nehmen erfahren wir unsere innere Spannung, die sich nach außen projiziert. Hat jemand mit Geben und Nehmen kein Problem, geht die Übung leicht von der Hand. Er erlebt Spaß und Abenteuer dabei. Sind wir blockiert, wird die Übung schwierig. Manchen fällt das Geben leichter, manchen das Nehmen. So passiert es mit derselben Häufigkeit, dass jemand sein Geld nicht weitergeben kann, aber welches bekommt – umgekehrt ebenso. Menschen, die Probleme im Bereich des Nehmens haben, glauben nicht, dass es leicht ist, etwas geschenkt zu bekommen.

Meinen Klienten biete ich deshalb ein „on-the-road Coaching" an. Ich gehe mit ihnen gemeinsam auf die Straße und unterstütze sie. Sie spüren jetzt vielleicht, wie viel Energie in dieser Übung steckt. Ist diese Energie im Fluss, haben Sie automatisch viel Spaß im Leben. Mut und Spaß gehören zusammen. Bert Hellinger meinte dazu: „Das Glück in einer Beziehung hängt vom Umsatz aus Geben und Nehmen ab." In diesem Fall betrifft es unsere Beziehung zu unserer weiteren Umwelt. Jungunternehmer können mittels dieser Übung im Vorfeld ihre Probleme beim Akquirieren beseitigen. Spielerisch bereiten sie sich damit auf das notwendige Verkaufen (Nehmen) und ihre anzubietenden Dienstleistungen (Geben) vor. Mit keiner anderen Übung stellten sich Erfolge derart schnell ein. Dies begründet sich durch das benützte Medium – Geld. Geld steht symbolisch für Wert und Austausch. In diesem Symbol verdichten sich unsere Ängste und Hemmungen wie auch unser Mut und unsere Kraft in Bezug auf Beziehungen. Unsere erlernten Wertvorstellungen über Anstand und Sitte erleben so ihre stärkste Prüfung.

---

[34] Österreichisch für Landstreicher oder Bettler.

Haltungen wie:

„Der wird doch denken, dass ich etwas von ihm will!",

„Ich bin doch kein Bettler, was macht das für ein Bild!" oder

„Ich glaube nicht, dass mir jemand etwas schenkt!",

spiegeln sich in dieser Übung eins zu eins in der Reaktion der angesprochenen Leute wider. Wir erfahren unsere Umwelt als direkten Spiegel unserer Innenwelt.

Wenn ich jemanden bei dieser Übung begleite, gelingt sie. Wir erleben dabei sehr viel Spaß miteinander und auch mit den betreffenden Personen. Meine Aufgabe dabei ist, dass mein Glaubensfunke auf die Übenden überspringt und sie damit ihre Hemmungen überwinden. Die Leute erfahren durch diese Übung:

• Geben und Nehmen führt zu Beziehungen, die auf Spaß und Erlebnissen beruhen.
• Durch den Austausch erfahren wir Stärke und Selbstbewusstsein.
• Austausch von Geld oder anderem tritt in den Hintergrund, weil das gemeinsame positive Erlebnis im Vordergrund steht. Es werden Gefühle ausgetauscht, welche eine wesentliche Basis für den Geldtausch darstellen.

Ich mache diese Übung häufig und habe dabei schon einige Freundschaften geschlossen. Sie wirkt sich auf unsere Liebes- und beruflichen Beziehungen aus.

Karl, der Teilnehmer eines Seminars, bat mich, ihn bei dieser Übung zu begleiten. Wir gingen in die Kärntner Straße und besprachen nochmals den Sinn der Übung. Er ging sehr angespannt ans Werk und verschenkte sein Geld. Ich selbst beobachtete den Prozess mit höchster Aufmerksamkeit. Er wurde das Geld schnell los. „Das ging ja leicht." Nach einer kurzen Pause drehten wir die Übung um. Er sprach eine Frau an und bekam einen „Korb". Er sprach einen Mann an und bekam wieder eine Ablehnung. Nach vier Versuchen war seine hohe Erwartungshaltung sichtlich enttäuscht worden. „Ich mach etwas falsch, ich bekomme kein Geld!" Darauf mein Ratschlag: „Denk nicht ans Ziel – das Geld – konzentriere dich stattdessen auf das Erlebnis der Beziehung zum angesprochenen Menschen in dem Moment! Beobachte deine Gefühle und erwarte nicht den Erfolg!" Nun ging er auf einen Mann zu und sprach ihn an. Er konzentrierte sich auf das Erlebnis an sich. 15 Meter entfernt, fast wie eine Mutter, wünschte ich ihm alles Gute. So sehr hoffte ich, dass es ihm jetzt gelang. Und – es funktionierte! Wir stellten anschließend den Unterschied im Erlebnis fest und er sagte begeistert: „Ich kann es gar nicht glauben, ich habe es geschenkt bekommen!" Der nächste Anlauf scheiterte am Übermut. „Und jetzt geht's los!" Nach zwei Stunden hatte er schließlich viele Erlebnisse und die tolle Erfahrung gemacht: „Mir kann nichts Schlimmes passieren, ich kann mit Menschen immer Geschäfte machen und dabei Schönes erleben." Beide sind wir dankbar für diese Erkenntnisse. Karl übertrug das Gelernte auch auf sein Privatleben, wo er nun das Annehmen anwenden konnte. So stieg in der Beziehung der „Umsatz" und mehrte sich das Glück.

Planen Sie jetzt einen Termin für diese Übung oder machen Sie sie gleich jetzt. Ihre Erfahrungen damit können Sie mir gerne per E-Mail mitteilen.

Übung – Weg des Mitgefühls

Der Weg des Mitgefühls wird von meinen Klienten am seltensten gewählt. Ich denke, die Ursache dafür liegt in unserer Verwirrtheit. Durch das riesige Angebot an Informationen, Konsumgütern und Handlungsmöglichkeiten verlieren wir andere aus den Augen. Es scheint, als würde es niemandem schlecht gehen, wir leben in der westlichen Welt der materiellen Fülle. Jeder lebt, verglichen mit dem Mittelalter, wie ein König. Deshalb ist der Bedarf an Freude und Mut wahrscheinlich größer als der an Mitgefühl. Wir sind hauptsächlich damit beschäftigt, unseren Stress und die alltäglichen Herausforderungen in den Griff zu bekommen. Deshalb glaube ich, dass die Nachfrage beziehungsweise das Bedürfnis nach dem Weg des Mitgefühls zunimmt, sobald die Menschen Freude und Mut gleichermaßen leben.

Wer sich für den Weg des Mitgefühls entschieden hat, ist meiner Erfahrung nach entweder sehr stark oder sehnt sich nach einer sinnvollen Tätigkeit. Ich werde diesen Übungsteil eher beschränken und passe mich damit der Nachfrage an. Ich konnte auch noch nicht viele Erfahrungen im Coaching damit machen. Dennoch will ich etwas Grundsätzliches dazu sagen.

Vor kurzem hörte ich im österreichischen Radiosender Ö1 einen Bericht über Auslandsdienste. Zivildienstleistende oder auch Freiwillige haben die Möglichkeit, für eine bestimmte Zeit einen Hilfsdienst im Ausland anzutreten. Ein junger Mann berichtete über seine Erfahrungen als 18-jähriger Zivildienstleistender: „Ich hatte noch gar keinen Plan, was ich überhaupt machen wollte. Deshalb entschied ich mich intuitiv, im Rahmen eines Auslandsdienstes Kinder in einem bosnischen Flüchtlingslager zu betreuen. Die Tätigkeit war, trotz der katastrophalen Bedingungen, eine der schönsten bisher. Ich entschied mich aufgrund dieser Erfahrungen, eine Ausbildung zum Sozialarbeiter zu beginnen. Jetzt arbeite ich bei einer Organisation zur Begleitung von Holocaustopfern." Die Geschichte dieses jungen Mannes berührte mich und wahrscheinlich viele andere.

Wenn jemand verwirrt ist und nicht weiß, was er tun soll oder deshalb sogar depressiv ist, kann ich ihm empfehlen, die Krebsstation in einem Spital zu besuchen oder sich freiwillig zu einem Sozialdienst zu melden. Das berührt unser Herz und wir sehen Wesentliches – unsere Fähigkeit, mitzufühlen. Mitgefühl ist eine unserer stärksten Kräfte, die uns befähigt, Großes zu tun. Mit „groß" meine ich nicht den äußeren Rahmen, sondern die Art und Weise, wie etwas geschieht. Durch Mitgefühl gewinnt alles, was wir tun, an Bedeutung. Es gibt aber auch viele alltägliche Möglichkeiten, diese angeborene Gabe der Empathie zu entwickeln. Wir können erspüren, wie es unserem Partner, unserem Kunden oder unseren Arbeitskollegen geht. Meine Geschäftspartnerin Sabine hat diese Gabe sehr gut entwickelt. Immer wieder erlebe ich, wie sie in alltäglichen Situationen, zum Beispiel beim Gang ins Büro, aufmerksam andere beobachtet und zum Beispiel plötzlich einer alten Frau beim Tragen ihrer Einkaufstasche hilft. Ich bin jedes Mal angetan von dieser Spontaneität. Sie beweist Achtung für das, was um uns herum geschieht. Stress blockiert diese Achtung.

Ähnlich verhält es sich auch in der Gastronomie: Ich beobachtete unlängst eine Kellnerin, die einem Gast aktiv eine Aspirin-C-Brausetablette anbot. Er reagierte positiv überrascht ob dieser Aufmerksamkeit – er hatte scheinbar Kopfschmerzen.

Durch Mitgefühl nehmen wir die Bedürfnisse anderer wahr und haben damit Zugang zu einer Unzahl an möglichen Dienstleistungen. Gleichzeitig erfahren wir dadurch ein Gefühl der Bedeutung.

Wahrnehmen

Im Tourismusbereich trainieren wir zum Beispiel Bademeister oder Empfangsdamen in der Fähigkeit zum Mitgefühl. Der Trainee wird aufgefordert, die ihm gegenübergestellte Übungsperson wahrzunehmen. Der Abstand wird von ihm frei gewählt. Beide sprechen dabei nicht. Der Trainee fühlt sich ein und berichtet anschließend seine Eindrücke. Die Übungsperson bestätigt in erstaunlich vielen Fällen die Richtigkeit seiner Beschreibung. Die Anwendung der daraus gewonnenen Erkenntnis bringt für die realen Gäste viele positive Überraschungen. Die Dienstleistungsqualität steigt dadurch an, da sich die Gäste durch die ihnen gewidmete Aufmerksamkeit geborgen fühlen.

Sie können diese Übung jederzeit selbst machen. Wenn Sie in der U-Bahn sitzen, versuchen Sie wahrzunehmen, wie es Ihrem Gegenüber geht. Sie brauchen dazu nicht nachzudenken und auch nicht zu starren. Es genügt, wenn Sie Ihre Aufmerksamkeit nach außen richten. Nicht einmal der Blickkontakt ist dafür notwendig.

Kleine Aufstellung

Sie wollen einen Menschen aus Ihrem Umfeld besser verstehen, da Sie zum Beispiel einen Konflikt miteinander haben. Das Verständnis wollen wir mittels unseres Mitgefühls erreichen.

Nehmen Sie zwei Bauklötze oder Gewürzgläser und markieren Sie diese am Rand des Deckels mit einem Strich. Der Strich stellt die Blickrichtung der Figur dar. Stellen Sie nun diese beiden „Figuren" intuitiv auf. Eine dieser Figuren repräsentiert Sie selbst, die andere die Person, die sie besser verstehen wollen.

Nachdem Sie nun die Figuren intuitiv aufgestellt haben, nehmen Sie die Situation zwischen beiden als Bild wahr.

Fühlen Sie sich nun in die Figur Ihres Gegenübers ein.

Können Sie einander sehen? Stehen Sie frontal zueinander? Wie weit ist der Abstand der Figuren?

Was fühlt der andere Mensch, wie geht es ihm an dieser Stelle? Geht es ihm gut? Was möchte er sagen? Was möchten Sie ihm sagen? Wenn Sie etwas für eine der Personen ausdrücken, sprechen Sie ausschließlich über Empfindungen. Fakten und Tatsachen interessieren bei der Übung weniger.

Sie könnten nun die Figuren, sofern sie sich nicht direkt anblicken, zueinander drehen. Wie geht es Ihrer Figur jetzt? Wie geht es der anderen? Was hat sich verändert?

Vielleicht erstaunt Sie, was dabei geschieht. Ganze Therapierichtungen arbeiten mit dieser Funktionsweise. Ich hoffe, Sie konnten dabei etwas Nützliches erfahren.

Fassen wir zusammen

- Wir wählen ein Gefühl und experimentieren damit im Alltag.
- Freude entwickeln wir durch mehr Freiraum in unserem Leben.
- Mut erreichen wir durch Annehmen von Herausforderungen.
- Mitgefühl entwickeln wir, indem wir unsere Umwelt wahrnehmen.

■ Modul 11: Die Private Scorecard – zusammenfassende Darstellung der Vision

Fassen wir nun die bisherigen Ergebnisse zu einem Bild, der Private Scorecard, zusammen. Die Balanced Scorecard, wie sie in Unternehmen verwendet wird, gliedert sich in vier Bereiche: die Finanz-, Kunden-, Innovations- und Prozessperspektive (siehe Bild 23). Ich verwende diese Darstellung in adaptierter Form (Bild 24), um sie für persönliche Ziele verwenden zu können. Die Balanced Scorecard gewann in den letzten Jahren enorm an Bedeutung, da diese erstmals eine Zielbeschreibung aller relevanten unternehmerischen Bereiche ermöglicht. Bis vor kurzem wurde ausschließlich die Finanzperspektive beschrieben. Es ist deshalb als ein positives Zeichen zu werten, dass nun auch andere Ziele, wie zum Beispiel Entwicklungsziele der Mitarbeiter, gleichrangig mit Finanzzielen dargestellt werden.

Ich übertrug diese ganzheitliche Methode zur Zieldarstellung in unseren persönlichen Bereich.

Bild 23: Balanced Scorecard (Quelle: Kaplan/Norton, 1992)

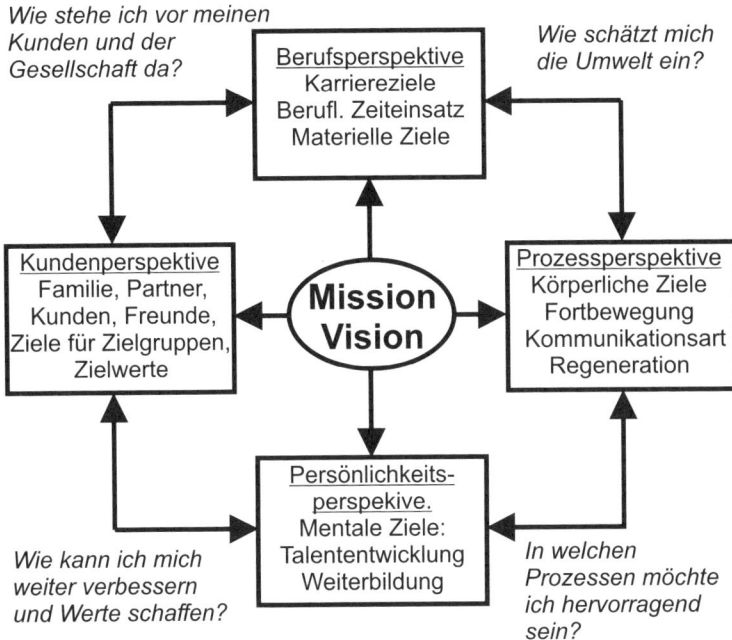

Wie stehe ich vor meinen Kunden und der Gesellschaft da?

Berufsperspektive
Karriereziele
Berufl. Zeiteinsatz
Materielle Ziele

Wie schätzt mich die Umwelt ein?

Kundenperspektive
Familie, Partner,
Kunden, Freunde,
Ziele für Zielgruppen,
Zielwerte

Mission Vision

Prozessperspektive
Körperliche Ziele
Fortbewegung
Kommunikationsart
Regeneration

Wie kann ich mich weiter verbessern und Werte schaffen?

Persönlichkeits-perspekive.
Mentale Ziele:
Talententwicklung
Weiterbildung

In welchen Prozessen möchte ich hervorragend sein?

Bild 24: Private Scorecard

Für den privaten Bereich formulierte ich die Bereiche folgendermaßen um:

Die Finanzperspektive wurde zur **Berufsperspektive** und erfasst Ziele, die Karriere und Finanzen betreffen. Zum Beispiel:

- „Ich möchte Abteilungsleiter werden!" – Rubrik: Karriereziele.
- „Ich möchte 30 Stunden arbeiten!" – Rubrik: beruflicher Zeiteinsatz.
- „Ich möchte 8000 Euro pro Monat verdienen!" – Rubrik: monatliches Einkommen.

Die Kundenperspektive wurde zur **Kunden- und Beziehungsperspektive.** So finden dort alle persönlichen Ziele unserer Beziehungen zur Umwelt Platz (Freundschaften, Partner und auch Kunden). Zum Beispiel:

- „Ich werde ein Prozent aller Führungskräfte im deutschsprachigen Raum beraten!" – Rubrik: Kundenziele.
- „Ich will das Wochenende für meine Familie nützen!" – Rubrik: Familienziele.
- „Ich will 200 Studenten zu klaren Berufsvorstellungen verhelfen!" – Rubrik: Kundenziele.

Die Innovationsperspektive wurde schließlich zur **Persönlichkeitsperspektive**. Alle Ziele, mit denen wir uns selbst verbessern und bestärken, finden dort Platz. Zum Beispiel:

- „Ich möchte vor Leuten frei reden können!" – Rubrik: Talente.
- „Ich will Englisch verhandlungssicher beherrschen!" – Rubrik: Ziele für Aus- und Weiterbildung.
- „Ich werde mich jedem Konflikt stellen (ohne dass ich gleich weglaufe)!" – Rubrik: mentale Ziele.

Die **Prozessperspektive** bleibt vom Begriff her gleich, jedoch ändert sich im Vergleich zur Balanced Scorecard die Bedeutung. Damit sind nun Prozesse gemeint, die im persönlichen Kontext zur Stärkung unserer Ressourcen (Körper, Geist) geeignet sind. Durch diese Prozesse wird die Zielerreichung in den anderen Bereichen erst ermöglicht (Sport, Ernährung, Regeneration und so weiter). Dieser Bereich stellt somit unseren Bedarf an neuen Angewohnheiten dar. Zum Beispiel:

- „Einmal täglich eine halbe Stunde laufen!" – Rubrik: Sport.
- „Ich will einmal am Tag vollwertig essen!" – Rubrik: Ernährung.
- „Ich will nur mit öffentlichen Verkehrsmitteln fahren!" – Rubrik: Fortbewegungsmittel.

Die Trennung dieser Bereiche ist nicht immer möglich. Es gibt Überschneidungen. So kann es sinnvoll sein, Ziele auch zweimal einzutragen.

Übung – Private Scorecard, Zieldarstellung

Tragen Sie Ihre Ziele in Tabelle 16 ein. Es mag sein, dass Rubriken fehlen. Ergänzen Sie diese dann sinngemäß unter „Sonstige". **Die Ziele** (Spalte: bemerkbare Veränderungen) **übernehmen Sie aus den Ergebnissen der** Übungen zum Thema: Bedürfnisse, Sorgen und Konflikte, Rollenklärung und Überschussvision. Die Zuordnung erfolgt sinngemäß. Wenn Felder frei bleiben, so ist das in Ordnung. Wir sehen dann keine Notwendigkeit, etwas zu verändern.

Unter Zeit verstehen wir den Zeitpunkt der Zielverwirklichung, zum Beispiel: bis Mai 2002, bis Anfang 2002, bis Ende 2003, bis morgen und so weiter.

In der vierten Spalte tragen Sie ein, ob das von Ihnen angegebene Ziel ein „Befähiger" für ein anderes höheres Ziel ist. So könnte das Ziel: „Ich will Englisch verhandlungssicher beherrschen!" (aus der Rubrik: Ziele für Aus- und Weiterbildung), der Befähiger für unseren zukünftigen Wohnort „San Diego" sein. Man vermerkt dies dann in der Rubrik „Wohnort" in der rechten Spalte. So erinnert man sich, wozu man Englisch lernen will. Gleichzeitig machen wir uns realistische Gedanken über die Umsetzung unserer Vision.

Weiteres Beispiel: Das Ziel: „Ich möchte vor Leuten frei reden können!" (aus der Rubrik „Talente"), könnte der Befähiger sein, um „200 Studenten zu klaren Berufsvorstellungen verhelfen zu können" – (aus der Rubrik Kundenziele).

Ebenso finden Sie in der rechten Spalte Raum für Maßnahmen, die Sie in den vorigen Übungen vielleicht schon erdacht haben oder die Ihnen jetzt einfallen.

Gehen Sie es nun an! Anfänglich ist es vielleicht etwas verwirrend, später entsteht ein klares Bild. Windtypen können damit Ausdauer lernen, erdige Typen lieben diese Art der Ordnung ohnehin.

Tabelle 16: Private Scorecard

Scores:	Zeit:	Zeit:	Befähiger für Ergebnisse und Maßnahmen:
Berufsperspektive:			
Karriereziele:			
Marktanteile:			
Beruflicher Zeiteinsatz:			
Materielle Ziele:			
Monatliches Einkommen:			
Wohnort:			
Wohnart:			
Sonstige:			

Tabelle 16: *Fortsetzung*

Scores:	Zeit:	Zeit:	Befähiger für Ergebnisse und Maßnahmen:
Kunden-/Beziehungsperspektive:			
Ziele für Zielbereiche, -gruppen:			
Kundenziele:			
Familienziele:			
Freundschaftsziele:			
Partnerschaftsziele:			
Sonstige:			
Persönlichkeitsperspektive:			
Mentale Ziele:			
Ziele, unsere Talenten betreffend:			
Ziele für Aus-, Weiterbildungen:			
Weiterbildungsbudget und benötigte Zeit:			
Sonstige:			

Tabelle 16: *Fortsetzung*

Scores:	Zeit:	Zeit:	Befähiger für Ergebnisse und Maßnahmen:
Prozessperspektive:			
Körperliche Ziele:			
Sport:			
Ernährung:			
Medizinische Behandlungen:			
Fortbewegungsart:			
Fortbewegungsmittel:			
Kommunikationsarten:			
Regenerationszeit:			
Sonstige:			

Der Identitätsdiamant und die Private Scorecard sollten jederzeit sichtbar an einem alltäglichen Platz angebracht werden. So bleiben Ihnen die Ergebnisse immer bewusst. Zu leicht vergisst man seine Mission und Vision. Es ist dann wie bei jemandem, der sich in einem Spiegel betrachtet hat, ihn auf die Seite legt und vergisst, was seine höchste Absicht ist.

Vorerst aber: Gratulation zu Ihren Ergebnissen! Sie heben sich damit enorm von der Masse ab. Ihre Zukunftschancen sind gestiegen, was auch immer Sie jetzt beginnen werden. Ich würde mich sehr freuen, wenn Sie mir Ihre Ergebnisse und Erfahrungen zukommen lassen (cerny@till.at und http://www.till.at/seminar/Gaestebuecher.htm). Je mehr Sie öffentlich dazu stehen, desto höher wird die Wahrscheinlichkeit des Erfolgs.

Zum Abschluss des Visionsprozesses gestalten wir jetzt noch eine ideale Woche. Sie ist der Weg vom Sein zum Werden und unterstützt uns dabei, den Alltag „bis zur Vision" zu meistern.

Modul 12: Die ideale Woche

Die ideale Woche ist ein Instrument, das unsere Mission und Vision auf den Boden der Realität stellt. Die Private Scorecard ermöglicht den Weitblick, die ideale Woche steht für das alltägliche Anpacken unserer Ziele. Vielleicht kennen Sie den Film „Und täglich grüßt das Murmeltier". Es ist ein wunderbarer Film, der sich mit dem Sein beschäftigt. Der Hauptdarsteller ist dazu verdammt, einen bestimmten Tag immer wieder zu durchleben und zu wiederholen!

Zu Beginn des Films ist der Darsteller ein Menschenfeind und Zyniker. Je öfter er aber dazu gezwungen wird, aus den Möglichkeiten eines Tages das Beste zu machen, desto mehr erkennt er sein Wesen, welches mutig, voller Freude und Mitgefühl ist. Ich denke, dass dieser Erkennungsprozess die wesentlichste Übung unseres Lebens ist. So gelang es dem Hauptdarsteller, einen „perfekten" Tag zu leben. Er half Menschen, wo er konnte, erlebte Freude und stellte sich Herausforderungen. Der Bann war damit durchbrochen. Nun konnte er als neuer Mensch weitere scheinbar „andere Tage" erleben. Mit einer neuen Sichtweise ausgestattet, wird ihm viel Gutes möglich sein.

Die „ideale Woche" ist eine Übung, die wir nicht täglich, sondern wöchentlich machen. Das Training in wöchentlichen Abständen scheint mir für die Praxis gut geeignet. Dadurch können wir mehrere Aspekte unseres Lebens trainieren.

> Wenn du dein Lebensglück nicht in einer Woche leben kannst, so kannst du es auch nicht in einem Monat. Wenn du dein Lebensglück nicht in einem Monat leben kannst, so kannst du es auch nicht in einem Jahr. Wenn du dein Lebensglück nicht in einem Jahr leben kannst, so kannst du es auch nicht in einem ganzen Leben.

„Der Alltag trägt das Glück!" (Bert Hellinger)

Viele Menschen schieben ihr Leben in die Zukunft und sagen: „Irgendwann bin ich dann am Ziel und glücklich!" oder: „In fünf Jahren habe ich mehr Zeit für meine Familie!" oder: „Irgendwann bleib I dann dort – lass alles liegen und stehen – geh von daheim für immer fort!" (aus dem Lied „Griechenland" von der steirischen Musikgruppe STS).

Jetzt ist die Zeit zum Glücklichsein! Ziele werden erreicht oder nicht, man geht weiter und ist unabhängig vom Resultat glücklich. Zeit ist bloß eine

Ressource, die uns dabei hilft, die Relevanz von Entscheidungen zu erkennen. Die Frage: „Was würdest du tun, wenn du nur noch eine Woche zu leben hättest?", kombiniert mit den drei Kraftfragen (siehe Kapitel „Die Funktionsweise von Visionen – das Trigon der Macht"), hilft uns, die richtige Einstellung bei der Gestaltung unserer idealen Woche zu finden.

„Be a Goalgetter, not a Goalsetter!" („Sei ein Zielnehmer, nicht ein Zielsetzer!") lautete ein Buchtitel, der mir beim Suchen nach guter Literatur in den USA in die Hände fiel. So lernt man sein Bestes zu geben und wird zunehmend unabhängig von Zielerwartungen.

Die beste Handlungsanweisung bekam ich durch das Buch „Gespräche mit Gott, Band 1" von Neale Donald Walsh. Ich schreibe die Aussagen nun sinngemäß auf, da ich das Buch in Englisch gelesen habe und mir die deutsche Übersetzung nicht gefällt:

Neale: „Gott, warum ist das Leben so sorgenvoll?"

Gott: „Das Leben ist überhaupt nicht sorgenvoll! Es ist es für euch, weil ihr an den Ergebnissen hängt!"

Neale: „Heißt das, wir sollen nichts mehr erzielen wollen?"

Gott: „Ja, das ist richtig! Entscheide, aber hänge dein Wollen nicht daran!" (Choose, but don't want!)

Im Zen-Buddhismus wird die Einstellung zu Zielen mit Bogenschießen verglichen. Man spannt den Bogen, visiert das Ziel an und lässt los im eigentlichen und im übertragenen Sinne! Loslassen und jederzeit sein Bestes geben, ist die Zauberformel für Management und Beziehungen. Erwartungen aus der Vergangenheit und für die Zukunft bilden die Basis für Stress und Sorgen.

Spielen Sie nun mit Hilfe des Formulars Ihre ideale Woche durch. Setzen Sie sich dabei hin, entspannen Sie sich zuerst (zum Beispiel durch eine fünfminütige Atemmeditation), und gestalten Sie dann Ihre ideale Woche Stunde für Stunde.

Das heißt nicht, dass dann jede Woche gleich aussehen muss! Wenn es Ihnen einmal gelungen ist, die Vorstellung „einer" idealen Woche zu haben, können Sie jede Woche, wie unterschiedlich diese geplant sein mag („Es ändert sich alles dauernd"), ideal beziehungsweise glücklich leben.

Bevor Sie nun beginnen, berücksichtigen Sie die Wegqualität, für die Sie sich entschieden haben (Kapitel: „Modul 10: Drei mögliche Wege für Visionen"):

Haben Sie sich für den Weg der Freude entschieden, achten Sie darauf, viel Freiraum in der Woche zu schaffen.

Haben Sie sich für den Weg des Mutes entschieden, nehmen Sie viele Herausforderungen in die Wochenplanung hinein wie Akquisitionen, Abenteuer und so weiter. Die Woche wird „dicht" gestaltet sein.

Wenn Sie sich für den Weg des Mitgefühls entschieden haben, sollte viel Zeit für Ihre Zielgruppe eingeräumt werden – die Zeit zum „Dienen". Dienen ist im Sinne von Dienstleistung zu verstehen.

Die ideale Woche ist unser Bild von einem erfüllten Leben. An diesem Bild malen wir unentwegt und überprüfen:

• Sind die Tätigkeiten zu Blöcken zusammengefasst? – Es ist wichtig, dass wir immer nur eine Sache auf einmal tun und dabei nichts anderes! Wir lernen dadurch, den Dingen die nötige Aufmerksamkeit und Zeit zu geben. Wir können Ablenkungsversuchen widerstehen.
• Macht das Bild der idealen Woche uns ruhig? – Wir achten darauf, nicht all unsere Kraftreserven aufzubrauchen.
• Spornt es uns an? – Herausforderung lässt uns wachsen, Überforderung nicht.
• Sind in der Woche unsere Rollenziele und Bedürfnisse enthalten? – Familie, Freunde und Berufung sollten einen guten Platz in unserem Leben bekommen.
• Können unsere Mission und Vision (Private Scorecard) umgesetzt werden?
• Könnten wir „ewig" so weitermachen?

Achten Sie beim Durchspielen auf diese Punkte. Die Übung der idealen Woche ist für uns Berater ein sehr effektives Instrument. Mit keinem anderen Werkzeug kann man „falsche" Entwicklungen früher erkennen als mittels einer Wochen-Rückschau. Der Ist-Vergleich mit dem Wunschbild der idealen Woche hilft beim Treffen von aktuellen Entscheidungen. So werden Dinge erst gar nicht dringlich.

Selbstverständlich sollen neue Erkenntnisse in die ideale Woche einfließen. Man erlangt neue Einsichten, die neues Handeln ermöglichen sollen. „Was interessiert mich meine Meinung von gestern?!", drückt eine nützliche Haltung aus.

So könnten wir zum Beispiel zur Umsetzung unserer Bildungsziele den ganzen oder einen halben Tag am Mittwoch freihalten. Es könnte beispielsweise der Dienstagabend für Freunde, der Montagvormittag für Besprechungen mit Mitarbeitern reserviert sein. Die Zeit von sieben bis halb acht wird vielleicht regelmäßig fürs Laufen verplant.

Auch ein großer Berg wird durch viele kleine Schritte erklommen! Die ideale Woche ist wie ein Schritt auf den Berg, den wir erklimmen wollen. Ich empfehle deshalb, für jedes Ziel aus der Private Scorecard die notwendigen Teilschritte herauszuarbeiten. Die Größe eines Schrittes hängt vom vorgesehenen Zeitbudget und unserer Vorstellung ab, wann das Ziel erreicht sein soll.

Wenn ich zum Beispiel als Selbstständiger regelmäßig 10 000 Euro im Monat verdienen will, muss ich überlegen, wie viele Aufträge ich in Zukunft dafür benötige. Damit ich diese Aufträge bekomme, sollte ich eine bestimmte Anzahl an potenziellen Kunden regelmäßig ansprechen. Zum Beispiel könnte ich jeden Montagnachmittag fünf potenzielle Kunden anrufen und Präsentationstermine mit ihnen vereinbaren. Ein Teilschritt ist in diesem Fall „das Kontaktieren von fünf potenziellen Kunden, einmal pro Woche". Tue ich das regelmäßig, kann der Erfolg kaum ausbleiben. Tue ich das nicht, brauche ich mich über Misserfolg nicht zu wundern und zu beklagen.

Ich begleitete bereits einige Jungunternehmer auf ihrem Weg in die Selbstständigkeit. Dabei fiel mir auf, dass nicht unbedingt die Klugen erfolgreich sind, sondern die Fleißigen, die ihre (Haus-)Aufgaben mit Freude und Ausdauer machen.

Im Radio hörte ich einen bekannten DJ sagen: „Ich wollte eigentlich nie DJ werden, ich lege einfach nur gerne Platten auf. Dann fragte auf einmal jemand: Wer ist der DJ?'" Ähnliches gilt für alle Bereiche unseres Lebens. Wir tun regelmäßig eine bestimmte Zeit lang etwas, das uns unserem Wunschziel näher bringt. Hier gilt eine alte Binsenweisheit: Von nichts kommt nichts! Wir brauchen zur Zukunftsänderung kein Wunder, sondern nur eine richtige Einstellung und Regelmäßigkeit. Ich studierte in Mindestzeit Betriebswirtschaft und baute gleichzeitig ein Unternehmen auf. Viele bewunderten meine Disziplin, und darüber war ich erstaunt, denn ich tat das mit Freude und war deshalb fleißig. Jeden Tag lernte ich zumindest 20 bis 40 Seiten in zwei bis drei Stunden. So konnte ich die großen Stoffmengen in den Griff bekommen! Dazu musste ich nur rechnen können. In diesem Fall lautet der Teilschritt zum Ziel „Betriebswirtschaftliche Zusammenhänge verstehen mittels eines Studiums": 20 bis 40 Seiten pro Tag lernen.

Wenn wir uns im Klaren über den nötigen Zeiteinsatz sind, könnte es auch zu einer Zielrevision kommen. Wir entscheiden, ob das Ziel den Einsatz wert ist, mit der Frage: „Bin ich bereit, den Preis dafür zu zahlen?" Unser Identitätsdiamant hilft uns beim Setzen der Prioritäten.

„Wenn du wissen willst, wieso es dir heute so geht, denk an deine Handlungen in der Vergangenheit. Wenn du wissen willst, wie es dir in der Zukunft gehen wird, betrachte deine jetzigen Handlungen." (Asiatisches Sprichwort)

Es geht nicht darum, ein steifes Zwangskorsett zu errichten, sondern darum, eine Vorstellung davon zu bekommen, wie es gut laufen könnte. Für viele Führungskräfte ist dadurch aus dem „Hochgeschwindigkeitstrip" ein bewusstes Erleben geworden. Übung macht den Meister!

Tabelle 17: Auszug aus einer idealen Woche eines Selbstständigen

Zeit (Anfangszeitpunkt):	Montag	Dienstag	Mittwoch
7:00	Aufstehen und Laufen	Duschen und Frühstücken	Schlafen
7:30	Duschen und Frühstücken	Zu Kunden fahren	Aufstehen und Laufen
8:30	Besprechungen (Sekretariat und Gesch.-Partner)	Kunden beraten (meine Mission und Vision umsetzen)	Duschen und Frühstücken
10:00	Telefonieren, E-Mails, Bürokram		Bücher lesen
12:00	Zu Hause Mittagessen	Mittagessen mit Kunden	Mittagessen
13:00	Marketing für das Unternehmen, fünf potenzielle Kunden anrufen, Internet aktualisieren	Kunden beraten	Buch schreiben mind. 3–4 h
17:30	Zeit mit Partner – offen	„Wie geht es mir energetisch?" – Heimfahrt	Abendessen und verdauen!
20:00		Laufen – sonst nichts	Mit Partnerin meditieren

Übung – Die ideale Woche

Jetzt versuchen Sie es einmal – wie könnte Ihre ideale Woche aussehen?

Tabelle 18: Ihre ideale Woche

Zeit (Anfangszeitpunkt):	Montag	Dienstag	Mittwoch	Donnerstag	Freitag	Samstag	Sonntag

Wenn Sie die ideale Woche erstellt haben, können Sie damit beginnen, weitere Entscheidungen zu treffen und Handlungen auszuführen:

• Sprechen Sie mit Ihrem Chef, den Mitarbeitern, Ihrem Partner darüber.
• Melden Sie sich zu Kursen an.
• Beginnen Sie mit Sport.
• Rufen Sie potenzielle Kunden an.
• Gehen Sie zum Arzt.
• Nehmen Sie sich Zeit für sich.
• Und so weiter ...

Wenn Ihnen bei dieser Übung Maßnahmen einfallen, die noch nicht in Ihrer Private Scorecard eingetragen sind, ergänzen Sie diese jetzt im Nachhinein.

Sie nehmen Ihr Leben in die Hand und gestalten es für Sie passend!

■ Zusammenfassung

Wir durchliefen nun gemeinsam einige Übungen zu Ihrer Identität und Zukunftsgestaltung. Ich möchte nochmals einen zusammenfassenden Überblick geben und das Erarbeitete mittels einer Abschlussübung vertiefen und verankern. Denn zu schnell verliert man das Wesentliche wieder aus den Augen. Deshalb ist es eine gute Übung, sich die drei Hauptergebnisse dieser Übungen immer wieder vor Augen zu halten.

Die drei Ergebnisse sind:

- der Identitätsdiamant,
- der Weg – die ideale Woche – und
- die Vision in Form der Private Scorecard.

Wir begannen den Prozess mit dem Sein – dem Identitätsdiamant –, fassten dann die Vision in der Form der Private Scorecard zusammen und beschrieben schließlich den Weg – die ideale Woche.

Sie könnten Ihre Ergebnisse beispielsweise auf drei Flipcharts nochmals aufzeichnen und in Ihrem Büro aufhängen, so haben Sie sie immer vor Augen. Wenn Besuch kommt und nach der Bedeutung der Flipcharts fragt, ergeben sich gute Gelegenheiten, Stellung zu nehmen. Oft werden gerade dadurch die Dinge nochmals klarer. Die Umwelt dient als „Reibebaum".

Zum Abschluss darf ich Ihnen noch eine Übung vorschlagen, die vielleicht ungewohnt aber sehr praktisch ist. Es handelt sich dabei um eine Symbol-

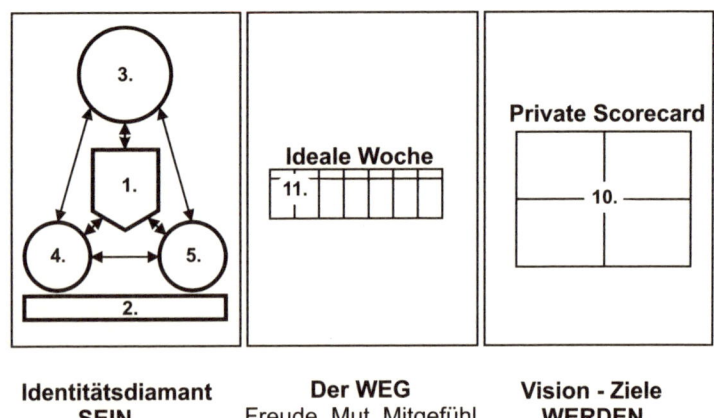

Bild 25: Gesamtdarstellung

aufstellung aus der systemischen Beratungsarbeit. Wir malen eine Art Traum-Bild, welches direkt auf unsere innere Landkarte wirkt. Während der Übung sollten die drei Ergebnisse in Sichtweite sein. Nehmen Sie sich für die Übung genügend Zeit (mindestens 20 Minuten) und beginnen Sie erst damit, wenn Sie sich entspannt fühlen. Der folgende Text soll Sie auf eine Reise führen.

Übung – Aufstellen der Ergebnisse

Wir suchen uns eine Stelle im Raum, an der wir uns wohl fühlen.

Wir spüren, dass wir fest und sicher stehen. Vor uns im Raum sollte Platz sein.

Wir stellen uns nun unsere Mission als virtuelle Person dicht hinter uns stehend vor. Wir spüren uns nun ein, und beachten das aufkommende Gefühl. Bekomme ich Kraft dadurch, fühle ich mich beschützt? Will die Mission mir etwas sagen oder etwas tun? Lassen Sie sich dabei Zeit, bis Sie alles wahrgenommen haben. Verinnerlichen Sie sich nochmals den Kernwert 1. Ordnung, dazu die Verben und verbinden Sie diese gedanklich mit der virtuellen Person, die Ihre Mission repräsentiert.

Als nächstes stellen wir uns unsere vier Talente als weitere virtuelle Person rechts neben uns vor. Sie repräsentiert unsere Handlungsstärke. Linkshänder stellen die Talente links von sich auf.

Wir nehmen diese Ergänzung wahr. Hinter uns die Mission und rechts (bzw. links) die Talente. Wie fühlt sich das an? Schauen Sie die Person, die Ihre Talente repräsentiert, an und begrüßen diese. Wollen die Talente etwas sagen oder tun?

Zu unserer linken (rechten) Seite stellen wir uns nun symbolisch die Kernwerte 2. Ordnung (Charakter) in Form einer weiteren Person vor. Wir begrüßen diese Person und spüren, wie es uns dabei geht. Die Mission dicht und stärkend hinter uns, die Talente zu unserer Rechten und der Charakter zu unserer Linken vermitteln uns ein Gefühl. Wir nehmen dieses Gefühl wahr und verbinden es mit dem ganzen Bild. Wir haben starke Begleiter, nicht wahr!?

In angenehmer Entfernung stellen wir uns die Vision vor uns als Person vor. Wir sehen sie an und nehmen wahr, was sich ändert. Wir betrachten die Vision und erinnern uns nochmals an unsere Ziele und Bedürfnisse. Die Vision schaut uns direkt an und sagt vielleicht etwas zu uns.

Als letzter Schritt kommt nun noch die ideale Woche dazu. Wir stellen sie bildlich zwischen uns und die Vision. Wir können die Vision aber eindeutig sehen. Der Abstand wird von uns frei gewählt. Wieder spüren wir die Veränderung. Was hat sich verändert?

Jetzt fühlen wir uns in jede virtuelle Person ein. Was spüren diese oder was wollen sie sagen?

Erleben wir den Zustand als angenehm, merken wir uns das Bild und das angenehme Gefühl dazu.[35]

Wir genießen diesen kraftvollen Moment und verweilen darin, bis wir uns „satt"
fühlen. Dann kehren wir aus dieser Reise in unsere Welt zurück. Wir erinnern uns
daran, sooft wir wollen.

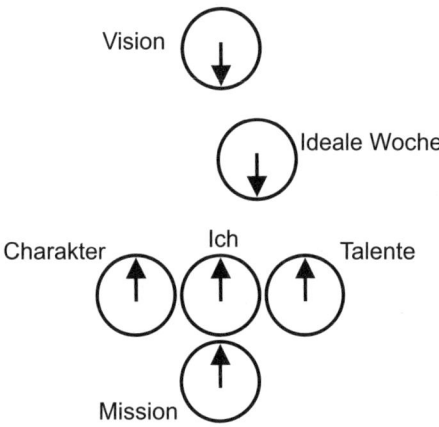

Bild 26: Beispiel für eine Symbolaufstellung

---

[35] Anmerkung: Ist der Zustand unangenehm und/oder ist dieser einer virtuellen Person zuzu-
ordnen, wiederholen wir die dazugehörige Übung im entsprechenden Kapitel. Führt das zu
keiner Verbesserung, könnten Sie auch einen systemischen Coach konsultieren.

▨ Schlussworte – Was erwartet uns nun?

In Bild 27 möchte ich Ihnen nun darstellen, wie ein erfolgreiches Leben verlaufen kann und wie nicht.

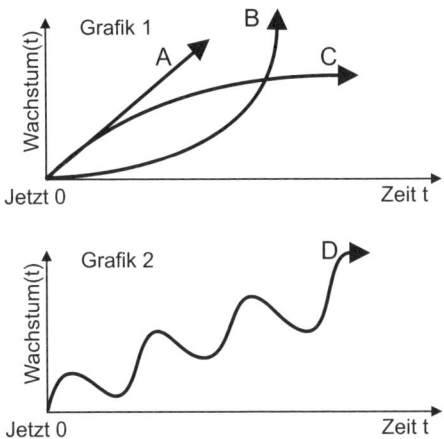

Bild 27: Wege des Wachstums

Aus der ersten Grafik können wir den Verlauf A erkennen. Er beschreibt die Entwicklung unseres Wachstums in Abhängigkeit von der Zeit linear. Dieser Verlauf ist praktisch unmöglich, denn er führt zum Beispiel zum Herzinfarkt. Ständige Anstrengung ohne Pause ist die Ursache.

Verlauf B beschreibt ein exponentielles Wachstum und ist nachhaltig ebenso unmöglich. Wie ein Krebsgeschwür sein Substrat zerfrisst, wird irgendwann unsere Lebensgrundlage zerstört.

Verlauf C stagniert. Er bedeutet ständige Langeweile in unserem Leben. Auch dies wollen wir nicht.

In der zweiten Grafik können wir den Verlauf D erkennen. Dieser beschreibt nachhaltiges Wachstum. Es geht bergauf und bergab. Wenn wir eine Talsohle durchschreiten, geht es wieder aufwärts und wir sichern uns damit ein Plateau. So findet nachhaltiges Wachstum ohne drohenden Zusammenbruch statt. Einmal läuft es besser, ein anderes Mal schlechter. Dennoch können wir wachsen, da wir Erfahrungen machen und lernen, wie es optimal gehen könnte. Wir verabschieden uns vom Glauben an eine zwanghafte oder langweilige Entwicklung, wie sie in Grafik 1 dargestellt wird. Alles hat seine Zeit. Als „Beobachter" sind wir stabil und handeln spontan. Unser Glitzern in den Augen ist der Richtungszeiger.

Ich wünsche Ihnen alles Gute auf Ihrem Weg!

Ihr Thomas F. Cerny

Lasst uns vermehrt auf das Licht unseres Wesens schauen, und nicht auf dessen Schatten! So erkennen wir das Wesentliche.

Literatur

Canetti, E. (1960): Masse und Macht. Frankfurt a.M. (Fischer)

Canetti, E. (1984): Die Provinz des Menschen. Aufzeichnungen 1942–1972. Frankfurt a. M. (Fischer)

Capra, F. (1987): Das Neue Denken. Bern (Scherz)

Castaneda, C. (1978): Der Ring der Kraft. Frankfurt a.M. (Fischer)

Covey, R. (1993): Die effektive Führungspersönlichkeit. Frankfurt a.M. (Campus)

Covey, R. (1995): Die sieben Wege zur Effektivität. Frankfurt a.M. (Campus)

Frankl, V. E. (1998): Trotzdem Ja zum Leben sagen. München (dtv)

Fromm, E. (1987): Haben oder Sein. Die seelischen Grundlagen einer neuen Gesellschaft. München (dtv)

Fromm, E. (1987): Die Furcht vor der Freiheit. München (dtv)

Goethe, J. W. v. (1999): Das Leben es ist gut. Frankfurt a. M. (Insel)

Goleman, D. (1995): Emotionale Intelligenz. München (dtv)

Hamann, B. (1991): Die zwölf Archetypen. München (Knaur)

Hellinger, B. (1995): Ordnungen der Liebe. Heidelberg (Carl-Auer Systeme)

Hellinger, B. (1997): Verdichtetes. Heidelberg (Carl-Auer Systeme)

Hendrich, F. (1999): Die vier Energien des Führens. Wien (Signum)

Horster, D. (1994): Das Sokratische Gespräch in Theorie und Praxis. Opladen (Leske + Budrich)

Jones, L. B. (1996): The Path. New York (Hyperion)

Kotter, J. P. (1997): Matsushita. Der erfolgreichste Unternehmer des 20. Jahrhunderts. Wien (Ueberreuter)

Kunz, H. (1985): Marktsystem und Information. Konstitutionelle Unwissenheit als Quelle von Ordnung. Tübingen (Mohr)

Meister Eckhart (1951): Vom Wunder der Seele. Stuttgart (Reclam)

Nydahl, O. (1994): Wie die Dinge sind. Eine zeitgemäße Einführung in die Lehre Buddhas. Sulzberg (Joy)

Oetinger, B. v. (Hrsg.) (1997): Das Boston Consulting Strategie-Buch. Düsseldorf (Econ)

Pestalozzi, H. A. (1991): Auf die Bäume ihr Affen. Bern (Zytologge)

Schlippe, A. v. (1998): Lehrbuch der systemischen Therapie und Beratung. Göttingen (Vandenhoeck & Ruprecht)

Scott-Morgan, P. (1997): Unternehmen auf der Überholspur. Führung von Mitarbeitern und Teams im beschleunigten Wandel. Frankfurt (Campus)

Sheldrake, R. (1997): Das schöpferische Universum. Die Theorie morphogenetischer Felder. Berlin (Ullstein)

Sheldrake, R. (1997): Das Gedächtnis der Natur. Das Geheimnis der Entstehung der Formen in der Natur. München (Piper)

Simon, F. B. (2001): Tödliche Konflikte. Zur Selbstorganisation privater und öffentlicher Kriege. Heidelberg (Carl-Auer Systeme)

Simon, F. B. (1998): Radikale Markwirtschaft. Grundlagen systemischen Managements. Heidelberg (Carl-Auer Systeme)

Sparrer, I. u. M. Varga von Kibed (2000): Ganz im Gegenteil. Tetralemmaarbeit und andere Grundformen Systemischer Strukturaufstellungen. Heidelberg (Carl-Auer Systeme)

Walsch, N. D. (1996): Conversation with God an uncommon dialogue. New York (G. P. Putnam's Sons)

Watzlawick, P. (2000): Wie wirklich ist die Wirklichkeit? Wahn, Täuschung, Verstehen. München (Piper)

Weber, G. (Hrsg.) (2000): Praxis der Organisationsaufstellung. Heidelberg (Carl-Auer Systeme)

Wilber, K. (2000): Eine kurze Geschichte des Kosmos. Frankfurt a.M. (Fischer)

Wolter, O. (2000): TQM Scorecard. München (Hanser)

Dank

Ich möchte mich bei folgenden Personen besonders bedanken:

Bei meinem Vater, der mir Ehrlichkeit und Menschenliebe vorlebt.

Bei meiner Mutter, die an mich glaubte, obwohl die Lehrer mich für dumm hielten.

Bei Antonia Treu, meiner Lebensgefährtin und Mutter unserer Tochter Hannah. Ohne ihr scharfes Auge und ihre Gabe, etwas klar zu formulieren, wäre dieses Buch nie erschienen. Trotz meiner Eitelkeit gab sie nicht auf, das Buch lesbar zu machen.

Bei Sabine Volpe-Laußegger, meiner freudvollen Geschäftspartnerin in der Till Eulenspiegel Beratergruppe. Sie ist die treueste Weggefährtin, die man sich wünschen kann.

Bei meinen Geschwistern Andrea und Daniel. Sie sind immer für mich da und stärkten mich unzählige Male.

Bei Lama Ole Nydahl, dem buddhistischen Meister, der mir den „Diamanten" zeigte.

Bei John Adler, der für mich lange wie ein zweiter Vater war. Seine Fähigkeit, Freude an allem zu entdecken, half mir durch schwierige Zeiten.

Bei Laurie Beth Jones, sie gab mir den Anstoß für dieses Buch und meine Arbeit.

Bei Dee Jones, meiner Freundin aus San Diego, die ihr strahlendes Wesen in jedem Beruf verwirklicht.

Bei Martin Janik, dem Lektor dieses Buchs. Er hat seit unserem ersten Treffen an dieses Buchprojekt geglaubt.

Bei Christine Wirl, die mir immer wieder liebevoll hilft, die richtigen Kontakte zu bekommen.

Der Autor

Thomas Cerny

Jahrgang 1967, Elektrotechniker und Betriebswirt, gründete ein Unternehmen im Bereich Finanzdienstleistungen und Seminare, dass zum Markführer in Österreich wurde. Seit 1998 ist er selbstständiger Unternehmensberater bei der Till Eulenspiegel Beratergruppe mit den Schwerpunkten Mission, Vision, Strategie und Teamentwicklung.

T. Cerny ist Berater, Trainer und ein gefragter Redner und Moderator im In- und Ausland. Egal ob Führungskräfte oder Mitarbeiter, er achtet Menschen und unterstützt dabei den Schlüssel zum Wesentlichen zu finden. Er lebt derzeit mit seiner Familie in Wien.

Kontakt

Wenn Sie sich über Seminare, Firmentrainings, Coachings, Trainer- Fortbildungen und Beratungen informieren wollen, kontaktieren Sie:

Till Eulenspiegel Beratergruppe

T. E. Unternehmensberatung GmbH & CoKEG; Wien – Graz

E-Mail: cerny@till.at oder office@till.at

Webpage: www.till.at